聊城大学学术著作出版基金资助

山东省品牌专业教育学建设基金资助

侯爱荣◎著

基于绿色视角的 大学建设研究

Jiyu Luse Shijiao De Daxue Jianshe Yanjiu

中国社会科学出版社

图书在版编目(CIP)数据

基于绿色视角的大学建设研究／侯爱荣著. —北京：中国社会科学出版社，
2014.8

ISBN 978 - 7 - 5161 - 4638 - 5

Ⅰ.①基…　Ⅱ.①侯…　Ⅲ.①高等学校—教育建设--研究—中国　
Ⅳ.①G649.2

中国版本图书馆 CIP 数据核字(2014)第 178290 号

出 版 人	赵剑英	
责任编辑	郭　鹏	
责任校对	周　昊	
责任印制	戴　宽	

出　　版	中国社会科学出版社	
社　　址	北京鼓楼西大街甲 158 号（邮编 100720)	
网　　址	http://www.csspw.cn	
	中文域名:中国社科网　　010 - 64070619	
发 行 部	010 - 84083685	
门 市 部	010 - 84029450	
经　　销	新华书店及其他书店	

印　　刷	北京君升印刷有限公司	
装　　订	廊坊市广阳区广增装订厂	
版　　次	2014 年 8 月第 1 版	
印　　次	2014 年 8 月第 1 次印刷	

开　　本	710×1000　1/16	
印　　张	16.5	
插　　页	2	
字　　数	263 千字	
定　　价	49.00 元	

凡购买中国社会科学出版社图书,如有质量问题请与本社联系调换
电话:010 - 64009791

目　录

第一章 绪论

第一节 问题的缘起和选题的意义

一 问题的缘起

"这是一个最好的时代也是一个最坏的时代"。英国著名文学家狄更斯在他的名著《双城记》中的这句话，能深刻地描述现时代的场景——工业社会向后工业社会过渡的时代。人类社会经过了几个世纪的发展，物质财富得到了空前的累积，可以说是达到了前工业社会所无法想象的发展高度。上可登天探测宇宙，下可入地开采地球，人类几乎可以为所欲为地实现自己的物质梦想。但是自20世纪中叶以来，这个正在以"光速"发展的地球出现了步履蹒跚的病态现象，那就是全球性问题的出现——人口问题、水资源问题、土地问题、生态环境问题、不可再生资源的耗竭问题等。同时，伴随着人类物质财富增加的是人类精神生活的极度萎靡和颓废，人类进入了一个道德真空的时代。工业革命初期伟大的自然主义哲学家卢梭就曾经预言过，科学技术的进步并不能带来人类道德的醇化。20世纪初，意志主义哲学家尼采高呼"上帝死了"。上帝死了，人类没有值得信赖与依托的信仰，只信物质主义，人类代替"上帝"成了地球上的主宰。然而，时隔不到一个世纪，后现代主义哲学家福柯却说"人死了"。人死了，具有同上帝一样精神的"人"死了，转而蜕变为与动物相同的物质主义者，人类完全退化为物质利益的驱动者。因此，全球性问题的产生绝非偶然，它是自文艺复兴、启蒙运动以来，人类社会文明发展的特定路向所决定的。现当代的全球性问题的产生有它的历史必然性和不可避免性。

今天，人类社会各个方面都在深刻地反思着这些全球性问题产生的深层次原因。全人类也在紧迫地采取着行动，以挽救人类这只即将覆没的诺亚方舟。前不久联合国召开的气候大会即是证明。经济领域的绿色经济与绿色审计、政治领域的绿色和平组织运动、管理领域的绿色管理以及采矿领域的绿色开采等皆以此为目的。科学领域内复杂性科学群的兴起以及文化领域内后现代主义的勃兴等都绝非偶然的现象，是时代发展的需要和呼唤。绿色教育及绿色大学的兴起正是教育领域内顺应时代发展的必然举措。

绿色大学在世界范围内得到了蓬勃的发展，我国在借鉴世界各国发展趋势的同时也国内展开了全面的推广。本书正是在这样的背景下展开研究的。下面要说明两个问题，一个是"研究什么"，另一个是"为什么要研究"。

（一）研究什么

本书要研究的是大学自身的可持续性发展问题。大学由软环境和硬环境两个方面组成。首先是软环境建设：第一是大学绿色理念的构建；第二是高等教育知识观的转变；第三是在转变了的高等教育知识观的基础上建构新的人才培养模式。理念是核心，知识是基础。因为大学的存在及发展要靠人类知识的累积和进步，没有人类高级知识的发展，也就不可能产生大学。通过绿色理论的整体有机、协同进化、和谐共生原理的运用，透视大学软环境中的人才培养、组织机构、科学研究及校园文化如何改革和运作才能使软环境本身作为大学的一个全息的小生境①更健康的发展。其次，将大学的硬环境也作为大学的一个全息的小生境来建设，以促使它的健康运作和发展。大学的存在与发展离不开外在的物质环境，比如校园的建筑、物质能量及交通运输的使用等；硬环境的构建是为了更好地呈现一所大学的教育理念及校园文化精神，是大学理念及校园精神文化的外在体现。再次，将软环境和硬环境作为大学发展的两翼，如何促使它们成为一个整体有机的共同体，实现协同进化与和谐共生的发展，使大学本身在软环境与硬环境都健康运行的情况下，走向可持续性发展。最后，大学理念的构建是核心，有什么样的大学理念就

---

① 本书的小生境是指人所居住的生态因子的总和。它不但包括光照、温度、水分、空气、无机盐类等非生物因子，还包括食物等生物因子，更包括人类特有的精神因子和道德因子以及信仰因子等人类所特有的因子，是人这个特殊动物所必需的生活空间。

有什么样的人才培养模式，就会有什么样的外在物质环境。因此，从某种角度来看，软环境建设更重于硬环境。

众所周知，大学产生于人类的远古时代。从逻辑的角度分析，大学是人类知识发展的必然产物。大学早已存在于人类社会发展的历史中。古代的希腊和古代的中国都有高等教育的存在，并且都为国家发展培养高级人才；从历史的角度分析，现代真正意义上的大学是现代工业革命催生的产物，带有深刻的工业文明的烙印，与工业文明的发展密不可分。同时，它也是为工业文明的发展提供适合的人才——"经济人"的。而当今的全球性问题的产生与这种"经济人"理念有着某种深层次的不可分割的渊源，它对当今全球性生态环境问题的产生负有某种不可推卸的责任。因此，校园硬环境的绿色化只能起到缓解或引起人们的警醒，而不能从根本上起到遏制的作用。只有大学理念的转换，人才培养范式的革命才能从根本上为问题的解决提供某种可能的路径。

工业革命产生于西方，文艺复兴、启蒙运动也产生于西方，现代大学的理念、组织制度、管理、课程、教学等都产生于西方。从工业社会的发展来说，西方的现代教育制度与它更加切合。从历史发展的角度观察，西方发达国家绿色大学的建设相对于他们本身的历史文化来说，也许有某些合理性。而中国则不同。在中国，现代大学制度及现代大学理念完全是舶来品。这种舶来的新品种，需要有一个本土化的过程。及至新中国成立后，中国高等教育又盲目地学习苏联。只是改革开放后，才开始反思这种现代高等教育如何更深层次与本土文化相适合的问题。因此，中国的绿色大学建设存在着某些天然的不足。此外，由于新中国成立初期，国家经济建设发展的需要，中国高等教育出现了过度专业化发展的趋势，这种状况所产生的不良影响延续至今。虽然改革开放后为扭转这种状况，实行了部分高校合并，并采取了促进学科综合化发展的很多措施，但是问题依然存在。基于以上这些原因，中国绿色大学建设的过程中，不能只是单纯关注外在环境的绿色化问题，还有一些更深层次的问题需要解决。

（二）为什么研究

1. 时代发展的需要

用阿尔文·托夫勒的话说，现代的世界已经走到了一个分叉点上，世界正在经历着向一个新的"文化耗散结构"飞跃的阶段。丹尼尔·贝尔在《后工业社会的来临》一书中对后工业社会与工业社会的不同作了详尽的描述。时代发展到今天，无论是政治、经济、文化都发生很大的变化。特别是科学的发展更是推动了时代深刻的变革。

经济领域内，传统的以土地、资源为主的经济在逐渐地转换为以知识、技术和人力为主的经济。特别是进入 21 世纪的信息化社会以后，经济领域内传统的工业经济正在向以服务性、电子轻便型后工业经济转变。与此相适应的是，传统的以适合工业经济效率发展为主的科层制管理模式也正在被一种适应后工业信息文明的新的管理模式所取代——那就是更加柔性化的、扁平化的、更能适应信息化社会瞬息万变情况的新模式。这些都要求作为一个整体社会的其他部分发生相应的变化。

文化领域内，后现代思潮的兴起绝非偶然。早在 20 世纪初，意志主义哲学的出现，就是对文艺复兴、启蒙运动以来的机械论世界观所强调的人类理性至高无上的独尊地位的叛逆。生命哲学、哲学解释学思潮的兴起等，都是对现代以来主流哲学的彻底反叛。最为典型的是后现代思潮的兴起。特别是英国哲学家怀特海过程哲学的出现更是对现代以来，人们信奉的实体论哲学、二元对立思想以及原子分割方式的一种彻底革命，它以一种关系论的、整体的方式来看待和研究世界，为人们研究自然和世界提供了一种新的世界观和方法论。融合了中国道家哲学精华的存在主义哲学家海德格尔则更是对现代以来，人的本真的存在方式进行了精辟、深刻的论述；将现代以来，人类被机器化社会所束缚和捆绑的现实描述得淋漓尽致；并深刻地阐述了现代生态环境问题产生的必然性。文化领域内哲学世界观的变化要求时代要变化、要进步。这也为新的绿色文明的出现提供了哲学上的指导。

科学领域内。现代以来，科学领域倡导的是一种线性的科学；使用的是一种分析还原式的方法；遵循的是机械分割的原理。这些都体现在现代人类生活的方方面面——例如医学、心理学、生理学、社会学、管理学等各个领域，在科学领域尤其明显。但是，自从第二次世界大战以来，科学发生了逆转。非线性科学的诞生以及复杂性科学领域里的自组织理论、耗散结构论、协同学的发展等都证明在一些简单的系统中，线性的研究范式是成立的。然而在一些复杂系统中，线性的研究范式是无效的，而要采用整体有机的复杂性研究范式。按照库恩的说法，科学领域内出现了范式的转换。这些与上述的哲学领域、经济领域、管理领域等社会其他方面的变化不谋而合。特别是后工业社会的预测更是与科学发展的趋势暗合。

这些都预示着一种新的人类文明的到来，那就是后工业社会的绿色文明的到来。也有人称之为后工业信息文明的到来。教育作为整个人类文明的一部分，在新文明初露端倪的时候，也必然要发生变革。那么，教育作如何的变革才能适应未来新的绿色文明呢？本书研究的着眼点是高校，是高校之中附带有科研任务的大学，在这场新文明的发展过程中所应出现的变化，以促进新文明的发展。

2. 全球性生态环境问题的紧迫性

众所周知，目前全球性问题中最为严重的是生态环境的恶化，它已经危及人类的生存发展，这样的说法并不是危言耸听。从联合国召开的全球气候大会，到以前的 21 世纪章程的制定，都是在为人类如何实现可持续发展制定规划。罗马俱乐部的报告《增长的极限》对人类未来发展可能遇到的问题作了详细的报告。现实发展也从某些方面证明了罗马俱乐部预测的超前性和正确性。土地资源问题、不可再生资源问题、人口问题、环境污染问题、生态破坏问题等，都已经不幸被言中了。近年来的大气污染，气候的变化无常，以及频繁出现的天灾等，已经昭示了人类目前的活动，特别是经济活动必须要改换方式了，如若不然，人类将自取灭亡。是人类自己谋害了自己，被自己所创设的科学、经济、文化所湮灭。解决目前人类社会所面临的这种危机的唯一方式就是转换现代工业社会以来的灰色文明为未来信息化社会的绿色文明。教育在工业社会的发展过程中，已经走出了"象牙塔"的围篱，成为了后工业社会发展的"轴心机构"。因此，教育尤其是高等教育为未来绿色文明社会的实现担负有不可推卸的责任。

3. 高等教育本身存在的问题

"世界生了癌，这癌就是人"。① 现代工业社会以来，教育特别是高等教育的培养目标是为经济社会培养"经济人"。"经济人"的教育理念，确实为现代工业经济的繁荣发展提供了无数的人才，为现代工业经济的高效率运作增强了马力。然而在"经济人"的培养模式下，这种

---

① ［英］A. 格雷格：《人口问题的医学方面》，《科学》1955 年第 121 期，第 681 页。

人才适应了现代的机械化大生产，却对全球性问题的产生负有不可推卸的责任。高等教育为了适应工业经济发展的趋势，在管理上采用了工业经济的典型管理模式——科层制管理模式。在中国，由于历史和本土文化的影响，这种科层制的局限性，表现得更加明显。根据现代线性科学的特点，高等教育实行了分科制。适应工业经济社会对人才的要求，设置了相应的专业。根据专业的特点设置了不同的课程。由于受经济发展大潮的影响，校园文化的功利性倾向更加的明显。教学过程采用的还是工业化初期的讲授制，因为这种教学方式能够最大限度地提高效率。但是，时代发展到今天，现代社会的人类将这种教学方式发展到了极致，从而成为桎梏学生创造性思维发展的工具。大学作为一个有机的整体，这些方面都是相互联系的。因此，在现代工业社会发展的初期，为适应工业经济发展而建立的现行的高校管理体系，完全是为了促进工业经济的灰色文明而建立的。从"经济人"的培养目标到学科专业的设置到分科而教的课程，再到科层制的管理模式，甚至科研任务的完成，都是在现代机械论世界观的指导下建立的。而机械论世界观正是为适应现代工业经济的发展而产生的。它为现代强调效率的工业提供了有力的支撑。特别是它所强调的分析还原式方法论，使现代的线性科学所向披靡，取得了前所未有的成功。科学的成功使人们更加坚信这种方法的可行性。高等教育本身存在的这些问题，如若不进行改革就很难适应后工业社会绿色文明的发展。不但不能为后信息社会的绿色文明提供合适的人才，还极有可能成为新文明发展的阻碍。因此，为了人类社会未来的发展，高校内部系统的改革是势在必行的。这也是由高等教育本身的性质和发展逻辑所决定的。

4. 绿色文明的初露端倪

早在 20 世纪四五十年代，世界范围的绿色和平运动就拉开了绿色运动的帷幕。随后的几十年里，绿色经济、绿色科技、绿色管理、绿色制造、绿色开采、绿色营销、绿色建筑、绿色食品、绿色家居等。"绿色"已经成为时代发展的一个代名词。作为社会发展有机组成部分的教育也不例外。由一开始英国率先发起的野外环境教育发展而来的绿色教育运动在世界范围内发展迅速，并逐渐地发展到高等教育领域，绿色大学应运而生。绿色大学的出现为人们关注环境教育问题提供了引子，但是环境问题的深层次缓解，体现在教育领域中还需要教育的更深层次变革。

二　选题的意义

绿色是解决全球性环境问题的新隐喻。所有对未来人类社会发展的路向持乐观态度的人士都认为 21 世纪是一个绿色的世纪。这无论在哲学研究领域、政治领域、经济领域还是在未来学家的预言中，都有深刻的体现。作为培养各种高级专门人才的大学，如何培养具有环境意识、适应"绿色"市场需求的高素质人才已成为高等教育迫切需要解决的问题之一。因此，在这样的现实背景下，为了更好地进入未来的绿色社会，从绿色视阈重新审视大学的发展具有重要的理论意义和现实意义。

理论意义。从理论上看，本书对绿色理论进行了新的有益的发展。本书在梳理了古今中外绿色思想的基础上，吸收了建设性后现代理论的积极成分，以复杂性科学为奠基，提出了绿色理论。从整体有机、和谐共生、协同进化及生成性等哲学方法论的高度对我国如何建设一个真正意义上的绿色大学系统进行了研究。反思了目前绿色大学研究过程中存在的单纯注重环境教育及校园环境绿化的问题。从高等教育哲学的角度对未来绿色社会中大学应如何建设进行了有益的探索，在此基础之上为大学的绿色发展指引方向。因此，本书的研究具有一定的理论价值。

现实意义。从实践层面看，由于我国大学是从计划体制向市场体制转换而来的，大学如何更好地适应市场机制还是目前我国大学体制改革过程中需要密切关注的议题；同时，由于我国目前高等教育正逐渐进入由大众化向普及化过渡的攻坚阶段，再加上我国本身的特殊国情，因此我国大学的绿色化过程就具有我们本国的特殊性。西方国家在绿色大学的建设过程中，比较关注校园环境的绿色化及校园能源的绿色发展。而我国大学绿色化的过程，除了上述西方国家大学所肩负的历史使命外，还要改革我国目前的大学管理体制，只有这样才能使我国大学的发展真正具有绿色化发展的可能性。本研究的目的就是在具有中国特色的绿色理论的指导下，对目前我国大学存在的一些问题进行深入的分析和反思。从整体有机的视角全面探讨大学的整体优化发展，为目前我国大学内部系统的改革提供一定的借鉴作用。因此，本书的研究对我国大学的实践具有一定的现实意义。

第二节 文献综述

一 绿色大学相关的纲领性文件

从历史发展的角度看，绿色大学是由于人类全球性问题的恶化而提出的。在人类全球性问题中，最为严重的是生态环境问题。因此，绿色大学是为解决人类目前严重的环境问题而出现和发展的。绿色大学的内涵是大学本身的可持续性发展以及大学对人类可持续性发展所肩负的责任两项组成。其中环境教育占有更大的成分。由于可持续概念的发展性，因此，目前世界上的绿色大学建设可谓内容庞杂，没有固定的标准。

绿色大学概念是由英国早期的户外环境教育发展延伸而来，从1972年便已开始使用，后来又与联合国提出的可持续发展概念相联系，从而形成了现在的绿色大学概念的内涵。我们可以从这些宣言中发现环境教育概念的缘由、绿色大学理念的发展，以及对这一概念的落实及推广。了解高等教育可持续发展宣言的脉络有助于明了环境教育及绿色大学的概念发展。下面按照时间顺序，将重要的研讨会及会议所包含的可持续发展宣言内容详述如下：

《斯德哥尔摩宣言》（Stockholm Declaration）

《斯德哥尔摩宣言》是 1972 年斯德哥尔摩人类环境研讨会（UN Conference on the Human and Environment）中所发表的。它的核心内容是提醒人类关注环境问题，以及呼吁全球对于环境教育的关切和研究。主要目的是促使人们生态意识的觉醒并发挥教育的先导作用，促使人们了解人类与环境之间的相互依赖关系。

它是第一个有关高等教育促进可持续性发展的宣言。在这个宣言里提出了 26 项原则来指导环境的可持续性发展。其中的 19 项原则明确指出了从小学、中学以及随后的成人教育都必须接受环境教育，明确了环境教育对于可持续性发展的重要性。该宣言的宣布引起了大众对于环境教育的重视，并将这一理念落实于中、小学教育及成人教育中，对于高等教育的影响非常深远。①

《第比利斯宣言》（Tbilisi Declaration）

---

① "Stockholm Declaration（1972）"，the Stockholm Conference on the Human Environment. 16June，1972，http：//www. unep. org/Documents. Multilingual/Default. asp？DocumentID＝97&ArticleID＝1503.

《第比利斯宣言》是联合国教科文组织和联合国环境规划署于1977年（UNESCO-UNEP）举办的第一个政府间的环境教育研讨会。宣言中提到了环境教育的要求、环境教育的主要特征，并提供了国际行动策略的指导原则，同时要求一般大学的工作方针要考虑环境与可持续性发展的议题。

这个宣言最大的特色是倡议各个国家运用政府间的力量，促使将环境教育的观念落实到各个大专院校，在高校的课程发展、人员训练以及一般的环境政策中必须加入环境教育的理念。借助政府的力量加速环境教育的推行。由于宣言中提到了一般大学在工作方针中加入环境与可持续发展的议题，因此，第比利斯宣言也是绿色大学计划与行动的开端。①

《塔乐礼宣言》（Talloives Declaration）

《塔乐礼宣言》是1990年由来自22个国家的大学校长，在法国的塔乐礼举行的"大学在环境管理与可持续发展中的角色"（The Role of Universities in Environmental Management and Sustainable Development）国际研讨会中签署的宣言。会议简要阐述了高校在环境保护和可持续发展中所起到的重要作用，并提到高校在促进可持续发展方面所肩负的10项任务。

> 提高可持续发展的环境意识。
> 创造可持续性的大学制度文化。
> 培养对环境有责任感的公民。
> 培养全体教师的环境素养。
> 实现大学的生态化。
> 吸收所有的力量。
> 增进学科间的合作。
> 促进与小学和中学在环境教育方面的合作。
> 拓宽活动领域，走向国际。
> 采取持续的行动。

---

① "Tbilisi Declaration (1977)", United Nations Educations, Scientific, and Cultural Organization (UNESCO) in Cooperation with the UN. Environment Programme (UNEP) and was convened in Tbilisi, Georgia (USSR) from October 14–26, 1977, http://www.gdrc.org/uem/ee/tbilisi.html.

塔乐礼宣言主要是希望大学的领导者行动起来，发挥大学校长在环境教育及可持续发展性方面的领导作用。并声明已签署宣言的大学须为环境的可持续性发展而努力，并鼓励没有签署宣言的大学签署宣言。①

《哈利法克斯宣言》（Halifax Declaration）

哈利法克斯（Halifax）宣言是 1991 年国际大学联合会与联合国可持续发展大学行动研讨会（The Conference of University Action for Sustainable Development）上发表的。该宣言重新定位了大学在环境及可持续性发展上所应肩负的责任。并确立了 6 项行动原则。该宣言非常重视可持续性理念的落实程度，因此需要签署宣言的各大学能够遵循宣言的行动指导原则。强调大学本身的行为在保护地球资源，并解决地球所面临的所有问题方面所具有的重要作用。

大学必须在推行可持续发展方面表明坚定的立场。

大学必须利用自身的智力资源，促使公众对于环境问题与社会发展关联性的认识；并从全球角度认识可持续发展的意义。

强调当代人的道德责任并找出环境不可持续发展的原因。

增强大学在教学、科研以及社会中践行可持续发展原则的能力，提高全体师生的环境素养，并增进对环境伦理的理解。

加强与其他大学及社会部门的合作，寻求能够实现可持续发行的路径并改变这种代际不平等的局面。

通过各种公开的渠道将以上的理念传达给政府及公众②

《21 世纪议程》（Agenda 21）第三十六章

联合国于 1992 年提出了《21 世纪议程》（Agenda 21），《21 世纪议程》并非静态的文件，而是一个不断修改的动态纲领。它延续了 1977年第比利斯宣言的理念。《21 世纪议程》第三十六章所涉及的领域有：面向可持续发展重订教育方针；提高公众认识；扩大培训。文中还提到，目前全世界对环境问题缺乏意识，因此，教育就肩负着更为重要的

① "Talloires Declaration（1990）"，Tufts University European Center, Talloires France October 4 - 7, 1990，http：//www. ulsf. org/pdf/TD. pdf.

② "Halifax Declaration（1991）"，http：//www. unesco. org/iau/sd/rtf/sd_ dhalifax. rtf.

使命与责任。要透过正式与非正式的教育来提高公民的环保意识。[①]

《斯温席宣言》（Swansea Declaration）

1993 年来自 47 个不同国家的 400 余所大学于英国威尔士（Wales）的斯温席举办了 5 年一届的大学联合会（ACU）第 15 次会议，大会发布了斯温席宣言。会议以"人与环境——和谐发展"为主题。会议重申由于大学在教育、科研、公共服务领域中扮演的重要角色，所以大学必定成为促进可持续发展的重要力量。斯温席宣言也提及需要所有加入国家的共同努力才能达到可持续性的目标。并延续了塔乐礼和哈利法克斯宣言的理念。

斯温席宣言重复了上述几个宣言的目标，如大学需要对自身的教学和管理过程进行重新的审视，以达到可持续发展的目标；全体师生应具备环境素养；以及大学必须对于当代与未来世代的平等发展负有道义上的责任。[②]

《京都宣言》（Kyoto Declaration）

此宣言的主要贡献在于：针对国际性大学设置有关大学可持续发展的研究计划提出了明确要求。该宣言不仅倡导通过环境教育来促进大学的可持续发展，而且通过大学自身的可持续性运营来达到这一目标。该宣言继承了哈利法克斯宣言和斯温席宣言的主旨。[③]

《哥白尼宪章》（Copernicus Declaration）

该宪章是 1993 年于欧洲大学领导人研讨会（Conference of European Rectors）上提出的，会议的特色是强调各大学之间须以计算机网络增进彼此的联系和交流。其中提到了几个主要的目标：在大学的日常活动中，尽量减少对环境的污染；促进大学人环境意识的提高；大学的决策和行动要考虑到环境；对校园环境要持续地进行评估和对校园环境政策进行持续的更新；遵从目前的环境法规。

---

① "Agenda21 - Chapter36（1992）", Reporter of the United Nations Conference on Environment and Development - Chapter 36：Promoting Education, Public Awareness and Training（UNESCO, 1992）, http：//www. unep. org/Documents. Multilingual/Default. asp? DocumentID = 52&ArticleID = 86.

② "Swansea Declaration（1992）", Association of Commonwealth Universities' 15th Quinquennial Conference（UNESCO, 1992）, http：//www. unesco. org/iau/sd/rtf/sd_ dswansea. rtf.

③ "Kyoto Declaration（1993）", Ninth International Association of Universities Round Table - International Association of Universities 1993, http：//www. iisd. org/educate/declarat/kyoto. htm.

《哥白尼宪章》于 1993 年提出，两年后欧洲即有超过 213 个大学领导人签署了这个宣言。它的主要行动目标是大学的政策改善与经营方式的改变。并要求签署宣言的大学领导人，在今后的大学课程及研究中要融入环境教育议题，并将可持续发展作为主要任务。[①]

《萨罗尼加宣言》（Thessaloniki Declaration）

1997 年由希腊政府举行环境与社会研讨会，研讨会的主题是教育与大众意愿的可持续性，并在研讨会上提出了《萨罗尼加宣言》。该宣言重点强调了大学课程的规范，并要求所有科目的训练必须密切与环境和可持续发展的议题相关，并且要求大学内的所有课程必须针对完整的发展做出调整；同时重申政府及教育领导人对于过去已经签署的环境可持续发展宣言及承诺应严格遵守及诚实面对。萨罗尼加宣言提供了 29 项指导原则，其中第 11 条提到延续《第比利斯宣言》及《21 世纪议程》中的环境教育理念，说明了该宣言以面向环境和可持续发展为主要议题。[②]

二 国外相关研究

国外在履行可持续性发展及环境教育内容的绿色大学方面，更多的是体现在实践层面上。这方面尤以英国和美国为典型。下面就以这两个国家为例，做一简要综述：

（一）英国

20 世纪 90 年代，在英国高等教育中出现了"把环境观点纳入日常工作"的主张，并且逐渐传播开来。[③] 1990 年到 1993 年间，英国在继续教育和高等教育（Further and higher Education，FHE）的绿色行动方面出版了两份报告，一份立足于大学实践活动（Ali-Khan，1990）；另一份着眼于课程的安排（Ali-Khan，1991）。后来政府在继续教育和高等教育方面设立了环境教育专家委员会，1993 年出版了《环境责任——一

---

① "Copernicus Charter（1994）", the University Charter for Sustainable Development Geneva, May 1994, http：//www. unesco. org/iau/sd/rtf/sd＿ bcopernicus. rtf.

② "Thessaloniki Declaration（1997）", Thessaloniki, Greece, 8 – 12 December, http：//portal. unesco. org/education/en/ev. php – URL＿ ID＝23929&URL＿ DO＝DO＿ TOPIC&URL＿ SECTION＝201. html.

③ Tony A. and D. Blair, Greening the Universities, In John H. and S. Sterling（ed.）, Education for Sustainability. 18 – 39, London：Earthscan, 1996.

个关于继续教育和高等教育的议程（1993 年）》（托恩报告），这使绿色行动得到了官方的认可，具有更高的信誉和更为广泛的基础。

英国于 1997 年由 25 所大学共同成立了高等教育 21 委员会（The Higher Education 21，HE－21），拟定关于高等院校可持续发展的行动策略。强调了环境管理系统（Environment management system，EMS）中的持续改善（Continuousimprovement），并开发了针对环境、社会与经济取向的评价指标（Forum of the Future，1998）。[1] 在高等教育 21 委员会的绿色大学策略中，选定了负责绿色大学运作的职员作为评价指标的重点宣传对象。

英国绿色大学的施行主要依赖一些拥护者。在一些大学中，其他学科的学术人员例如社会学、生物学、历史学、建筑学哲学、信息技术学、经济学、海洋学等方面的研究人员也从事环境方面的工作。在很多大学中，高级管理人员的参与起到了很大的作用。例如爱丁堡大学，校长建立了瓦丁顿（Waddington）基金，用以增强环境责任感。

法律：环境立法被比作救生筏，它是当地或国家能够做出的示范，是许多大学开展绿色行动的最迅速的刺激因素和潜在的影响因素。在《环境保护法案》（1990）要求下，学校对化学和有毒废物进行了处理。《对人体健康有害物质控制》（1994）和《健康和安全的工作法案》（1994）也都列入了大学的环境政策里。

经济节约：许多大学在房地产、能源、用水、用电、购买等方面都采取了节约措施。例如爱丁堡大学（Edinburgh University），它是英国大学中开创和推动能源保护做得最多的大学。尽管该校拥有 160 座建筑，不动产有所增加，学生人数也在不断上升，然而其能源消耗却比几年前降低了。这是因为爱丁堡大学沿袭在建筑方面的教学和科研传统，不断研究，节约能源。由"能源和环境小组"领导建立的共同能源管理策略（Somervilr 和 Talbot，1991）也起了重要的作用。大学通过制定合理的消费标准、采取大学的做法是响应欧盟于 1992 年 3 月制订的生态标志奖励计划（Eco-label Award scheme）来评价商品的环境保证。

社会的考虑：继续教育和高等教育作为一个有着深远的社会责任感的领域，他们正在实践着自己充当的角色，并向自己的教工、所在地区

---

[1] Forum for the Future，1998，"The Higher Education 21Project"，http：//www. he21. org. uk.

甚至国家（间）的组织展示这种角色。并且，大学正在与地方政府、技术和教育委员会（TECs）、企业代理、法律体系和非政府组织合作探询以实现当地21世纪议程中所预定的目标。

教工的期待：在继续教育和高等教育领域，教师和学生逐渐增长的期望是提高环境责任的第四个关键的因素。所有教职工和学生不断增强的知识需求，不仅促进了许多大学成立环境学院，增设环境研究、环境管理及与环境有关的系所，而且还促进了大学参与改善学校实践、可持续发展实践以及提高环境责任感的活动。例如斯特拉德大学（Strath-clyde）。大学把英国标准7750（BS7750）环境管理系统应用于日常的管理实践中。很多学校还进行环境审计方面的研究，并把它用于一些可测试的方面，如能源消耗、税收政策、减少废弃物，以及人工环境等。

在绿色课程方面，英国积极响应斯德哥尔摩（Stockhlm，1972），第比利斯会议（Tbilisi，1977），里约热内卢会议（Rio de Janeiro，1992）和其他国际会议的倡议，进行跨学科的终身环境学习和承担环境责任。英国发表的《共同的遗产》白皮书提倡环境的关注应该包含在科学、工程学以及其他课程中，《托恩报告》强调应该开设各种能提高个人、社会和职业的环境责任感的课程。

英国大学的环境课程经历了三次浪潮。第一次是在20世纪60年代末到70年代初，在大学——如东英吉利亚（East Anglia）和技校——如普利茅斯（Plymouth）出现了环保方面的课程，这是环境教育处于萌芽阶段；20世纪80年代，在英格兰威尔士有十多所大学和技术学校提供了完整的多学科环境学位，其中一些与地理、化学紧密相连，形成了第二次浪潮；到1990年，申请环境教育课程的人数增加到11000人，1992—1993年增加到12000人左右，这使环境学科走向多样的时期。在20世纪90年代早期，环境教育者开始强调绿色交叉课程的价值和必要性，掀起了环境教育的第三次浪潮，保证了所有学生都受到环境教育和培训，在国际上得到了广泛的认同。[①]

（二）美国

在美国，一些大学从20世纪90年代也开始思考并着手制订计划，

---

① 王民主：《绿色大学与可持续发展教育》，地质出版社2006年版，第33—35页。

减少或消除在学校运作过程中对环境造成的影响。①

以美国乔治华盛顿大学（George Washington University）为例。在1994年12月，该大学与美国环境署为绿色大学的前驱计划建立了唯一一个大众与个人的伙伴关系。从此即开始了绿色大学（Green University）的前驱计划（Initiative），目标是把该校建设成为全美甚至全世界的第一所绿色大学。由于该大学位于美国首都华盛顿特区，在资料的获取和专家咨询方面，具有明显的优势。而该校的校长和社区领导共同合作，在制度与管理上，积极参与推动。该校成立了绿色大学计划委员会（Office of Green University Programs），设立了专用办公室并任命了专职行政人员，而且还设立了6大行动委员会（Task force），分别掌管学术计划（Academic program）、研究（Research）、基础建设与设施（Infrastructure and facilities）、环境卫生（Environmental health）、国际议题（International issues）与对外发展（Outreach）6大任务。该校与美国环境保护署（USEPA）建立伙伴关系，制订了绿色大学计划7大基本的指导原则，包括生态系统保护、环境正义、污染预防、强大的科学与资料基础、伙伴关系、再创乔治华盛顿大学的环境管理与运作、环境可计量性。在设定若干目标后，该大学认为行动策略中有一重要的关键性工作——建立评估与度量相关政策有效性的机制，即建立一套量化指标系统，以进行目标管理。②

美国南卡罗来纳州大学（The University of South Carolina）是另一所自行发展环境政策，但却未曾签署任何主要可持续性宣言的绿色大学。其主要的环境政策是由大学环境顾问委员会（University wide Environment Advisory Committee）于2000年制定的。强调在建立一个可持续性社会时的道德义务。政策的目标在于大学的教育及自然的经营（Physical operations）方式，同时能够将可持续性的理念落实于课程上并了解所有教职员对于环境知识及能力的需求。③

位于美国纽约州的水牛城大学（The University of Buffalo）于1990年成立了环境行动委员会（Environment Task Force），主要的任务是发

---

① Eagan. D. J. and Orr D. W. （eds.）, The Campus and Environment Responsibility San Francisco: Jossey – Bass Publisher, 1992.

② The George Washington University, http://www.gwu.edu/.

③ University of South Carolina, http://www.sc.edu/.

展校园环境政策。该校于 1999 年 6 月签署《塔乐礼宣言》，并对校园环境的可持续性制定了 15 项政策，其中最重要的目的便是降低能源的消耗及浪费，强调一个可持续性的大学应将对资源的浪费降到最低，并提倡使用百分之百可回收物质及资源回收等议题。水牛城大学所制定的环境政策着重于能源的效率与能源消耗议题上，相关的政策如环境友好产品的采购政策、电力采购政策及土地利用政策。但该校对于课程的改善或是环境教育的议题却提到的很少。①

除此之外，美国布朗大学（Brown University）是以环境责任（Environmental Responsibility）为绿色大学策略的指导原则，主要做法包括资源保护、更新与新建工程的环保、资源效率、决策经济与环境成本②。美国密西根大学（University of Michigan）于 1999 年组成可持续密西根大学（Sustainable University of Michigan）前驱计划，并于 1999 年冬季班于管理学院提供一系列课程，拟定可持续密西根大学议程（Agenda），主要执行计划包括将环境可持续性加入该校目前的愿景与任务中、接受一个"可持续目标与任务宣言"、聘用专职的可持续校园领导人、签署密西根大学版本的京都议定书（削减温室效应气体）、设立成员由教学、研究、财务、设施规划、水电设备、营建管理、住宿、地面清洁与废弃物、采购与运输等领域组成的行动委员会。③

通过对以上美国绿色大学的了解，可以看到美国绿色大学进行的深入而全面。主要是因为：

第一，法律法规比较健全。美国国家比较重视法律法规的健全，这也与美国的历史文化传统有关，人们比较重视法律法规的设立，同时对法律法规的执行也很到位。因此，在环境教育及可持续性发展问题一经提出，美国就上至国家下至各州政府及地方都制定了不同的法律和法规政策来约束和限制人们对环境破坏，以此促进可持续发展。例如国家和城市废物管理条例规定，必须回收所有可回收废物；州健康法规定不能

---

① Tarah S. A. Wright, (2002), "Definitions and frameworks for environmental sustainability in higher education", International Journal Sustainability in Higher Education, Vol. 3, No. 3, pp. 203 – 220.

② 陈永昌：《绿色大学评量指标系统之构建研究》，台湾高雄师范大学环境教育研究所 2003 届硕士论文。

③ "Natural Resources and Environment", University of Michigan, http://www.snre.umich.edu/greendana/.

再用塑料面包袋包装午餐或其他目的等。各个大学当然也不例外，都制定有环境方面的各种政策和条例，并且随着时间的推移，也在不断地完善提高。从回收和储存能量到保护自然居住地和购买有机的食物，再到低碳经济的研究，绿色建筑的如火如荼，校园垃圾堆肥及发电的使用等等，以提高绿色大学的建设。

第二，建立了各种各样的环境组织。大学建立了环境委员会，环境与社会机构、综合废物管理中心。再有就是建立了专门的环境方面的联系网站来促进绿色大学的建设。

第三，高校领导人的重视。美国的绿色大学建设大部分都得到了大学的校长和教务长的支持。大学的校长和教务长是校园环境议程能否顺利实施的关键性因素，如果没有他们的支持，校园的环境项目很难实行下去。一般由大学校长或教务长牵头组成大学的环境委员会。环境委员会下设分会。他们分别管理特定的研究领域。环境工作组主要负责提出大学环境方面的政策，指导不同的绿色计划，实时给予支持。

第四，专门聘请有关环境方面的专家作为协调人，为大学的绿色发展提供专业指导。美国的各大学专门聘请对于环境有专门研究的专家作为指导人员，他们熟悉环境的各种问题以及明了这些问题的各种解决办法。"在绿色大学的建设中，各大学雇用了回收协调人、能量储存协调人、绿色购买协调人等，他们协调校园环境委员会，对各种环境项目提供指导，对管理人员提供培训，并且提供各种适合的资料。"[①]

第五，校园成立了各种有关校园绿色发展的项目，几乎包括校园硬环境发展的各个部分。美国大学的绿色项目做得全面而深入。涉及大学绿色发展的方方面面。有环境评估项目、绿色建筑设计项目、建筑节能项目、校园低碳研究项目、垃圾堆肥、垃圾发电项目、环境素养项目、景观美化、绿色购买项目、运输项目、湿地项目等应有尽有，凡是有利于校园绿色发展的几乎都包括。而且细致和可行。

第六，环境教育课紧密结合实际。美国是一个持实用主义观念的国家，它的绿色大学建设也不例外。美国大学的环境教育课充分结合周边地区的环境问题而设置。在课程中，一般将周边的环境问题作为研究对象来研究。而且各个大学为学生提供不同途径来做环境方面的研究。包

---

① 王民主：《绿色大学与可持续发展教育》，地质出版社 2006 年版，第 38 页。

括实习、跨学科学位项目以及提供社区服务的项目等。学校同时也为教师提供这样的项目，使他们能把周边地区环境项目整合到课堂中去。

第七，学生组织和活动非常活跃。

第八，环境网站的建立。美国的许多大学的环境网站做得非常好。这些网站对美国各大学，乃至世界各大学进行绿色大学建设起到了联系、交流和进一步提高的作用。

结论：国外的绿色大学活动主要是侧重于现实的实践活动，主要是节能、节水、节电以及绿色建筑设计、校园低碳的研究、校园垃圾的无害化处理、绿色购买等，多倾向于外在硬环境的建设；软环境建设主要是在原有课程之外又增加了有关环境保护的课程，或者是成立专门环境研究协会或小组。管理方面只是在原有管理体系的基础上增加了环境管理一个模块。从国外建设绿色大学的实践可以看出他们的绿色大学建设主要是侧重于校园环境的改善以及增加一些有关环境保护的课程，对于环境问题产生的深层次原因还有待于进一步的研究。由于可持续发展概念的发展性，有关绿色大学建设的理论还有待于进一步研究。

三　国内相关研究

"绿色大学"一词在中国是随着环境教育的发展而被提出来的。中国大学的环境教育始于 20 世纪 70 年代，一开始以培养环境保护的专门人才为主要目标，普及性的环境教育侧重于学生的环境教育活动。20 世纪 90 年代后，大学的环境教育发展非常迅速，开设环境教育公共课程、学生的环保社团活动、倡导绿色科研等。随着"绿色文明"建设的发展，特别是绿色教育活动的深入开展，"绿色大学"一词才被提出来。

在中国，清华大学率先提出并投入到了绿色大学的建设当中。1998年 5 月 20 日，经过国家环境保护总局的批准，清华大学开始了"创建绿色大学示范工程"的建设，并将该工程建设列为创建世界一流大学的重要内容，2006 年把清华大学初步建成"绿色大学"。此后，国内许多学者也开始对创建绿色大学的问题进行了大量的探讨和研究。由于起步的时间不一致，有的早一些，有的则晚一些。因此，中国各地的绿色大学建设进展也存在许多的差别。[①]

---

① 王民主：《绿色大学与可持续发展教育》，地质出版社 2006 年版，第 17 页。

（一）绿色大学理论研究

1. 不同的概念界定

王大中教授认为，构建"绿色大学"，就是围绕人的教育这一核心，将可持续发展和环境保护的原则、指导思想落实到大学的各项活动中、融入到大学教育的全过程，用"绿色教育"思想培养人、用"绿色科技"意识开展科学研究和推进环保产业、用"绿色校园"示范工程熏陶人。①

余谋昌教授认为，绿色大学代表中国教育的一个新方向，是一种新的教育模式，告别传统教学"反自然"的性质，"教学和科研提出了环境保护的目标"②。

叶平教授认为，"绿色大学"主要是指全面贯彻和渗透生态意识与可持续发展理念的新时代大学，是大学的"绿色"荣誉和形象，是在高等教育层面推进绿色文明的大学，是新世纪大学发展的文明方向，也是大学在促进社会可持续发展过程中的重要社会精神文明工程。③

学者胡静、王民认为，"绿色大学"是指大学在实现教育、科研功能基础上，以环境保护和可持续发展思想为指导，在学校全面的日常管理工作中纳入有益于环境的管理措施，充分利用学校内外的一切资源，全方位地提高师生的环境素质的大学。④

2. 不同的模式

清华大学以绿色教育、绿色科技、绿色校园"三绿工程"示范人。⑤

哈尔滨工业大学提出首先建设"一个中心，三个推进"：一个中心是建好"一个环境与社会研究中心"，定向环境问题的"两面"；三个推进：①进行环境理论研究；②环境宣传教育；③环境直接行动。其次抓好"两个环节"、"三大步骤"。两个环节是：①通过"大学生绿色协

---

① 王大中：《创建"绿色大学"实现可持续发展》，《清华大学教育研究》1998 年第 4 期，第 7 页。

② 余谋昌：《开展绿色教育建设绿色大学》，叶平、武高辉：《中国绿色大学研究进展》，吉林人民出版社 2001 年版，第 37 页。

③ 叶平：《"绿色大学"——大学"绿色文明"的荣誉和形象》，王子彦：《环境教育——21 世纪大学的责任》，辽宁教育出版社 2001 年版，第 149 页。

④ 胡静、王民：《绿色大学及其建设的意义》，《高等教育研究》2004 年第 2 期，第 34—36 页。

⑤ 王大中：《创建"绿色大学"实现可持续发展》，《清华大学教育研究》1998 年第 4 期，第 7 页。

会",协调组织学生开展绿色宣传教育活动;②通过教师"绿色教育研究会",推进绿色教育研究的深入。三大步骤:①开设绿色教育课程——开设哲学智慧类课程,伦理法规类课程和科技综合类课程,开展显性和隐性教育;②实习基地的建设。使学生通过课程学习、荒野体验、社区调研和讨论,养成尊重和热爱自然的习惯;③学科整合(形成国内优势学科)、设立专项基金,开展填补空白的研究。①

北京师范大学以"推进绿色教育,建设绿色校园,倡导绿色行动,塑造绿色人格"为其建设内容。②

广州大学则以"建设绿色校园、开展绿色服务、培养绿色人才、促进可持续发展"为其主要的建设内容。③

有的则认为绿色大学应该从教育、科研、管理、校园建设、绿色实践这几方面开展"绿色大学"的建设。

3. 环境课程的设置

绿色课程的设置主要有三种形式:其一是主干课程(必修)+辅助课程(选修)+隐性课程的课程体系,其中隐性课程是指环境教育渗透在与环境有关的课程中潜在起作用的课程。④ 清华大学、哈尔滨工业大学、华中农业大学等高校在实践中所采用就是这种课程体系;其二是主干课程+隐性课程的课程体系,如上海交通大学、东北大学、广州大学等;其三是成立专门的部门或学院。

绿色教育的内容应包括"环境观念、环境知识、环境规范",⑤"环境素质教育、生态环境教育及环境保护教育",⑥"环境知识与技能、环

---

① 叶平:《环境伦理学走向实践的重要基地—创建绿色大学—兼汇报哈工大绿色大学建设》,哈尔滨工业大学环境与社会研究中心。

② 王民:《北京师范大学创建"绿色大学"的建设理念与基本内容研究》,《海峡两岸环境教育研讨会论文集》,台中师范学院出版社 2002 年版。

③ 陈南:《"绿色大学"与广州大学城建》,http://www.ggee.net/greenu/gzu.htm。

④ 叶平:《绿色大学的概念及其定位》,叶平、武高辉:《中国绿色大学研究进展》,吉林人民出版社 2001 年版。

⑤ 王子彦:《大学环境教育课内容及相关问题》,《环境教育》2001 年第 5 期,第 21—22 页。

⑥ 赵维俊等:《大学进行环境教育的理念与思考》,王子彦、B. Raninger:《环境教育——21 世纪大学的责任》,辽宁教育出版社 2001 年版。

境伦理、环境法律法规"。① 也有人认为大学绿色教育应包括：环境保护思想、环境保护所关注的问题、污染控制对策、环境问题造成影响的领域、环境价值观、人类环境行为特点、人口政策、对待环境资源的态度、环境科技意识及环境伦理观教育等 10 个方面的内容。

（二）绿色大学的建设和实践

1. 清华大学建设绿色大学实践

清华大学创建绿色大学的实践紧紧围绕"绿色教育、绿色科技、绿色校园"三个方面展开。清华大学是我国率先提出绿色大学创意的院校，并在 1985 年得到国家环保总局批准为"绿色大学示范工程"。它的内涵是围绕人的教育这个核心，将可持续发展和环境保护的原则思想落实到大学的各项活动中，融入到大学的全过程。②

清华大学绿色大学建设有以下几个主要特点：

第一，具有可持续发展理念的专家和学者是清华大学建设绿色大学的原动力。1996 年，中国工程院院士钱易教授等专家，提出了清华大学建设绿色大学设想，这个设想的时代性、科学性和合理性，以及钱易等专家的学科权威性，使清华大学认识到建设绿色大学的必要性和迫切性，并把绿色大学建设工作提到日程上来。

第二，具有可持续性发展理念的校长是清华大学建设绿色大学的关键。清华大学原校长王大中院士对绿色大学建设工作的关注和支持是其实施建设计划，成为绿色大学的关键因素。他把绿色大学建设确定为清华大学的发展目标之一，认为建设绿色大学是建设世界一流大学的重要环节，他亲自担任绿色大学建设委员会主任，协调后勤、教学、科研、产业间的关系，使绿色大学各阶段的建设目标得以如期实现。

第三，清华大学绿色大学建设是有计划实施的过程。该校制定了《建设绿色大学规划纲要》，把建设过程分为两个阶段，1998 年到 2001年为第一阶段，2001 年到 2006 年为第二阶段，在两个阶段内的具体措施包括"实施绿色教育"、"开展绿色科技"、"建设绿色校园"③。

2. 哈尔滨工业大学绿色大学建设实践

① 林宪生：《环境教育的概念内容和方法》，王子彦：《环境教育——21 世纪大学的责任》，辽宁教育出版社 2001 年版。
② 王民主：《绿色大学与可持续发展教育》，地质出版社 2006 年版，第 17 页。
③ 李冬梅：《绿色大学：概念与实施》，广州大学教育学院 2005 届硕士论文。

1999 年，哈尔滨工业大学被推举为国内高校创建绿色大学的牵头单位，提出把工科大学办成绿色大学的目标，提出了"建设一个中心，搞好三个推进"的绿色大学模式。"建设好一个中心"是指在校内把环境自然科学与环境人文社会科学有机地结合起来，建设好"环境与社会研究中心"；"搞好三个推进"具体指：第一，环境理论研究的推进，主要搞好以下三个层次的理论研究——人与自然关系的环境哲学理论、人与自然关系的环境科学理论、人与自然关系的环境工程技术理论；第二，环境宣传教育的推进，特指对环境理论研究成果的校内外的宣传和在学校教育中的具体落实过程，最终要使受教育者形成生态科学意识、环保参与意识和环境道德意识；第三，环境直接行动的推进，具体指校内外直接应用于环境问题的实践行动。在校内，建设绿色校园、减量消费、废物的再循环、废除一次性筷子等环境行动，直接推动大学可持续发展的行动；在校外，与社区结合，建设绿色社区并作为师生走出课堂进入绿色实践的实习基地。①

3. 北京师范大学绿色大学建设实践

北京师范大学推行了以培养学生的"绿色生态观念、绿色态度、绿色行为方式"的绿色人格为特色的绿色大学体系构建。其建设内容包括：推行绿色教育、建设绿色校园、倡导绿色行动。该校在这三个方面制订了具体的建设计划，现在部分计划已经从理论层面到实践层面，在建设过程中具体实施。

第一，推行绿色教育。设置绿色课程和开展绿色教学是北京师范大学推行绿色教育的主要方式。在课程设置方面的具体工作包括：改革环境保护专业的课程设置，增强环保特色；对全校学生实施环境普及教育；采用渗透设课和单独设课的教学方式；从师资、教材、图书资料等方面改善教学条件。在教学上，实现教学方式的转变，提倡教师引导、指导学生，培养学生的主动性、创造性和合作精神；其次改善教学手段，用现代的教育技术和手段开展教学活动，使教学内容更直观地呈现出来，增加学生的兴趣，提高学生的学习热情。

第二，建设绿色校园。北京师范大学的绿色校园建设内容既包括校园绿化、美化，也包括控制污染、节约能源。为了建设生态良性循环的

---

① 李冬梅：《绿色大学：概念与实施》，广州大学教育学院 2005 届硕士论文。

绿色校园，北师大在校园建设与管理中，追求经济效益、社会效益和生态效益的统一，在使学校的基础设施实现其基本功能，满足师生的生活、学习、工作需要的基础上，减少能源的消耗，控制校园对环境的污染。

第三，倡导绿色行动。北师大开展的绿色行动包括环境宣传和实践活动，在活动中，组织和动员全校师生参与进来，特别是充分发挥学生环保社团的作用，立足于本校，开展丰富多彩的宣传与实践活动。并走出校园，与民间环保组织和环保部门联系，积极参与校外的实践活动。[①]

4. 广州大学绿色大学建设实践

广州大学的绿色大学建设以"贯彻可持续发展理念"为主线，以培养绿色人才为目标。该校是较早在全国非环境类专业高校开展大学环境教育的学校之一，经过部分教师和校领导多年的努力，已形成了自己的特色。

第一，开设全校性环境类课程，建设精品课程。从1992年起，广州师范学院（今广州大学）就有计划地进行了学生环境课程的教学，最初的教学对象只是部分学生，所设的课程包括环境生态学、环境保护与生物监测等环境类专业课程，经过十几年的发展，现在广州大学已开设出了《环境保护与可持续发展》的全校性必修课程，并计划在未来的五年中，结合专业特点，开设《环境法与环境管理》、《环境经济学》、《环境伦理学》、《可持续发展理论》、《环境教育方法》等具有一定深度的课程，逐步形成具有广州大学特色的环境教育模块，并在针对本科生开设环境类课程的基础上，面向成人教育和研究生教育开设环境类公共课程，形成不同层次的环境教育课程体系。

第二，编写、出版绿色教育教材。广州大学在开设绿色教育课程的同时，学校也积极支持绿色教育教材的编写与出版，至今已有多本教材出版。

第三，环境教育硕士研究方向的建设。广州大学环境教育的专家、学者在开展环境教育实践的基础上，重视环境教育的理论研究与探索，并致力于环境教育专业人才的培养，广州大学设立的环境教育的硕士研究方向，已从2002年开始招生，在培养环境教育的专门人才方面做出

---

① 李冬梅：《绿色大学：概念与实施》，广州大学教育学院2005届硕士论文。

了有益的探索。

第四，重视绿色科研立项和国际培训的交流合作。

第五，环境教育网站的建设。为了实现环境教育的信息化、国际化，广州大学环境教育研究室建立了广东省环境教育网站，并不断扩充、更新、丰富网站的内容，使这个网站成为宣传环境知识、传递环境信息的窗口，成为与社会沟通的渠道。①

（三）绿色大学评价

1. 张远增提出的绿色大学评价指标体系

张远增将绿色大学评价的指标体系分为"可持续发展的办学理念、绿色科研、绿色实践过程、教育内容校园建设、学校对社会可持续发展的促进力"等五个以及指标，在此基础上又下分了 42 个二级指标。②

2. 我国台湾叶欣诚教授提出的绿色大学评价指标体系

我国台湾的叶欣诚教授参考了国际上绿色大学计划及各大学和机构的文献，参照我国台湾目前的状况，提出绿色大学的评价指标框架，包括以下几部分：

环境系统：水、空气、废弃物等基本环境项目

环境管理：环境管理系统所涵盖的各个项目与运输、采购、资源回收等

环境教育：课程、研究、活动等

最后绿色大学指标系统包括 12 个主指标，52 个次指标。③

3. 陈文荣、张秋根提出的绿色大学评价指标体系

陈文荣、张秋根的绿色大学评价指标体系按照目标层、准则层和指标层的思路构建而成。

第一层：目标层。以绿色大学绿色度作为目标层的指标，用以衡量大学的绿色程度。

第二层：准则层。由绿色教育、绿色校园、绿色科研、绿色实践、绿色办学五个层次组成。

第三层：指标层。指标层由课程设置、课堂渗透、专题教育、专题

---

① 李冬梅：《绿色大学：概念与实施》，广州大学教育学院 2005 届硕士论文。

② 张远增：《绿色大学评价》，《教育发展研究》2000 年第 5 期，第 16—19 页。

③ 王民主：《绿色大学与可持续发展教育》，地质出版社 2006 年版，第 75 页。

活动、教育氛围、师资力量、教育效果、生态园林景观、绿化美化工程、环境卫生状况、污染控制措施、绿色技术、绿色项目、绿色产品、绿色课程实践、绿色社会实践、绿色教学、绿色管理、绿色机构、绿色制度等 20 个三级指标组成。①

4. 罗泽娇提出的绿色大学评价指标体系

该评价指标体系从绿色管理、绿色教育、绿色科研与产业、绿色校园、绿色消费等五个方面来体现，构建了一个包含 34 个二级指标的评价体系。②

5. 杨华峰提出的绿色大学评价指标体系

杨华峰构建了面向循环经济的绿色大学评价指标体系，由三级指标构成；一级指标有绿色教育、绿色科研、绿色管理、绿色校园、绿色实践。二级指标有包括：教育理念、教育内容、教育过程、科研活动、科研手段、科研成果、管理制度、管理机构、管理手段、管理过程、校园环境建设、校园环境管理、绿色校园文化、社会事件、绿色消费等 15 个二级指标。下属 44 个三级指标。③

第三节 相关概念的界定

一 黑色文明·灰色文明·绿色文明

黑色文明。人类社会发展到今天，历史上一般将人类文明阶段划分为以农耕为主的黑色文明，以工业技术为主的灰色文明和以信息技术为主的绿色文明阶段。黑色文明主要包括原始社会、奴隶社会和封建社会。之所以称之为黑色文明，是因为在这几个发展阶段的人类社会，无论是西方还是东方都以土地的耕种为主业。虽然古希腊是以海洋的运输为主，但是在这几个阶段中，还是以交换有用的农产品为目的。因为靠土地生产而生活，主要的生产方式及生活方式都以适应土地生产为主。而肥沃的土地一般是黑颜色的，因此，史称黑色文明。

---

① 陈文荣、张秋根：《绿色大学评价指标体系研究》，《浙江师范大学学报》（社会科学版）2003 年第 124 期，第 89—92 页。

② 罗泽娇：《浅议绿色大学的创建》，《环境教育》2004 年第 9 期，第 12—14 页。

③ 杨华峰：《面向循环经济的绿色大学评价指标体系研究》，《中国高教研究》2005 年第 7 期，第 12—14 页。

灰色文明。人类进入工业发展阶段后，主要的生活及生产方式以大机器化生产为主。伴随机器生产的管理方式、生活方式以及政治经济及文化方式等，相对于黑色文明方式发生了翻天覆地的变化，也可以称之为人类文明史上的一次革命。

这次革命最主要的特征是人类社会的方方面面都与机器分不开。机器化生产已经深入了人类社会生活的每一个细节。伴随机器化生产的是产生了大量的污染物。天空之中充塞工厂排放出的废气；河流也因工厂生产排放的污水而变得污秽不堪；由于工业文明的技术发展，在工业时代的建筑也与农业文明时代的建筑发生了很大的不同。工业文明时期的建筑不再是纯粹的自然材料建筑，而是以钢筋水泥混凝土为主要建材的建筑。它最大的外体特征就是灰色。

灰色文明在它产生之初，确实显示了强大的发展优势，它的经济发展是前几个人类发展阶段的总和都无法比拟的。但是当它发展到19世纪末20世纪初的时候，它的缺陷也一览无余地暴露出来。生态破坏、土地沙漠化、水质污染、气候变暖并且还伴有全球气候的不正常、气温升高导致的南极冰雪融化对陆地面积的侵吞等问题。这些问题的存在不仅阻碍了人类社会的发展而且还极有可能导致人类社会的最终毁灭。在人类社会发展的紧要关头，一些负有责任心的科学家和人文学者，担负起了指引人类未来发展路向的艰巨任务。

20世纪四五十年代兴起的绿色和平运动，就是未来绿色文明时代到来的先声。

绿色文明。也有人称未来的时代为生态文明时代，但是本书认为绿色文明更能代表未来发展的时代。因为，生态时代只是说明人类社会的生产及生活方式要像一个生态系统一样，遵循着生态系统的发展规律和原则，就能生态的发展。本书认为，在具有生命活动的系统确实遵守生态系统的规律才能获得绿色发展。在不可再生资源及能源的利用上则需要节能及利用新的技术，发现可以替代不可再生能源的新能源，而这些是可以使人类获得健康良性发展的绿色技术。信息文明＋生态文明就是"绿色文明"。因此，本书认为用"绿色文明"更能代表未来发展的新趋向。

本书用"绿色文明"来替代生态文明的另一个原因和理由是因为，未来的时代应是东西方文明共同发展的时代。是东方文明融合西方文明、西方文明融合东方文明，各取优势和特长的时代。因为只有融合了东西方文明的社会才能防止现代性发展所带来的弊端，发挥人类社会创造地先进文明的作用。而西方文明，一般称之为蓝色文明，东方文明称之为黄色文明。蓝色与黄色的融合便产生"绿色文明"。

二 现代性与现代化

提起现代性，观点繁多，众说纷纭。尽管有不同的意见，但大部分人认为它首先指一个时间概念，就是从文艺复兴前后一直到20世纪60年代。之所以截止到20世纪60年代，是因为60年代中期法国学者开始提出后现代思想。从西方发达国家，特别是欧洲社会的发展现状来看，现代性更接近一种延续的"传统"。因为现代性本身是在欧洲社会的发展过程中孕育产生的。如果从1640年英国资产阶级革命算起，现代性已有300多年的历史。如果再往前追溯，寻求现代性的社会和文化基础，大概要上溯到15世纪欧洲文艺复兴运动。正是这一时期，开创了新兴的自然科学，奠定了现代的科学和理性的基础，萌芽了现代的生活及生产方式。

而"现代化"一词出现较晚，约于20世纪初。《新华字典》对"化"的解释是："放在名词或形容词后，表示转变成某种性质或状态"①。广义的现代化主要是指自工业革命以来现代生产力导致的生产方式的大变革，引起世界经济的加速发展和社会适应性变化的大趋势；狭义的现代化主要是指第三世界经济落后国家采取适合自己的高效率途径，通过有计划的经济技术改造和学习世界先进国家，带动广泛的社会改革，以迅速赶上工业国和适应世界环境的发展过程。

现代性与现代化有着不同的内涵。我们通常理解的现代化是指以工业化为发端，涉及政治、经济、文化、精神等方方面面的整体性的社会变迁，它是从传统社会向现代社会的转变过程。现代性是现代化内在的精神实质，它可以"大略地等同于'工业化的世界'"。现代性更多的是在欧洲社会现代化基础上抽象与提炼出来的一种社会习性，一种价值取向和一种精神实质。现代性是唯一的，而现代化却可以是多样的。虽

---

① 中国社会科学院语言研究所词典编辑室：《新华字典》，商务印书馆2001年版，第195页。

然现代化是现代性"化"的过程，但现代性却不是任何一种现代化得结果。

三　环境·生态·绿色

环境。环境、生态和绿色都指人与自然的关系。相对于人类社会来说，现代社会以来所提到的"环境"一词，一般都是指以"人类为中心"的环境，特别是西方中世纪基督教的创世说产生以后。一般包括宇宙环境、地球环境、区域环境等。因此我们今天在学术上提到的环境一般是"人类中心主义"价值取向的。

生态。我们今天提到的"生态"一词，也是指人与自然关系的一个概念，不是生物学意义上的"生态"概念。"生态"一词的出现主要是针对现代性社会以来，人类所采用的人类中心主义的价值取向，导致了人类生活环境的持续恶化，已经危及了人类的生存，一些科学家以及人文社会学家在强烈的批判了现代社会以来的这些价值观及生活方式的同时，将眼光转向了生物界的可持续生活方式，同时，随着世界生物科学的发展和进步，发现了生物学中的生态系统的一些规律更适合人类未来的生存与发展，因此将"生态"一词引用到了人类社会的生活之中，目的是为了与具有"人类中心主义"价值取向的"环境"一词相区分，同时也有将生态系统健康的生活规律引用到人类社会的深意；另一方面，20 世纪 60 年代后，一些人类环境保护主义者提出了"浅生态"运动和"深生态"运动。他们也主张将"生态"一词替换"环境"一词，目的是为了强调人与自然界的生物、生命平等地位的含义，在某种程度上具有生态平等主义的思想。

绿色。绿色指人与人、人与社会、人与自然的一种健康的、积极向上的、富有生命活力的关系。在人与自然的关系上，它既不是人类中心主义的也不是生态中心主义的。而是在尊重人类生命活力的同时，也同样地尊重生物的生命价值。它是以人类为中心的，但不是"人类中心主义"价值取向的。

绿色本身是一个生物学上的概念，本意是指植物的一种健康生活方式。绿色一词是从 20 世纪四五十年代开始在社会范围内使用的，是一些环境保护主义者从事环保运动的产物。例如绿色和平运动等。"绿色"一词到今天为止还没有一个统一的概念或规定，但是，其基本的含义是指健康的、充满生命活力的。最为常用的绿色生产、绿色管理、绿色消费、绿色营销、绿色 GDP 等。

从它的内涵上分析，"绿色"的内涵比"生态"更为丰富。它不但指遵循生态规律的、健康的充满生命活力的生态系统，而且也指人与人、人与自然、人与人类社会的遵循生态规律的充满生机与生命活力的生态系统。

从外延上看，"绿色"的外延要比"生态"一词所包含的外延广阔。它不但指遵从生态规律的有生命活力的系统，而且也包括节约能源，良好的生产方式，适宜人类发展的生活方式，民主开放的政治体制等人类生活的各个方面。

因此，本书采用"绿色"概念来描述人类生活的健康及可持续发展的未来。本书的绿色是指，人自身的小生境、社会环境、生态环境以及自然环境存在的一种整体性、有机性和整体协同进化的、相互依赖的、充满生命活力的关系性。在这个充满绿色活力的系统中，其中人自身的小生境影响到社会环境、生态环境和自然环境；社会环境也同时在影响到人自身的小生境、生态环境和自然环境；生态环境对人的小生境、社会环境和自然环境也存在影响；而自然环境也对人自身的小生境、社会环境和生态环境存在潜在的影响。根据普利高津的耗散结构理论，只有开放的、与周围环境有不断的物质与能量交换的系统才是一个充满活力的系统，也就是说是一个绿色的系统。

四　小生境

要知道小生境的含义，就必须知道生境的含义。生境是指生态学中环境的概念。它指生物的个体、种群或群落生活地域的环境，包括必需的生存条件和其他对生物起作用的生态因素。也指生物生活的空间和其中全部的生态因子的总和。生态因子包括光照、温度、水分、空气、无机盐类等非生物因子和食物、天敌等生物因子。小生境（Microhabitat）是指微小生物栖息的、具有特殊环境条件的微小场所。也有人认为：生境是指个体的生活空间，即个体小区（Monotope），与小生境（Niche）的含义相同。

本书的小生境是指人所居住的生态因子的总和。它不但包括光照、温度、水分、空气、无机盐类等非生物因子，还包括食物等生物因子，更包括人类特有的精神因子和道德因子以及信仰因子等人类所特有的因子，是人这个特殊动物所必需的生活空间。

五　道德人·经济人·绿色人

道德人。道德人特指教育领域内对人的一种特殊培养方式，这种培养方式以人的道德品性的培养为教育的最终目标，从而忽视了作为完整人的其他方面。将道德作为人存在的唯一目的，并将其上升到至高无上的境界，最终扭曲了人的存在。这主要体现在古代中国和古代西方的教育方式中，以中国的明清时代和欧洲的中世纪为典型。这种教育方式虽然培养了具有高尚境界的人，但是由于过度强调了道德情操，以至于发展到了极致的程度，导致了人性的扭曲，阻碍了科学的发展，是一种不完全的培养方式。

经济人。"经济人"假设是西方从封建的中世纪向资本主义社会过渡过程中，为体现资本主义精神的"新人"而提出的人性假设。随着工业经济的全球化蔓延，"经济人"假设已经成为工业经济发展的基本理论支撑。"经济人"假设与西方的科学主义传统有着不可分解的渊源。经济人也就是理性经济人，由于受唯理论和经验论的影响，此种假设从一开始就把人设定为一种有理性的动物。它崇尚一种手段——目的性的工具理性，把人、社会、自然都作为这种"经济人"为实现自身私利的工具，从而否认人和自然的内在价值。由于"经济人"的先天不足，这种"新人"是"功利、理性和物质主义"品性的总结。这种人性假设过度强调人对自然征服的工具——手段方式，从而忽略了人的精神、道德的培养，使教育培养目标走向了另一个极端，过分强调科学知识的灌输，忽略人的德性培养，导致了现代社会以来人类道德精神层面的萎靡，从而间接导致了大面积的生态环境的恶化。

绿色人。绿色人是为适应后工业信息化绿色文明发展而提出的人性假设。我们将对生态系统的发展起到良好调控作用的人称为"绿色人"，"绿色人"不仅是理性的，而且也是非理性的，是理性与非理性的合体；这种人不但强调科学知识的发展，同时也注重人的德性的养成，是物质与精神的统一体。从他自身来说，不仅是一个良性循环发展的小生境，即他本身是健康的、充满朝气与生命活力的。而且这种人还能对自然、对社会的发展起到良好的促进作用，是人与自然良好关系的调节者。在这种模式下培养出来的人，能够驻足于人类的现实之境，努力构建一个人类生存的新境界。

六　软环境·硬环境

一般将主体的外在称为"环境"。现代社会以来，指以人类为中心的所有外在因素的总和，既包括看得见摸得着的物质因素，也包括人类文明及文化所创造的非物质因素。硬环境是指人类活动所需要的物质条件之和而形成的环境。软环境指除硬环境之外的那些非物质条件、无形条件组成的环境。硬环境和软环境共同组成了人类生存的整体环境。本文在人与自然关系的方面不使用"环境"一词。

这里所说"环境"一词，特指大学校园主体的外在，包括大学校园的所有物质与非物质因素的总和，是大学人这一特殊群体的生活空间。它由软、硬两个方面组成。校园软环境指校园物质条件以外的诸如政策、文化、制度和思想观念等因素和条件的总和。校园硬环境指由看得见摸得着的校园物质因素构成的环境。

第二章　高等教育之绿色审思

　　我们的世界正在经历着历史上所从来没有经历过的冰与火的对峙——人类的物质文明取得了前所未有的成就，而精神生活也陷入了从未经历过的低谷。现代的灰色文明在经历了辉煌的几个世纪的发展后，进入了无法自拔的魔圈——无论是在经济领域还是政治领域，人们都像一个被现代文明所牵制的工具，无法自已。几个世纪以来，高等教育在现代文明的发展中贡献了无法估量的力量。舒尔茨的人力资本理论对这一贡献作了一个精确的测定。

　　起初，高等教育是为人类高深知识的存储和传播发展而兴起的。文艺复兴之后，人类认识到自身的价值，认为自身的理性高于一切，高深知识是为人类的幸福而准备的。而人类的真正幸福就是对自然的无节制的开采，提高效率，实现人类生活的真正物质化。实现这种物质化的前提便是工业革命的发生。工业革命的喧嚣促进了高等教育的进一步发展，高等教育进入了世俗化发展的阶段，这种世俗化发展的最显著标志就是对实用知识的崇拜。世俗化发展阶段的高等教育是为工业化大机器生产提供更多有用的人才，高等教育很快适应了这一发展。工业化经济的大发展，确实给人类带来了前所未有的物质丰富，人类取得了前所未见的成绩。这种成绩是在机械性世界观的引领下，在分析还原的方法指导下，在人类中心主义的价值取向下取得的。人们欢呼，满以为人类理想的福地马上就要来到，然而，两次世界大战的炮声彻底毁灭了人们的美梦，人们开始反思现代的生活方式是否能将人们带到所谓的无限发展的福地。特别是进入 20 世纪 60 年代后，随着全球性生态危机的爆发，土地资源的荒漠化、森林的无节制砍伐以及水资源的污染及浪费等全球性问题的出现，已经危及到人类的生存。

　　这些全球性环境问题的产生，无不与现代性思想观念指导下的高等教育发展存在密切的联系。工业化国家的每一步发展都离不开高等教育提供的合格人才。而现代高等教育的发展也是以促使工业化经济发展为前提的。无论是高等教育的理念还是高等教育的体制；无论是教学的组织还是课程的安排，都体现了人类中心主义的思想，都是为提高效率而安排的，而效率至上的目的便是对自然的无节制开采。

因此，对全球性环境问题的教育反思和认知是必要的。本章的目的是对环境问题产生的教育根源作一个深层次的拷问，以期对危机的解决给出教育层次的路径探寻。

第一节　认知与反思

环境问题的产生由来已久，在古代农业社会，由于耕作的需要，修建沟渠的过程中，就有土地荒漠化的现象。这种环境性问题都是在极其有限的范围内发生的，并且影响是极为有限的。但是自从人类进入文艺复兴后，特别是 18 世纪的启蒙运动以来，人类理性突然觉醒，认为自然就是一架机器，人类可以自由的驾驭。在这种思想的指导下，人类开始对自然无节制的开发，由是环境问题开始真正产生。"大规模的环境问题却发生在世界工业化之后，特别进入到 20 世纪，环境破坏的程度，无论从量度上，还是质度上，都大大超过以往的任何世代。触目惊心的环境污染现实，刺激人们要去改变这种正在衰退的环境状况，特别是在 20 世纪六七十年代以来，人们发现在自然保护主义者经过了长时间的努力之后，自然环境似乎有所改观，但潜在的环境危机不但没有减弱，反而更加令人担忧。"[1] 于是，人们开始认识到环境问题的严重程度。联合国持续召开全球性的环境保护会议，号召人们注意环境，既要保持现阶段的发展同时又要保证子孙后代的发展。这些会议的召开似乎对环境的持续恶化有一定的遏制作用。但是，全球性的环境危机问题仍在继续。经济领域的绿色经济研究、工业领域的绿色科技、管理领域的绿色管理、政治领域的绿色政党对这些问题的解决都纷纷采取措施，然而，到目前为止，收效甚微，全球性的环境问题仍在持续恶化。于是人们不

---

① 赵闯：《绿色政治的诉求与构设：人类与自然和谐共生的可持续性社会》，吉林大学 2007 届博士论文。

得不反思，环境问题的根源到底是什么？是什么原因导致了目前解决环境问题的困难如此的根深蒂固？这些思想上的反思自然地波及到教育领域，尤其是高等教育领域。自文艺复兴以来，教育适应了人类现代发展的进程，为人类培养了无数的适合现代化发展的专门高级人才，而这些人才的培养无不是在现代的向自然掠夺的思想指导下完成的。因此，人类目前环境问题的解决，教育担负着非常重要的使命。由于高等教育与社会经济发展的密切关系，高等教育的绿色化发展更是解决目前全球性生态环境问题的必要条件。

一　认知：环境问题的教育责任

目前全球性的环境问题已经引起了国际社会的广泛关注，它的严重性也被科学数据所证实。但是，严重的环境问题由简单的环境伦理和环境保护行为就能解决的吗？现行的事实证明在环境本身的范围内是很难解决目前这种全球性环境危机问题的。教育是培养人的社会活动，特别是人类进入 20 世纪后，信息化、后工业化社会的来临，知识成为社会发展的原动力。正如阿尔文·托夫勒所说的我们正面临一次巨大的社会转型，新的社会结构是一个绿色的文化耗散结构。教育尤其是高等教育在这个巨大的绿色文化耗散结构中处于中心的位置。如何培养一代具有绿色理念的绿色人才，是未来 21 世纪绿色社会发展的核心，也是解决目前全球性环境问题比较关键的步骤之一。

（一）环境问题的表现

自人类产生文明以来，环境问题就已存在，那时的环境问题都还是小范围的，危害也是极有限的。真正的环境问题始于文艺复兴后，工业革命的开始。"工业革命——从农业占优势的经济向工业占优势的经济的迅速过渡称为工业革命——是世界史的一个新时期的起点，此后的环境问题急速恶化，并且开始出现新的特点并日益复杂化和全球化。18世纪后期欧洲的一系列发明和技术革新大大提高了人类社会的生产力，人类开始插上技术的翅膀，以空前的规模和速度开采和消耗能源和其他自然资源。工业化社会的特点是高度城市化。这一阶段的环境问题跟工业和城市同步发展。先是由于人口和工业密集，燃煤量和燃油量剧增，发达国家的城市饱受空气污染之苦，后来这些国家的城市周围又出现日益严重的水污染和垃圾污染，工业三废、汽车尾气更是加剧了这些污染公害的程度。在后来的 20 世纪六七十年代，发达国家普遍花大力气对这些城市环境问题进行治理，并把污染严重的工业搬到发展中国家，较好地解决了国内的环境污染问题。随着发达国家环境状况的改善，发展中国家却开始步发达国家的后尘，重走工业化和城市化的老路，城市环境问题有过之而无不及，同时伴随着严重的生态破坏。"①

目前全球面临十大环境问题：酸雨污染。温室效应（或全球变暖）。臭氧层破坏。土地沙漠化。森林面积减少。物种灭绝。水资源危机。水土流失。垃圾成灾。城市大气污染。这一切表明，生物圈这一生命支持系统对人类社会的支撑已接近它的极限。这些环境问题的产生和存在都与人类自身的生产及生活方式有关，与现代社会以来人类的思维方式及科技方式息息相关。而且这些危及到人类生存的全球性环境及生态问题，实质上是相互关联的。这些问题的存在同时还表明环境问题的复杂性和长远性。②

（二）环境问题的产生

现代工业社会从它产生到后来的繁荣发展，已经形成了一套完备圆满的架构体系。在它那完备圆满的架构体系中，有与之对应的大众文化的支撑，工具理性的高扬以及制度领域里的官僚科层制体制，还有与社会制度一体的完备的教育体系。因此，目前全球性环境问题的产生并不是现代文明某一个时段的偶然产物，而是西方工业文明发展的必然方向。从历史的根源上看，环境问题的产生是文艺复兴以来的机械性世界观，人类中心主义的价值取向以及人们对无限增长的极度崇拜而导致的。

文艺复兴以来，人类的主体性高扬，藐视自然，认为自然是为人类服务的。在文艺复兴时期，人们还坚持工具理性与人文理性的统一。18 世纪的启蒙运动揭开了现代工业文明的新篇章。启蒙运动的思想家以消除愚昧、传播先进的知识、发展科学为己任，要创造一个完全依赖人类的理智由科学技术所支配的新世界。在理性主义原则的支配下，人类开始把握自己的命运，在征服自然、控制社会方面取得了巨大的成绩，整个世界也因此变得富裕起来。在人们看来，启蒙理性为人们带来了一片

---

① 《什么是环境问题》，http：//www.examw.com/hj/jingyan/66637/。
② 《世界十大环境问题》，http：//www.yqzx.net/green/huanbzs2.htm。

光明的新天地。就在人们为工业文明的到来欢呼雀跃的时候，启蒙时期的另一位孤独的思想者卢梭，对科学技术的进步是否能够带来人们道德的纯化给出了否定的回答，他认为，科技的进步并不能使道德风俗纯化。他提醒人们，理性在将人们从自然及神学的枷锁下解放出来的同时，有可能走向它的反面——理性的异化，应该提防理性的异化。人类在现代文明的进化过程中，可能会由于科技的异化而丧失自由、道德败坏，引起新的人类危机。目前全球性的环境危机正验证了卢梭伟大的预言。

属于西方马克思主义者的法兰克福学派认为，"早期的启蒙精神中包含两种理性，一是求天赋人权、实现自由平等的人文理性；二是主张科学进步、征服自然的工具理性。两种理性各自所代表的自由与科学，社会公正与自然秩序是并行不悖的。"[①] 也就是说，作为目的的理性，即实现人的自由解放的人文理性，与作为手段的理性，即推进科学进步、社会发展的工具理性是一致的。但是随着现代工业文明的发展，人们遗忘了一种理性，而过度张扬了另一种理性。即以工具理性、科技理性代替了两种理性的协调发展。

现代社会对增长的过度崇拜，主导着人们的效率至上的观念。以数字化、标准化、控制论、定量化来控制一切、处理一切，大到社会的整体控制、国家之间的关系，小到个人生活和生命的管理。这种观念在工业化社会的方方面面都能得到体现，管理领域的科学管理、经济领域的生产力提高以及政治领域的官僚科层制无不是这种效率至上，控制为主思想的体现。原本现代工业文明的发展是为人们的完满生活做准备的，结果是人类自身已然异化为现代工业机器生产的螺丝钉。其结果是，一方面现代工业社会依据它所建立起来的架构变得越来越合理；另一方面作为社会主体的人却被这个合理的技术社会所奴役。著名电影艺术大师卓别林的剧作《摩登时代》，深刻地描绘了工业文明初期人们为了效率工作的情景。

这种效率至上的思想导致了工业生产中生产力的异化发展。异化了的生产力诱导人们过度消费，因为只有这种过度消费才能更加促进工业

---

① 许平、朱晓罕：《一场改变了一切的虚假革命》，上海人民出版社2004年版，第15页。

生产的增长。这种异化了的生产为了增长从而无节制地向自然开采资源，导致了目前全球性的环境危机。

在机械性世界观的指导下，在效率至上观念的引导下，在增长无限的梦想中，人们为工业文明发展培养下一代。于是在中世纪之后的启蒙时代，高等教育适应这种社会的需求，以培养工业社会适用的人才为出发点，发展了现代的高等教育体系。

（三）可能的路径

当前全球性环境问题的出现，已经不是某个局部的问题，而是现代工业文明的指导思想和价值体系的取向出现了偏差。在人们过度追求效率的同时，将人本身异化为实现自身目的的工具，是目的与手段的倒置。因此，这种全球性环境问题的解决必须从人本身开始。而人的问题的解决必须依靠教育。从现实的情况看，人们已经意识到环境问题的教育责任，即教育在环境问题解决中所应肩负的使命，因此，全球性的绿色大学兴起。目前绿色大学的指向主要是校园物质环境的改善，虽然物质环境的改善有利于公众环保意识的提高，但是，目前环境问题的存在，从教育的角度，宏观方面看是整个高等教育体系存在问题，微观角度看是整个高校培养模式出现了问题，是某些教育思想的前提出现了偏差。"教育并非难题，难题在于教育本身存在问题。"①

西方高等教育起始于古希腊时期，此时的教育以培养德善兼备的人才为目的，教育思想的核心是培养有德性的高级人才。这种思想在中世纪宗教传统的教育中依然能够体现出来。及至启蒙运动及工业革命的开始，工业经济的发展需要高级的专门人才，加之哲学思想领域内机械性世界观的兴起，分析还原方法的所向披靡，致使高等教育按照这种世界观和方法论的指导建立起了一套行之有效的体系，现代完备的与工业文明相切合的高等教育体系便建立起来了。在这种方式下建立起来的高等教育最显著的特点就是学科专业的分化、组织结构的科层制、校园文化的功利化倾向、工具理性的价值取向。

绿色大学的兴建为目前全球性环境危机的解决提供了某种可能的路径，然而，现实中环境污染及恶化现象仍在继续。虽然高校校园的美化

---

① Orr. D. W. , The Problem of Education. The Campus and Environment Responsibility, Jossey – Bass Publishers. Sanfrancisco, 1992: 31.

绿化、建筑节能等措施的应用为环境问题的解决提供了可能，但现实的事实证明，这些方面的局部改革，并没有使环境问题产生的深层次根源得到有效的缓解。那么环境问题解决的教育路径到底应该是什么呢？因此，需要我们进行深层次的分析。

二　反思：经济与教育

纵观现代环境问题的产生无不是与经济的发展紧密相连的，而现代高等教育体系的建立和发展，也是紧紧围绕经济这个魔棒旋转。特别是那些发达工业化国家，为了提高自身的经济实力，在世界问题的处理中抢先具有发言权，无不重视教育，尤其是高等教育。因此，经济环境的绿色化，首先需要高等教育这个高级专门人才培养摇篮的绿色化。目前绿色大学建设虽然在环境保护方面起到了一定的推动作用，但事实证明，这些措施的实施并不能使环境问题从根本上得到解决。这种局部教育方式的变更，对工业化革命以后建立起来的为掠夺自然而设的高等教育体系没有任何的、根本的、深层次的改观。那么，为什么在高等教育绿色化建设的过程中，会出现如此的情况呢？为什么自然在高等教育的考虑中总是处于最后的价值排序抑或是没有排序呢？若要分析深层次的原因，那么，这个原因就是：人类思维模式中存在一种根深蒂固的思想——人类中心主义。正是这种思想使人们认为自然顺理成章地处于人类的统治和奴役之下，它的根源可以追溯到西方文明的犹太—基督教传统之中，在《圣经》中就有明确的记录；之后通过文艺复兴运动的推动，人类主体性高扬，启蒙运动中机械主义和工具理性思想的渗透，人类中心主义得到了广泛的传播。随后由于人们对无限增长美梦的渴望而对这种思想的普遍接受——人类是上帝的使者，是世界的中心，自然是为满足人类的利益而存在。正如伊甸园里偷吃了智慧果的亚当和夏娃——人类过度相信自身的理性，导致了目前的生存危机，仿佛当年被赶出伊甸园一样——人类自身也即将被逐出地球家园。

这些思想自然的被带入经济领域和教育领域，并占据了主导地位，从而对经济理论和高等教育理论产生了深刻的影响。由于经济理性本身的局限性，也许只有高等教育层面产生某种改变才能使环境问题得到根本和有效的缓解。

（一）经济反思

自人类产生到 20 世纪六七十年代这一漫长的历史时期，人类的主要目标就是经济增长。在工业革命以前，人类主要是利用一些简单的工具对自然环境进行采集、捕食和种养人类生活所需的食物。这时的人类经济活动还是融于自然链条之中的，人类与自然界之间的关系基本上是和谐融洽的，人类依靠自然资源的再生能力和生物自净能力，基本上还能保持一种自发的自然生态平衡关系。工业革命之后，由于机器化大生产的广泛普及，生产方式的根本变革促进了经济的快速增长，社会生产力也得到了极大提高。人类中心主义思想的普遍传播和接受，使人类在自然界中也变得更加肆无忌惮。其后果是工农业产品几十倍甚至上百倍的增长，与此同时，再生资源以不可再生的速度被人类疯狂消费，各种非再生资源急速的被消耗，生态环境也以前所未有的速度恶化。

实际上，生态学家早已意识到，自然环境长期受到人类生产和消费的严重威胁。只不过，环境问题突出表现于 20 世纪六七十年代。由于工业主义追求增长而过量生产，为了缓解生产带来的异化劳动，就不停地鼓励过量消费，为鼓励过量消费，工业主义的大众文化悄然兴起。"异化劳动"和"异化消费"加剧了资源的破坏和环境的污染，于是新的危机产生——全球性的生态危机出现。环境问题的加剧恶化，使自然再也不是存在于经济学家头脑中的可以随意使用、永不枯竭的资源，"新匮乏"的问题摆在面前①。由于人类中心主义思想的渲染及启蒙运动后工具理性的过度张扬，长期以来人类一直将自然看作是取之不尽、用之不竭的免费物。这种思想自然的折射到经济领域，自然环境理所当然地处于主流经济学家们关注的边缘。这种经济思想导致人类陷入了更深的环境困境之中。

在古典经济思想中，以亚当·斯密为代表的古典经济学家，普遍认为储蓄和资本的积累是促进经济增长的主要原因。因此，在他们的经济学分析中，资本积累是最主要的分析内容。由于受无限增长梦想的影响，在他们的思想意识中，自然资源是可以无节制开采的且不会给经济的发展带来任何的限制。他们普遍对未来的生产和消费持有一种非常乐观的看法。对他们来说，经济发展，或者说是生产增长，源自于逐渐成

---

① Hueting R. , New Scarcity and Economic Growth (2nd edition), Amsterdam: North-Holland, 1980.

熟的劳动分工和市场的自由运作。生产存在巨大的潜力，这种潜力完全来自于人类的理性能力，自然资源本来就是为人类经济发展服务的，因此，自然资源的短缺是不可能的。而在那段时期，由于地理大发现及西方对新世界的经济与军事征服，同时由于科学技术的迅猛发展证明了人类的能力，斯密的这种乐观思想得到了有力的证实。当然在同一时期的古典经济思想中，有的经济思想家已经意识到自然资源的有限性，虽然这种认识仍然把自然看作一种为人类利益服务的资源，但其中暗含了生态与经济过程一体化的看法。由于担心农业生产可能会与人口增长相矛盾，1800 年前后的古典经济学家不再像亚当·斯密那样乐观。很多古典经济学家都认为，经济或迟或早会因为资源的短缺而停止发展。级差地租理论和报酬递减理论，更加深了对这种观念的认识。由于人类征服自然能力的增强及经济的迅速发展，这些思想的出现并没有像斯密的思想那样对后世产生那么大的影响。到 19 世纪的后半期，经济学家将主要的注意力放在了市场机制的分析上，并运用效用概念作为衡量价值的基础，自然在主流经济学家的思想中依然没有引起足够的重视，自然的概念仍然没有进入主流经济学家的视域。

工业革命之前的经济学家们关注的主要是农业生产或商业的发展所带来的资本积累及经济增长。及至工业革命之后，机器化大生产越来越成为资本积累的主要方式，不可再生资源因此被越来越多地消耗。经济体系愈来愈成为一种开放的体系，这种开放性在 19 世纪后半期变得明显起来，新古典经济的"边际革命"时期到来，古典经济学强调的生产、供给和成本开始向现代经济学所关注的消费、需求和效用转化，从而交换价值也由人类需要的满足来决定。自然的有限利用性在这时的经济理论中及在经济学家的思想中依然没有引起足够的重视，自然依然是人们征伐和开采的对象。人们也没有意识到这种经济理论是建立在对不可再生资源大量的、不合理的开采利用上。

在古典经济学（包括新、旧古典经济学）不重视自然环境内在价值的同时，对资本积累以外的因素也没有给予足够的重视，特别是经济增长的核心因素——人力资本的关注。虽然在该时期，也有少数经济学家认识到人力资本和创新对经济发展的推动作用，如马歇尔注意到了资本积累的来源和劳动力的数量与质量对经济增长的作用，十分强调通过教育开发人力资源的重要性；熊彼特则认为包含了技术进步等内容的创新是工业主义经济增长的动力，但他们的这种认识并没有引起当时主流经济学的注意。后来人们意识到古典经济学将资本积累作为决定经济增长的唯一因素，显然是与客观实际不相符合的。因此 20 世纪 50 年代后，经济学领域先后将技术发展、人力资本作为经济增长理论的主流学派加以研究。后来，罗默尔等人提出了"新增长理论"对技术进步论和人力资本理论进行补充和发展。该理论的核心就是在传统经济增长因素之外，将知识作为一个独立的要素引入增长模式，并认为知识的积累是现代经济增长的重要因素。后来该理论被卢卡斯和斯科特等人发展。虽然这些理论重视了人力资源及技术的作用，但是，经济领域对自然资源的无节制开发仍在继续。全球性的环境危机状况仍然没有得到缓解。

　　由于经济领域的最大效益原则，显然对自然资源的掠夺是经济发展的内在逻辑，这就是经济理性本身的局限性；而经济发展的核心力量应该是人本身。虽然古典经济一直将资本积累作为经济发展的唯一因素，但随着工业化国家进入后工业文明时期，技术、人力以及知识等因素将替代资本积累而越来越成为经济发展的核心动力。而技术、人力以及知识的发展都离不开高等教育的培养。要实现经济领域的自然环保思想，只有发挥人本身的作用，才能将经济理性本身的局限性限制在最小的范围内。而发挥对经济领域的这种限制作用的，只有高等教育培养理念的转换。在转换了的高等教育理念的指导下，才能培养出具有绿色理念的绿色人才，也才能实现经济领域与自然的协调发展。因此，对高等教育的深层次反思是必然的，同时也是必要的。

　　（二）教育反思与求变

　　现代经济的发展越来越靠技术、人力及知识积累的支撑，而技术、人力及知识的发展无不是现代高等教育的产物。现代高等教育在它产生之初就是工业化大机器生产的产物，它是现代工业文明的一个组成部分，为现代的掠夺式经济发展提供预备人才。绿色大学从环境的养护及可持续发展角度出发，期望能为当今全球性环境危机的解决提供一个可行性的路径，由于可持续发展概念的发展性，在现实的操作层面上，绿色大学的建设理念几乎完全落实于校园环境的改善与养护上；为什么绿色大学的实施路径不能为当今的全球性环境问题的解决提供一个切实可行的路径呢？究其原因是目前的全球性环境危机问题，在环境本身的范围内是很难得到根本解决的。那么，深层次的原因又是什么呢？带着这个问题，我们有必要对高等教育进行一次深层次的拷问。

文艺复兴以来，西方世界从基督教上千年的黑暗统治中复苏过来，他们高举人的主体性旗帜，以反对基督教对人性的压抑和统治。及至启蒙运动时期，人类理性觉醒，人们相信人类依靠自身的理性就能将人类带到无限制发展的福地。工业革命的胜利更坚定了人们的这种信念。在机械性思维方式的引导下，由于过度强调人对自然的主体性地位，形成了"人类中心主义"的绝对的思维模式，这种思维模式导致的结果是人类"工具理性"意识的膨胀。"工具理性"或"工艺合理性"的思想最初是由德国社会学家马克斯·韦伯提出来的。这一概念是指目的与手段相分离，它表明，工具理性虽然使人摆脱了贬低人的尊严的宗教枷锁，推动了科学技术的发展，增强了人对自然的征服能力，但同时又使人过度追求功利，忽略情感与精神价值，把人变成机器和金钱的奴隶，从而使人重新陷入异化的羁绊之中。在法兰克福学派理论家看来，从文艺复兴时期起，由于科学技术同政治联系在一起，工具理性不仅表现为人对自然的征服力量，而且也体现为人对人的压制和支配。它既把人变成机器甚至机器的一个部件，使人仅仅履行技术操作的职能；又扰乱了人们的价值活动，使人们不再能在自己创造的世界里认识自己。

这种异化了的工具理性体现在现代高等教育的方方面面。由于经济效率的影响，高等教育顺应科学领域内分析还原方法的应用，将知识进行分科而教，以至于形成今天的专业学科的过度分化，培养出了无数的"单向度"的人。这种单向度的人对功利性过度的崇尚，为实现自身利益的最大化而成为一种实利主义者。在这种高等教育体制下培养出来的人，经由经济利益最大化原则的熏陶，具有对自然资源无节制开采的思想也是现代高等教育的必然逻辑。虽然舒尔茨的人力资本理论，精确地计算了现代高等教育对经济发展所作出的贡献，但是他的计算结果是在没有考虑对自然资源损害的前提下进行的。国民经济核算体系从来就没有考虑过自然的价值，这也是人们公认的事实。

在工具理性价值观引领下的高等教育为经济的发展培养了无数人才的同时，也为人类对自然的掠夺式开发埋下了祸根；这种单向度的人才，是在自身异化的同时可能导致人与自然关系异化的人才。因此，要改善现代经济对自然资源的掠夺式开发，高等教育负有不可推卸的责任。

经由启蒙理性发展而来的知识是为现代的机械化大生产准备的知识，知识的前提是对自然的征服。因此，虽然后工业社会的来临，让一些主流的经济学家们认识到知识的积累对经济发展的重要作用，但现代的高等教育体系却仍然在原有的结构体系内为培养机械化大工业生产需要的人才而发展知识。知识的这种前提也让现代经济对自然资源的掠夺成为可能。由于高等教育就是研究和传播高深学问的发源地，因此对现代知识前提的绿色拷问成为经济发展模式绿色化转换的必然路径。

熊彼特等经济学家认为包含了技术进步等内容的创新是工业经济增长的动力。这一认识是对的。但是如果技术是在现代性框架之下对自然肆意开采的技术，则工业经济增长的动力越大，现代的全球性危机爆发的时间就越快。创新是必然的，问题是创新的前提是什么？还是现代性框架之内人类中心主义思想的张扬吗？如果是这样，那么创新也就意味着环境危机的加速度来临。而技术需要的核心知识却来源于高等教育对知识的发展和保存。这也从另一个角度说明，现代高等教育思想的转型及人才培养模式的转换是何等的迫切及必要了。

经济发展的类型与高等教育人才培养模式的选取是不可分割的。现代性框架下经济发展的类型就是自然掠夺式的，所以高等教育人才培养的模式是实利主义人才培养的模式；21 世纪是绿色文明的世纪，由于经济理性本身的局限性，在经济领域内彻底地实现自身绿色化发展的可能性是有限的。因此，为推动经济的绿色化发展，为 21 世纪提供更多的绿色人才，高等教育领域内的变革也是顺应时代发展的必然要求。

第二节　身份的具备

正如前文所述，大规模的全球性环境危机的出现绝非偶然，是西方启蒙运动后的必然结果。启蒙运动过度彰显科学的功用，科学主义至上，本来丰满的人类生命，由此而干瘪成科学技术本身；工具理性的过度张扬，使现世的人们成为实利主义者，人与人之间的关系异化为金钱关系，人与自然的关系也必然异化为征服与被征服的关系。因此，环境问题在环境本身的视域内是很难得到解决的。正像笔者在上面所论述的，教育是解决环境问题的必要条件，尤其是高等教育。我们"难以想象，如果没有高等教育作为可持续的示范，为创建可持续的未来所需要的个体和社会的改变将何以发生"①。因此，高等教育的变革是必然。但在原有教育框架体系之内的单纯环境教育是很难使问题得到缓解的，否则，我们会停留在必要条件的认识上。教育理论和教育思想的转变才会从根本上给予一种问题解决的可能性，也才会使我们更接近于环境问题解决的充分条件。因此，顺应时代的呼唤，绿色高等教育理念是新时期高等教育领域内解决环境问题的最佳路径之一。

一　概念的新解读

绿色从字面上理解，它象征着健康、青春、生命的活力。在生态破坏、环境污染日益严重的今天，绿色概念的提出，是对工业文明以来的"灰色"及"黑色"文明的反讽。世界的绿色运动始于 20 世纪 60 年代，在这场轰轰烈烈的绿色运动过程中，每一个流派都从不同的角度，对这一危及人类生存的问题进行了深刻的分析和透视。绿色政党从政治学的角度对目前的生态危机、环境恶化、工具主义等现象进行了深刻的剖析；绿色文艺及绿色伦理从文学及伦理学的角度对人类为何走到了今天这种地步也进行了分析；绿色管理从管理学的角度对改变目前人类的生存困境也提出了有益的良方。虽然后现代理论看到了这种状态产生的深层次原因，但它的解决方式却无法为人类的发展找到合适的前进路向，只能使人类进入一种颠沛流离的状态，所以有学者称其为犬儒主义者。

本书的绿色着重从世界观的角度来阐述绿色理论的内涵和意义。绿色的世界观象征着世界的整体性、有机性和整体协同进化的关系性。在它的世界图式里，整个世界是一个有机互动的统一体。具有原始关联性、有机生成性、自组织性、和谐共生性等特征。

在西方，黑格尔曾经把柏拉图和亚里士多德尊为人类的精神导师。"柏拉图的伟大之处，不仅在于他提出了理念世界，建立起了相对完整的形而上学蓝图，更在于他把世界一分为三：作为本原的理念世界、派生的物质实在世界和对实在世界的模仿的影像世界"。②"亚里士多德的

---

① Cortese A. D. , Education for Sustainability: The University as a Model of Sustainability, Boston. Second Nature, 1999.

② 唐代兴:《生态理性哲学导论》，北京大学出版社 2005 年版，第 4 页。

独特贡献，在于对柏拉图思想的继承和发展，他把人类精神的全部内容各就各位地装进了柏拉图的'三个世界'的框架中：本体化的理念世界为形而上学所分有；由理念世界所派生出来的物质实在世界为理论科学所分有；而物质实在世界的模仿所形成的影像世界则为实践的科学所分有"①，从柏拉图和亚氏对世界的原初划分中不难看出，世界的本源在人类祖先的最初知识与概念里是整体性、有机性和整体协同进化的关系性。古代中国，儒家所倡导的"天人合一"，道家的"道生一，一生二，二生三，三生万物，万物负阴以抱阳"的思想即是如此。即人是世界性存在的整体。这些思想与绿色运动的世界理念有异曲同工之妙。而绿色理念所提出的世界图示是对古代先贤思想的扬弃，是否定之否定，是一种螺旋式的上升。

　　当代绿色思潮的兴起，是在复杂性科学基础之上的整体有机性世界观的复兴，是对古代先贤思想的扬弃。用阿尔文·托夫勒的话说，现代的世界已经走到了一个分叉点上，世界正在经历着向一个新的"文化耗散结构"飞跃的阶段。这个新的"文化耗散结构"就是——绿色整体有机的世界图式。在这个新的绿色有机的世界图式中，人自身的小生境、社会环境、生态环境以及自然环境存在着一种整体性、有机性和整体协同进化的、相互依赖的、充满生命活力的关系性。在这个充满绿色活力的系统中，其中人自身的小生境影响到社会环境、生态环境和自然环境；社会环境也同时在影响到人自身的小生境、生态环境和自然环境；生态环境对人的小生境、社会环境和自然环境也存在影响；而自然环境也对人自身的小生境、社会环境和生态环境存在潜在的影响。根据普利高津的耗散结构理论，只有开放的、与周围环境有不断的物质与能量交换的系统才是一个充满活力的系统，也就是说是一个绿色的系统。如果在一个封闭的系统中，随着"熵"的增加，最终会出现热死寂，这就是著名的"热力学"第二定律。我们上面关于绿色的论述就是本书对于绿色概念的重新解读。

　　教育是培养人并使其社会化的一个过程。对高等教育的通常界定：高等教育是在完全中等教育的基础上进行的专业教育，是培养高级专门人才的社会活动；或界定为在基础教育的基础上，高等教育的目标是培

---

① 唐代兴：《生态理性哲学导论》，北京大学出版社 2005 年版，第 4 页。

养优秀的公民，培养社会的精英和中坚阶层，以承担更大的社会责任；或是建立在中等教育基础之上的各种专业教育，分专修科、本科和研究生班。高等教育担负着培养各种专门人才和开展科研的双重任务。从以上的界定可以看出，高等教育是基础教育的延续，还是为人类社会培养高级专门人才的处所。教育是培养人的活动，是培养人使其社会化的一种活动。关于这方面的论述，无论是我国古代的教育论著还是西方古代的教育论著都有详细而具体的说明。在古代，由于人类理性发展的限度，人类还无法抵抗自然的灾害，人类对自然的态度还是顶礼膜拜的，这从古代教育与祭祀的密切关系就能得到证明。人类为了更好地生存而结成群体，形成不同群体的人类社会。同时他们为了保存自身的文明，而教授下一代一些生存和集体活动的技巧，这就是最初的教育。及至西方文艺复兴之后，大规模的集体的现代教育方式才开始形成，从夸美纽斯的《大教学论》中便可得知。由是可知，在教育的原初意义里，教育既是社会的产物，更是自然本身的产物。这是因为人首先是自然发展的产物，之后才是社会的产物。

高等教育的出现要比基础教育晚很多。真正的高等教育的产生是在西方文艺复兴以后，随着启蒙运动的兴起和工业革命的发展而出现的。因此，高等教育一出现就有着它特殊的历史背景，它是为满足现代工业化机器大生产的需要，为工业化发展提供高级专门人才而建立的。文艺复兴之后，启蒙运动的兴起，人类主体性觉醒，认为自身就是地球世界的主宰。这方面的思想在当时的西方世界的各个方面都有所体现：新教伦理的出现；哲学世界观的转变；科学领域内科学方法的出现等。启蒙运动高举理性的旗帜，开始向自然进军。而高等教育体系架构的建立，无不是在这种思想的指导下完成的。人类在向自然的征服开发过程中取得了节节胜利，这种表面胜利的假象更增加了人们的信心。然而，后来的事实证明，人类得意得太早了。工具理性的过度发展，导致了人类自身的异化，同时，这种分裂了的、异化的人类心理被移植到人与自然的关系中，导致了人与自然关系的恶化，形成了全球性人类生存环境的危机。

绿色是 21 世纪人类社会的新象征。而人是自然、人类社会共同的产物。如果说在原始社会里，人类是纯粹的自然产物的话，那么，现代社会的人不可能孤立于人类社会之外而独立生活也是不争的事实；无论人类社会如何发展，如何发达，人始终不能脱离自然而生存，遗忘了人类的自然属性必然导致人类成为无根的世界流浪儿。绿色高等教育是培养人的活动，是使人自身的小生境、人类社会环境、自然环境以及宇宙环境和谐共生、协调进化发展的教育。是使人—社会—自然的复杂系统和谐共生与协调进化发展的教育。绿色高等教育正是为了实现人类自然生命与社会生命的和谐共生与协调发展而提出的。因此，绿色高等教育的发展为解决目前人类生存危机提供了某种充分的条件。

二　对高等教育思想的拓展

"没有思想的转变和观念的更新，高等教育的改革很难成功"。① "20 世纪，人类取得了辉煌的成就，无论是经济、政治，还是文化教育、科学技术等都得到了突飞猛进的发展。高等教育的发展不仅印证了 20 世纪人类取得的巨大成就，同时也通过培养大量的高级专门人才、发展科学等直接推动人类社会不断向前发展。"② 这些成就的取得都是在一定的思想观念的推动和影响下取得的。

纵观现代高等教育的发展历史，理性主义和功利主义一直是影响高等教育发展的主流思想观念。历史上理性主义早于功利主义大学思想而存在。哲学上理性主义的思想根源最早要追溯到古希腊时期，开创于大陆唯理论时期的笛卡尔，后经斯宾诺莎和莱布尼茨的推动，发展成为近代认识论哲学的开端。"理性主义作为一种启蒙精神意味着什么？首先，理性主义是一种人本主义。从道德方面说，它肯定个体的人的存在权力和人的自由，主张在现世中追求人格的完善。理性主义的人本主义从历史的方面说，主张人是世界的主人。它张扬理性，主张科学精神，锻造人支配自然的武器。而从认识论方面说，理性主义是对认识能力的批判。"③ 理性主义的大学思想产生于中世纪的大学，经由 13 世纪到 19 世纪中叶的漫长发展，直到 19 世纪下半叶被功利主义的思想所代替，在前后五百多年的历史中占据主导的地位。"在理性主义支配下，大学以探索真理、完善人格为宗旨，坚持自己的个性，不为外部力量如社会政

---

① 潘懋元主编：《现代高等教育思想的演变》，广东高等教育出版社 2008 年版，前言第 1 页。

② 同上书，第 1 页。

③ 陈宣良：《理性主义》，四川人民出版社 1988 年版，第 27 页。

治、经济等力量所影响和左右。"① "在理性主义者眼里，人永远是教育对象，人的个性发展和传播理性知识，始终是大学教育目的的最高原则，主张在教育过程中实现人的自我完善，抛弃教育中的适用性和职业性，主张教育是为生活做准备，而不是为职业做准备。"② "理性主义者提出，大学是一个独立的按照自身规律发展起来的机体，大学的主要使命是进行纯粹的科学研究，这种研究不能受社会发展变化的直接影响，必须在大学这座'象牙塔'中进行。"③ 因此，理性主义的教育思想主张以培养人才为中心，主张大学是研究高深学问的处所，而要保持大学在社会中的独立性。但是，它的前提仍然是人类中心主义的，所培养的人才以及研究的纯粹的高深知识是为人类征伐自然服务的知识，它同样具有现代科学主义者所主张的共同知识属性。

由于理性主义大学思想与社会经济发展的隔绝性，在 19 世纪下半叶，它遭到了功利主义思想的猛烈攻击，功利主义的大学思想逐渐占据了主导的位置。"功利主义是不同于理性主义的价值观念体系。在哲学意义上，功利主义是以实际功效或利益作为道德标准的伦理学说，认为个人利益是唯一的现实利益。"④ "在功利主义主义者看来，衡量学术的标准不在于有多大的'纯学术性'，而是看其究竟能解决多少现实的问题。因而非常强调'高等教育不能回避历史'，应该直接为国家的政治经济建设和社会发展服务，大学人才培养和科学研究应该与企业生产和社会经济的发展密切合作。"⑤ 在这种思想的指导下，高等教育的各个方面，无论是专业体系的划分还是课程的设置，以及教学方式的选择都是围绕整个国家的政治经济的需要而发展的。而这种功利主义的教育思想与教育中盛行的科学主义、工具主义是密不可分的。"在功利主义思想的主导下，高等教育成为实现国家目的的手段和工具，培养人本身成

---

① 潘懋元主编：《现代高等教育思想的演变》，广东高等教育出版社 2008 年版，第 34 页。

② ［英］罗素：《论教育》，靳建国译，东方出版社 1990 年版，第 191 页。

③ 潘懋元主编：《现代高等教育思想的演变》，广东高等教育出版社 2008 年版，第 35 页。

④ 同上书，第 37 页。

⑤ 同上书，第 38 页。

为次要的。"① 而在现代大学教育中发挥巨大作用的科学主义思想，实际上与功利主义思想流派的价值观有某种共同的取向。

20 世纪后，功利主义大学思想逐渐显露其社会发展的弊端，它也同样遭到了许多思想家的批判。理性主义与功利主义成为高等教育领域内两种相抗衡的主流思想。如果以历史的、绿色的眼光来透视理性主义与功利主义大学思想，也许它们的相似之处要多于它们的差异。在对待自然的态度上，理性主义与功利主义者的态度是极其相似的，唯一不同的是理性主义者更主张通过培养人、通过发展高深知识来提高人的理性从而更好地征服自然，而功利主义者更主张大学通过实现国家意志来达到征服的目的。因此，无论是理性主义大学思想还是功利主义大学思想都不可能从根本上遏制全球性人类生存危机问题的产生。

绿色是 21 世纪的象征和隐喻，按照阿尔文·托夫勒的观点，现代世界已经走到了一个分叉点上，世界正在经历着向一个新的"文化耗散结构"飞跃的阶段。这个新的"文化耗散结构"就是——绿色整体有机的世界图式。高等教育思想也同样地受到这个新的整体有机的绿色世界图式的影响。因此，首先绿色视阈中的高等教育思想是对自然内在价值的尊重，这种教育思想将自然视为与人及人类社会和谐共生、协同进化的关系性；其次，这种高等教育思想注重对人本身的培养，它同时也是一种人本主义，是有限人本主义，即在考虑人自身发展的同时也考虑到生态环境、自然环境的发展性。培养兼备自然属性和社会属性、科学精神与人文精神的绿色人；再次，这种教育思想在考虑到上述两层关系的同时也将人类社会的发展放在同样的框架内考虑，也就是高等教育在促进了自然环境、人自身发展的同时也要促进人类社会的协同发展，是自然、人、社会和谐共生、协同进化的关系。从某种角度来看，绿色视阈中的高等教育思想是在考虑自然内在价值的基础上对理性主义与功利主义教育思想的拓展，因此，对于未来绿色社会的实现具有某种充分条件的可能性。

三 社会发展的动力机

高等教育从它的萌芽阶段就是社会发展的核心力量，这一点，无论

---

① 潘懋元主编：《现代高等教育思想的演变》，广东高等教育出版社 2008 年版，第 38 页。

是西方文明的发源地——古希腊还是古代中国的先贤们都有详尽的论述。古希腊先哲柏拉图在他的《理想国》里有明确的论述，他的高等教育是为培养国家未来的统治者——哲学家王而教育；而亚里士多德在他的《政治学》里也有很系统详细的关于高等教育为国家的统治而培养人才的论述。在古代中国，最为有名的一句话是"学而优则仕"，古代中国的太学就是为社会的统治而培养接班人。由此可知，高等教育从一开始就是社会发展的强有力的助力器。

及至欧洲中世纪时期，高等教育的自由教育是为教会世界培养传播宗教思想的传教士。虽然这阶段高等教育中医学和法律也作为高等教育的主要内容为基督教社会所看重，但纵观整体的发展脉络，这时的高等教育是为基督教社会服务的。欧洲文艺复兴时期的人文主义高等教育就更是为当时社会的古典思潮复兴服务，虽然这种形式的高等教育发展成后来的西塞罗主义，完全失去了刚开始时的进步意义。但人文主义的高等教育也是为当时的社会主流文化发展服务的。

启蒙理性和工业革命的到来，引起了高等教育领域内教育哲学的大辩论，持纯粹知识学说的学者认为，大学就是研究高深学问的场所，大学应该成为与世隔绝的"象牙塔"，而持功利主义主张的学者认为，大学就应该为社会发展服务，高深知识是直接为社会服务的。

但纵观高等教育从古代的萌芽到中世纪的发展再到现代工业革命后的完整体系的建立，高等教育探究的高深知识，其实都没有真正离开过社会发展的主线。所不同的是，纯粹知识的研究只是对社会的发展起到间接的促进作用，而功利主义的高等教育主张高深学问直接为本国的国家利益服务而已。在同一个主题下，分选了不同的路径。高等教育实质上仍然是社会发展的强大助力器。

安东尼·史密斯和弗兰克·韦伯斯特在以《正在发生变革的大学理想》为题的著文中指出：在后工业社会，作为理性和价值中立的模式的学者共同体已经陷入致命的学术派系之争中，政治机构要求大学直接解决社会问题，学生要求大学尊重他们作为消费者的利益，而社会的产业组织则希望大学为其培养大量的民主管理精英和科学家，以满足其应对全球经济竞争的需要。高等教育体系越来越发展成为社会发展的中轴机构。未来学家丹尼尔·贝尔在其著作《后工业社会的来临——对社会预测的一项探索》中指出，即将来临的后工业社会是一个广泛的概括，他认为从五个方面来说明这个社会更容易被人们所理解和接受。那就是：经济方面：从产业生产经济转变为服务性经济；职业分布：专业与技术人员阶级处于主导地位；中轴原理：理论知识处于中心地位，它是社会革新与制定政策的源泉；未来方向：控制技术发展，对技术进行鉴定；制定决策：创造新的"智能技术"。① 从这五个方面的概括中不难看出，知识与技术在未来社会发展中所处的核心地位。随着第三次革命浪潮的席卷而至，知识与科技成为未来世界发展的主导推动力已经成为不争的事实。也就是即将来临的新世纪是教育处于社会发展核心地位的社会，尤其是高等教育。

亚伯拉罕·弗莱克斯纳认为大学在现代社会中具有非常重要的作用，而这种作用源自于大学自身的独特职能。"大学以其实力和声望必须对采取明智的行为施加影响……在这动荡的世界里，除了大学，在哪里能够产生理论，在哪里能够分析社会问题和经济问题……在哪里能够培养探究和讲授真理的人……人类的智慧至今尚未设计出任何可与大学相比的机构。"② 实际上，人类社会进入20世纪后，大学已经不可能离开社会的发展而进行纯粹的知识探讨和学术研究，高等教育已经发展成为社会发展不可或缺的一部分。高等教育的影响已经渗入到现代社会发展的方方面面，特别是20世纪的后半部分。正如贝尔和托夫勒所预言的一样，知识与科技将成为未来社会发展的核心力量，而这两方面力量的获得都离不开高等教育，因此，高等教育越来越成为未来社会发展的轴心力量。

但是，启蒙运动及工业革命使人类在享受到丰富的物质文明的同时，也使人类的精神领域干涸到了极致的程度。人类自身已经异化为自身的奴隶，功利主义、工具主义、科学主义盛行，为了实现无限制发展的美梦，人类成为自身的工具，极度开采自然资源，导致了目前的生存环境危机。启蒙及工业革命之后的高等教育对人类物质文明的大发展起到了推波助澜的作用。

20世纪后半期后现代哲学的兴起，是对现代性体系的解构；科学

---

① Daniel Bell. , The Coming of Post – Industrial Society：A Venture in Social Forecasting；Basic Books；Reissue Edition；May 1999：14.

② ［美］亚伯拉罕·弗莱克斯纳：《现代大学论——英美德大学研究》，徐辉、陈晓菲译，浙江教育出版社2001年版。

领域内复杂性科学群的出现，绝非偶然，它证明了新的世界观是整体有机的世界观，关系性是这一世界观的普遍特征。世界范围的绿色运动的风起云涌，从另一个侧面说明新世界的面貌。从某种意义上说，高等教育是未来社会发展的轴心机构。因此，高等教育对未来绿色新世纪的实现起到了举足轻重的作用。

本章小结

本章列举了当前全球性环境及生态问题的种种表现，说明了当前世界范围的绿色大学建设对于缓解全球性人类问题所具备的先进意义。同时，进一步分析了现代工业经济的发展对环境及生态问题的产生所应负有的责任，指出了工业经济的高效快速发展加速了全球性人类问题的恶化，得出了由于经济理性本身的限度，环境及生态问题不可能单纯从工业经济内部得到解决的结论。舒尔茨的人力资本理论说明，现代工业经济的每一步发展都离不开现代教育对人力资本的贡献。由于教育与经济的这种内在关联性，因此，只有教育才能突破经济理性本身的限度，从而为环境及生态问题的解决提供某种可能的路径。

第三章　绿色理论的提出

　　时代走到今天的这个岔路口上，人类不得不极其认真地反思，我们下一步究竟应该走向何方？后现代主义者虽然看见了时代的弊病，并且断言现代性如果再这样走下去，必定是人类的灭亡，于是对现代性进行了无情的解构。那么解构以后，人类就可以直接而又平安地到达理想的境地了吗？现实的事实证明，此种方式是不能为人类解决目前的危机提供合理的路向的。虽然，后现代无法达到理想的境地，但是，它却给人们反思现代性提供了路标，开拓了人们的思想与视野。它的作用首先体现在科学领域，科学领域内复杂性科学群的兴起，就是对在现代性思维方式下现代科学的一种整体反思和扬弃。复杂性科学群的出现为人类新的发展路向奠定了科学的基础。而无论是后现代思潮还是复杂性科学群的兴起，都不同程度地受到中国古老思想的影响，很多后现代哲学家及复杂性科学的研究者都坦言这一事实。因此，在某种程度上对于古老中国文明的梳理是必要与必需的。每一个时代的发展都是对前一时代的超越，在人类整个历史发展过程中，螺旋式的盘旋上升是历史发展的必然。因此，在今天这个人类发展的十字路口，人类前行的路向已经指明了，人类要想走出目前的困境，一是对西方古代自然观的扬弃；二是要到东方去寻找生存的智慧。但这种生存智慧不是对古代东方文明的简单复归，而是在新的时代背景下对古老文明继承基础上的超越；三是在复杂性科学基础之上的新的社会文明范式的转向。这种新的文明范式即绿色有机的世界图式。

　　在对这种新的世界图式作一简要论述之前，我们有必要对于这种新的世界图式的理论基础及来源作一简要的论述及梳理，以期找到这一范式当代语境下的合法性路径。

第一节　自然观念的源流梳理

"自然观是关于自然界以及人与自然关系的总的看法、观点，是人们对世界的最基本的哲学观点之一"。① 也可以说自然观是人们对于自然世界的不同观点，因为它的普遍性及高度的概括性，它又超出了一般的对物理现象的研究，属于哲学的研究领域。古往今来，关于自然世界的观点在不同的哲学领域有着不同的论述。由于古代中国与古代西方所处的地域不同，社会的经济条件不同，所以人们对自然的观点也不同。本节所要论述的是西方自然观念的源流及东方中国古老的自然观念。从中可以看到古代西方的有机论自然观的当代意义及古老东方文明的睿智；以及在近现代机械论自然观的指导下，人类危机出现的必然性。

一　西方自然观念的源与流

现代世界性人类生存与环境危机都与现代性景遇下人们对待自然的态度密切相关，因此了解整个西方自然观念的发生和变化过程，对于解决目前人类的生存与环境危机具有重要作用。而西方自然观念的发展变化先是以古希腊的有机自然观为主，后经过西方基督教及文艺复兴、启蒙运动的促进而转变为机械论的自然观。整个现代社会就是以这种自然观为主导的世界观，是目前人类世界性生存危机和环境危机的主要根源。为了解决现代世界所带来的这些人类问题，有一大批后现代思想家主张复归古代的有机论自然观，这种复归是在复杂性科学基础之上的继承式复归，即系统的、整体的、过程的有机自然观。

（一）古代有机自然观

"所谓有机论自然观，简单地说就是认为自然是生成着的、活的充满理智的（In-telligent）秩序的观念。"② 这一观念最早形成于古希腊并居于主导地位。这种观点实际上是原始人观点的自然延伸。"原始人的

---

① 钱俊生、余谋昌主编：《生态哲学》，中央党校出版社 2004 年版，第 53 页。
② 曾建平：《自然之思：西方生态伦理思想探究》，中国社会科学出版社 2004 年版，第 114 页。

思维是一种尚未分化的、没有区别和规定的、混沌一体的极端感性思维。"① "这种把一切感性具体东西都看作有一种神秘的看不见的力量和生命存在，并且在相互作用和互渗的观念可称作'物力说'（列维—布留尔）。"② 后来，随着社会的发展，这种原始的"物力说"转化为物活论观点及以此为摹本的种种拟人化的自然观。这种自然观从古希腊神话中可见一斑。《荷马史诗》中的描述，都把自然看成与人一样的有生命、有意志的活物；而且受此影响的古希腊早期的宗教也持此种观点。在这种拟人化的神话及宗教的影响下，古希腊哲学诞生了。"希腊人在看待个体人这个小宇宙时，通过自我意识，把作为整体的自然界解释成按小宇宙类推的大宇宙。这个大宇宙的共性是，'自然界不仅是活的而且是有理智的；不仅是一个自身有灵魂或生命的巨大动物，而且是一个自身有心灵的理性动物'③。任何一个植物或动物不仅是物质上分有世界躯体的物理机体，而且在心理上也分有世界灵魂的生命历程，在理智上分有世界心灵的活动。"④ 最早对自然进行哲学思考的是古希腊伊奥尼亚米利都城的泰勒斯、阿那克西曼德、阿那克西米尼三位哲学家。他们认为宇宙万物是由单一的实体构成，而他们的任务就是找到这个最初的本原是什么。泰勒斯认为是"水"，万物皆有灵魂，自然界是一个巨大的有机体，"在其内部，εμφυχον（一个有生命的机体或动物），是更小的具有灵魂的有机体"⑤，这样，泰勒斯就把万物有灵论与作为万物始基的水糅合在了一起。他之后的阿那克西曼德和阿那克西米尼持有同样的观点，只是各人对于万物的始基有不同的观点罢了。阿那克西曼德认为是"无定"。阿那克西米尼认为是"气"。以及伊奥尼亚地区的另一个城邦——爱菲斯的赫拉克利特认为"火"是万物的始基等。早期的自然哲学家们毫不怀疑自然界充满和渗透着灵异的精神。⑥

　　早期的自然哲学家们在认为自然充满心灵的精神的同时，将自然与

---

① 曾建平：《自然之思：西方生态伦理思想探究》，中国社会科学出版社 2004 年版，第115 页。

② 同上。

③ ［英］柯林伍德：《自然的观念》，吴国盛等译，华夏出版社 1999 年版，第 4 页。

④ 曾建平：《自然之思：西方生态伦理思想探究》，中国社会科学出版社 2004 年版，第116 页。

⑤ ［英］柯林伍德：《自然的观念》，吴国盛等译，华夏出版社 1999 年版，第 34 页。

⑥ 赵敦华：《西方哲学简史》，北京大学出版社 2001 年版，第 9 页。

人作为一个混沌的整体来看待，还没有从人的对立面来观察自然，这时的自然和人类还是一个模糊、关联的整体，人们还没有意识到人自身的相对于自然的力量。但当哲学的中心转移到古希腊的雅典时，情况发生了巨大的变化，人类在最初的朦胧意识里具有了人本身的意识，其中最为典型的是普罗泰戈拉的一句名言"人是万物的尺度"，这句话里隐藏着后世人类意识觉醒后，对自然的肆意征服和开采的苗头。

　　苏格拉底和柏拉图认为世界分为物质世界与理念世界，而物质世界是精神的理念世界的摹本。人与其他万物一样是理念世界及其所规定的物质世界相结合的产物。物质世界及人类是精神的理念世界的产物，世界的精神性是不可避免的。因此，世界是有机的、生生不息的。"亚里士多德的有机论通过将目的因或终极因赋予万物而表现为一种统一的科学，其最著名的说法是，下落的石头所寻找的是一种静止的状态。"① 亚里士多德有机论自然观还有着其他丰富的内容，但他的自然哲学的核心内容依然是他的自然观的目的论，这也是他自然哲学的特色所在。对此，策勒尔有个比较客观的评价："亚里士多德的目的论最重要的特色在于，它既不是人类中心论，也不是完全忠于一个在世界之外的创世主的活动或者只不过是一个世界主宰的说法，这种目的论总是被设想为自然中所固有的。"② 因此，亚氏和其自然哲学一样，在考虑自然的同时，也考虑到人本身，他的自然哲学在某种程度上依然保持着混沌的特色。

　　亚里士多德是古希腊哲学最高成就者，但在有机论自然观上，斯多葛派做出的贡献更大一些。斯多葛学派实际上是一个具有折中主义性质的派别，特别是在自然观方面。"他们利用赫拉克利特关于火和逻各斯的学说，又把它们与亚里士多德的形式质料说糅合在一起"③，形成一种理智的有机论自然观。"在他们那里，神、世界灵魂是火，是宇宙生成变化的源泉，同时又是逻各斯，是合理性、合目的的，它使宇宙不仅是活生生的，而且是理智的、有秩序的、和谐的体系。自然与命运、本性、神、灵魂、逻各斯是同义的。""他们认为一切生物都有自爱和自

---

　　① ［美］大卫·格里芬：《后现代科学》，马季方译，中央编译出版社2004年版，第31页。

　　② ［德］策勒尔：《古希腊哲学史纲》，翁绍军译，山东人民出版社1996年版，第194页。

　　③ 全增嘏：《西方哲学史》（上册），上海人民出版社1993年版，第246页。

我保存的功能，而作为有理性的灵魂起作用的人是小宇宙，是宇宙统一体的一个不可分割的部分"① 斯多葛派哲学最大的特色是他们研究哲学的目的是伦理学的，将自然法则与道德伦理结合起来，他们认为研究逻辑学和自然哲学是研究伦理问题的工具。

古希腊的有机论自然观是在人类理性还没有完全发展的情况下对自然的一种朴素认识，它的最大特点即是人与自然之间的关系处于一种混沌蒙昧的状态。其中有一些人的观点为后世人类理性的大发展奠定了一定的基础。但随着西方进入以基督教统治为基准的中世纪，人类的自然观发生了翻天覆地的变化。同时经过文艺复兴及启蒙理性运动的促进，西方开始进入新的人类理性高度发展的、跛足的机械论自然观时代。

（二）现代机械论自然观

机械论自然观从字面上理解就是将自然比喻为一架机器，从字面上可以看出，这种自然观认为自然是没有任何感觉和精神的物质，它只是按照机器运动的规律来运转，人们可以根据机器运转的规律来控制和征服自然。它是西方世界在基督教人类中心主义文化观念的背景下，经过文艺复兴的促进及启蒙理性的发展而产生的。这种自然观在近代及现代促进了人类社会物质世界的大发展，同时也将人类社会的精神世界带入了荒原，是目前全球性生态危机及人态危机的主要根源之一。因此，对它的拷问是解决目前人类世界危机问题的有效途径之一。机械论自然观的产生与中世纪出现的绝对人类中心主义的价值取向有关。因此，我们在详细论述机械论自然观之前，有必要对中世纪基督教所推崇的人类中心主义思想作一简要叙述。

1. 机械论自然观的文化根源

基督教的人类中心主义思想。对于人类中心主义，长期以来有着很多的争议。引起争议的最主要原因就是对"人类中心主义"这个概念的模糊性。我国环境伦理学者杨通进先生做了这样的梳理："人们一般是在三种不同意义上使用人类中心论一词的。第一种是认识论（事实描述）意义上的。人所提出的任何一种环境道德，都是人根据自己的思考而得出来的，都是属人的道德。第二种是生物学意义上的。人是生物，

_____

① 曾建平：《自然之思：西方生态伦理思想探究》，中国社会科学出版社 2004 年版，第121 页。

他必然要维护自己的生存和发展。囿于生物逻辑的限制，老鼠以老鼠为中心，狮子以狮子为中心。因此，人也以人为中心。第三种是价值论意义上的人类中心论。其核心观点是：其一，人的利益是道德原则的惟一相关因素。其二，人是惟一的道德顾客。只有人才有资格获得道德关怀。其三，人是唯一具有内在价值的存在物，其他存在物都只具有工具价值，大自然的价值只是人的情感投射的产物"①。对于第一种，人们在一般的情形下都会这样使用，是一种学理的使用。第二种情形下的人类中心主义，在人类存在并且具有意识的情形下，就已经存在了。从这个角度定义人类中心主义，那无论是西方还是东方人类社会的发展，从初始人类的出现就是人类中心主义的。我们这里要论述和批判的是第三种意义上的人类中心主义，这是一种绝对的人类中心主义思想和观念，与西方世界的基督教文化思想传统有着深刻的渊源。

希腊哲学到晚期的时候，具有一种神秘的宗教性质，这一特点集中体现在毕达哥拉斯—柏拉图—新柏拉图主义的哲学观念之中。及至希腊化时期，基督教开始传入古罗马成为统治人们的一种新宗教思想。在西方世界的自然观念发展的流程中，习惯于将自然比拟化，也就具有某种隐喻的性质。在早期希腊自然哲学中，一般将自然比作一个具有生机活力的动物，这时的自然观念是物活论的或者是活力论的，我们称之为有机论的自然观；及至中世纪，将自然类比为神的造物。"在基督教传统中，自然界并不是一个自我产生、自我维持的物质世界，而是上帝的'被造物'。"据《圣经》记载："我们要照我们的形象，按着我们的样式造人，使他们管理海里的鱼，空中的鸟，地上的牲畜，地上所爬的一切昆虫。""上帝就赐福给他们，又对他们说：'要生养众多，遍满地面，治理这地；也要管理海里的鱼，空中的鸟和地上各样行动的活物。'上帝说：'看哪，我将地上一切结种子的蔬菜和一切树上所结有核的果子，全赐给你们做食物。'"根据基督教的信仰，人、自然、上帝三者的关系，人与上帝的关系是核心，自然只是上帝为了人类的生养而作的陪衬。从此自然在人类那里失去了它神秘的力量，它作为人类生存的寄养地而存在。《圣经》宗教之前和之外的许多宗教和哲学，无论是前苏

---

① 杨通进：《人类中心论与环境伦理学》，《中国人民大学学报》1998 年第 6 期，第 54—59 页。

格拉底时期还是后来，往往把整个大自然视为具有神性，甚至把具体的自然物奉若神明。于是对大自然的探索和利用，被视为冒犯或亵渎神灵。"① 及至中世纪这种观念可以说是发生了翻天覆地的变化，这种转变的出现是因为基督教传统中关于上帝造人的传说。"《圣经》明确记载上帝按自己的形象造人，并将自己的气息吹进人的鼻孔，使人成了有灵的活物；并且上帝将自然（伊甸园）赐给人，让其看守和治理"。②从这句话中可以看出，人是上帝模仿自己的造物，而自然界则不是。因此，人具有高于自然界其他事物的权利，这是由上帝所决定的。人是唯一具有理智和灵性的动物，也就是说人已经具备了研究和认识自然的能力，而且这种能力是上帝所赋予的，具有神圣不可侵犯性和天然合法性；同时，人有权利和义务去研究、认识和利用自然。"让'治理这地'，使人成了上帝的工作伙伴，分享着上帝对其他受造物的统治，这提高了人在自然界的地位，为人类探索自然和利用自然提供了神圣的根据，人类可以或者说应该放心大胆地去发展科学和技术"。③ 而发展科技的最终目的是发现自然的奥秘。培根写道："为了免我们于错误，我们的救主在我们面前放置了两卷书册供我们学习：首先是《圣经》，将上帝的旨意启示给我们；其次是显明了他的权柄的造物。而后者是开启前者的钥匙：通过理性的概念和语言的法则，它开启了我们的智力去理解《圣经》的真正含义；而通过使我们对铸刻在万物中的上帝的全能进行应有的沉思，它开启了我们的信仰。"④ 因此研究自然以及发现自然规律既是对上帝的间接感知也是对上帝的赞颂。在这样的思想观念下，人成了替代上帝在人间的统治者，自然界成为了没有任何内在价值的上帝造物，而这种上帝的造物纯粹是为了地上的人。因此，人类获得了开启自然的金钥匙——人和全能的上帝一样具有其他物种不具备的灵性。这样自然就理所当然地被"祛魅化"了，自然不再是具有生命活

① 张文举：《〈圣经〉和基督教的自然观——近代科学产生和发展的宗教根源》，《兰州交通大学学报》第 27 期第 5 卷，第 61—64 页。

② 《新旧约全书和合本》，中国基督教协会 1989 年版，创 1：26、2：7、2：15。

③ 田薇：《试论基督教和科学的关系——从霍伊卡〈宗教与现代科学的兴起〉谈起》，《学术月刊》2001 年第 2 期，第 21—27 页。

④ ［美］彼得·M. J. 赫斯：《"上帝的两本书"：基督教西方世界中的启示、神学与自然科学》，载江丕盛、格蒙·本纳德《桥：科学与宗教》，中国社会科学出版社 2002 年版，第 186—212 页。

力的生生不息的事物，转而变成人类认识和开掘的对象。因为自然是上
帝的造物，而上帝是完满的象征，被上帝造出的自然也应该是完满的，
只要人类利用自身的理性，去努力地研究，就能够发现自然的内在规
律。在这种主导思想的引领下，人类中心主义思想顺理成章地成为人类
社会的主导思想。在这种思想观念的影响下，人们对自然的认识必然是
外部机械性。因此，机械论自然观的出现也是必然的。当然把自然比喻
为一架机器，这也是与当时社会中机械技术的发展密切相关的。

2. 机械论自然观

《圣经》宗教促成了宗教世界观方面的一个巨大转变，即把世界视
为上帝的造物，严格区分造物主与被造物，自然本身并不具有神性，
《圣经》禁止敬拜一切自然物，视之为偶像崇拜。这就为人类探索自然
从而利用自然提供了神圣的道德上的核准。① 于是，世俗人类对自然的
研究就成为一种光荣的任务，几百年来西方工业世界发展前进的动力皆
源于此。同时，"这种对自然的彻底的非神化的思想，还有助于世界图
景的机械化，因为机械的世界必定由制造而来，这比有机世界观更加符
合《圣经》的观点。"② 机械论自然观在哥白尼、布鲁诺等科学家的工
作中很快成型。它所确立的中心论点是："不承认自然界、不承认被物
理科学所研究的世界是一个有机体，并且断言它既没有理智也没有生
命，因而它就没有能力理性地操纵自身运动，更不可能自我运动。它所
展现的以及物理学家所研究的运动是外界施与的。它们的秩序所遵循的
'自然律'也是外界强加的。自然界不再是一个有机体，而是一架机
器：一架按其字面本来意义上的机器，一个被在它之外的理智设计好放
在一起，并被驱动着朝一个明确目标去的物体各部分的排列。"③ 由于
基督教传统对外在自然界研究的开禁，当时一些科学家采用了一种新科
学研究方法来研究自然，其中最有代表性的当属弗兰西斯·培根。他开
创了"英国唯物主义和整个现代实验科学"的历史。在他开创的观察
试验方法的指引下，"伽利略这位'真正的现代科学之父'首先在物理

---

① 张文举：《〈圣经〉和基督教的自然观——近代科学产生和发展的宗教根源》，《兰州
交通大学学报》第 27 期第 5 卷，第 61—64 页。

② 同上。

③ 曾建平：《西方机械论自然观兴衰之省查》，《湖北大学学报》（哲学社会科学版）第 2
期第 33 卷，第 131—135 页。

学领域实现了试验方法和数学演绎方法的结合，使机械论自然观的特征进一步彰显。"① "从伽利略开始，自然便作为一个无色无声无嗅无味的寂静冷漠的世界，作为上帝创造的按照数学规律而运行的世界，上帝和人都站在自然的对立面。"② 这种数字化的自然此后经过"开普勒、笛卡尔、巴利斯、莱布尼茨、胡克、波列里、哈雷，惠更斯等一批科学家的努力工作，力学的本质特征已经形成，最后通过牛顿的伟大综合，建立起了力学理论的宏伟大厦。"③

对自然观念的这种机械论证明，必然影响到哲学世界的发展。最早从哲学上对世界做出这种概括的是法国数学家、哲学家笛卡尔。"作为机械论者，笛卡尔认为一切形体都是做机械运动的物质，他对物质运动、天体运动、人体的运行机制甚至动物的生理功能都做了机械的解释。"④ 他为此而提出了"动物是机器"的命题。拉美特利于1748年出版了《人是机器》一书，用机械运动的特点来解释人的活动，认为"人也不过是一架机器"。这种机械论的世界观"试图用力学定律解释一切自然和社会现象，把各种各样不同质的过程和现象，不仅物理的，而且生物的、心理的和社会的等现象，都看成是机械的。它认为运动不是一般的变化，而是外部作用，即物体相互冲撞所引起的物体在空间的机械移动。它否认事物运动的内部源泉、质变、发展的飞跃性以及从低级到高级、从简单到复杂的发展。"⑤ "这种产生运动的力不是某种有生命的、充满活力的力或是内在于事物本身的力，而是物质以外力的推动。力可以在物体之间传输，但它的总量被'神'维持恒定。这样所有的精神都有效地从自然中清除出去。"⑥ 这种没有精神的、纯粹客观的世界为以后人类对自然的无节制开采奠定了基础，导致现代人类精神世界的全面危机；同时，由于整个世界的全部数学化及数字化，也从另

---

① 曾建平：《西方机械论自然观兴衰之省查》，《湖北大学学报》（哲学社会科学版）第2期第33卷，第131—135页。

② 吴国盛：《追思自然：从自然辩证法到自然哲学》，辽海出版社1998年版，第101—102页。

③ 曾建平：《西方机械论自然观兴衰之省查》，《湖北大学学报》（哲学社会科学版）第2期第33卷，第131—135页。

④ 同上。

⑤ 苏联：《简明哲学词典》，生活·读书·新知三联书店1973年版，第868页。

⑥ 余谋昌：《生态哲学》，陕西人民教育出版社2000年版，第89—90页。

一个侧面将亚里士多德认为的自然的目的因完全排除在外了。整个世界完全地被机械化了。关于笛卡尔的机械论自然观，吴国盛表述为：第一，自然与人是完全不同的两类东西，人是自然的旁观者；第二，自然界只是物质和运动，一切感性事物均由物质的运动造成；第三，所有运动本质上都是机械位移运动；第四，宏观的感性事物由微观的物质微粒构成；第五，自然界一切物体包括人体都是某种机械；第六，自然界这部大机器是上帝制造的，而且一旦造好并给予第一推动就不再干预①。这种机械论自然观被笛卡尔抽象上升为一种普遍的世界观之后，人类社会的各个方面都按照对世界的这种理解来安排一切生活。主要是因为当时这种机械论的自然科学取得了长足进步，并且人类科学的各个领域都证实了它的正确性与所向披靡。因此，人们将这种世界观作为认识人类社会及人本身的一种原则，从而导致了现代世界的全面危机——对自然的无节制征伐，以及人类自身精神领域的极度异化。

3. 分析还原方法

这种世界观采用的是一种分析还原的方法。它把世界设定为一种机器，认为机器是由小的零部件构成的。要想对机器进行认识，只要将机器分拆成更小的零部件，了解了零部件的构成就能了解整个机器的功能。"它认为感觉材料是分立的，人对世界的认识，只有把事物还原为它的各种部件，并分别的认识这些部件，人对世界的认识才是可能的。"② 霍布斯说："因为每一件事，最好的理解是从结构上理解。因为就像钟表或一些小机件一样，轮子的质料、形状和运动除了把它拆开，察看它的各部分，便不能得到很好的了解。"③ 因此，分析思维是这种世界观的主要思维方式。它在分析事物时，先强调对具体事物部分的认识，然后在部分加和的基础上再认识事物的整体。它采用的是一种孤立、静止、片面的观点看问题。认为只要认识了事物主要部分的原理，就能够通过这个部分认识整体。最为主要的是，这种分析还原的方式是一种从复杂的环境状态中抽取的简单性，忽视事物所在的具体环境。而

---

① 吴国盛：《科学的历程》，湖南科学技术出版社 1997 年版，第 405 页。

② 余谋昌：《生态哲学》，陕西人民教育出版社 2000 年版，第 91 页。

③ Thomas Hobbes, "De Cive", English Works (reprinted. Aalen, W. Germany：Scientia, 1966；first published 1834), Vol. 2, p. xiv. 转引自卡洛琳·麦茜特《自然之死》，吉林人民出版社 1999 年版，第 253—254 页。

这种方式所强调的也正是这种没有环境的，去除个人主观偏好的所谓客观纯正性。

分析还原论的方法是机械论自然观认识自然的必然，这种方法在某种程度上有一定科学合理性。因此，在现代社会经济及科学的发展过程中，这种方法体现了很大的优越性。由于这种方法在自然科学方面取得的巨大胜利，后经笛卡尔等哲学家的努力，将这种方法上升为现代世界的一种主要的方法。因此，这种方法必然的推延至人类生活的方方面面。例如社会的研究，心理学的研究还有医学的研究等。这种将人类社会去精神化的方法，导致了科学实证主义的泛滥，使人类的精神道德和信仰出现了全面危机；由于对自然界的祛魅化，导致了当今世界人类社会危机的全面爆发。

人类反思当今全球性危机产生的根源时认为，引发这种危机爆发的最为主要的原因是自然的祛魅。而东方中国古老得"天人合一"的自然思想，也许能为解决人类目前的困境提供某种可能性。因此，对中国古代自然思想的现代梳理是很有必要的。下面，我们就简要叙述一下中国古代关于人与自然相谐相生的绿色思想。

二　中国古代朴素的绿色思想

中国古代的人与自然的关系主要是"天人合一"的思想。这种思想与我国所处的地理气候环境有着密切的关系。由于中国处于大陆内部，依靠天然的气候发展了一种靠天吃饭的农业经济。因此，中国古代的自然观念是天人同构，人随天理，天顺人心的观念。这一自然观念从一开始就与古希腊的自然观念有着本质的区别。古希腊的自然观从一开始就是天人相分的，这与古希腊所特有的海洋性地理位置又有很大的关系。由于是海洋性地理环境，因此，他们的商业贸易要发达很多，生活的基本用度是靠商业贸易交换而来，对自然环境的依赖性比中国古代要少得多。由于地理位置的不同，导致了东方与西方全然不同的思维模式及截然不同的自然观念。中国古代的"天人合一"的朴素绿色思想主要体现在道家和儒家。

中国古代的人与自然之间的关系是一种自然界与人化为一体的一种朴素的整体性有机自然观，这可以从中国上古时代的神话中看出，例如盘古开天等。

"天的含义多种多样（冯友兰认为有五种含义），相应地，天人合一的含义也多种多样。"① 分别有"天人一体说"、"天人感应说"、"天人合德"、"天人相齐说"、"天人相并说"等。形成了以儒家的"天人合德"和道家的"天人一体"为主的两种迥然不同的天人合一观。这些观念在先秦时期基本上已经成熟，并深刻地影响了后世哲学的思想风格和古代中国的先哲们对世界的理解。从中我们能深刻地体会到我国古代自然观念的整体有机性质。

在道家看来天是自然，人只是自然界的一部分，人是自然之道发展演化的过程中才产生的。道家提出了"天人一体"的观念。道家认为天地并不是万物生成的根源，世界万物生成的根源是"道"。《道德经》有说："有物混成，先天地生。寂兮寥兮，独立不改，周行而不殆，可以为天下母。吾不知其名，字之曰道"。那么这个所谓的"道"又是如何产生天地万物的呢，《道德经》云："道生一，一生二，二生三，三生万物……"其中说的"道"是万物发展的本源，"一"是道所产生的元气，元气产生了阴阳，阴阳产生了天地人三才，天地与人共同生养了万物。这种思想在道教的早期经典《太平经》中也有论述，它说："夫道何等也？万物之元首，不可得名者。六极之中，无道不能变化。元气行道，以生万物，天地大小，无不由道而生也。"又说："道无所不能化，故元气守道，乃行其气，乃生天地。"并明确指出："天、地、人本同一元气，分为三体。""元气有三名，太阳、太阴、中和。形体有三名，天、地、人。"由此可知，"道"是天地万物的始基，天地万物都是由道产生的，人与天地万物本是一体。这种"天人一体"的观念体现了一种原始的整体性有机思维。在天与人的关系中，以人合天，而不是以天合人。老子说："域中有四大：道大，天大，地大，人亦大"它们之间的关系是"人法地，地法天，天法道，道法自然"。道生万物的过程是一个有目的的创生过程，人是在这一过程之中自然而然产生的，因此，人的行为应当效法自然，遵循这一自然过程。既然人与自然是同根生的，那么天、地、人就应该是彼此协调，"相爱相通，无复有害者"，才能"并立同心，共生凡物"；"一气不通，百事乘错"。只有"天地和

---

① 李苹：《中国古代的天人合一观念与现代环境意识》，《东南学术》1999 年第 6 期，第 46—49 页。

合，三气俱锐"，然后"蛟行之属，莫不向风而化为之，无有疫死者，万物莫不尽得其所。"在万物的生育发展过程中人是万物之首，人"为万物之师长"，人应该知道"天道恶杀而好生"的道理，不要轻易毁坏、残杀万物。它说："夫天道恶杀而好生，蠕动之属皆有知，无轻杀伤用之也……故万物芸芸，命系天，根在地，用而安之者在人；得天意者寿，失天意者亡。凡物与天地为常，人为其王，为人王长者，不可不审且详也。"这里充分说明了，人作为有灵性的万物之长，应该是万物生长的看护者，而不是肆意的掠夺者的绿色思想。

道家的另一位哲学家庄子继承和发展了道家的自然哲学思想。他认为人与天皆出于道，因而人与天应该是统一的。这里的天指的是自然界。道"无为无形"、"自本自根"、"生天生地"。即所谓"天地与我并生，万物与我为一。"在天与人的关系上，《庄子》主张天人高度一致与和谐，强调"与天为一""天与人不相胜"。"故其好之也一，其弗好之也一；其一也一，其不一也一。其一，与天为徒；其不一，与人为徒。天与人不相胜也，是之谓真人。"① 庄子在人与自然的关系上强调"依乎天理，顺应自然"，只有这样才能达到"天人合一"的理想境界。庄子对这种观点的强调带有一种消极避世的态度，他认为要达到"天人合一"的理想境界，人类社会应该退回到"小国寡民"的时代，不要以人的行为造成对自然的破坏，特别是人类社会的技术发展、物质财富的积累等都必然对自然造成损害。

在我国古代整个的"天人合一"哲学命题的形成发展过程中，儒家的创始人孔子可以说是起了很大的作用。如果说道家创始人老子从天道观的正面奠定了哲学天人合一观含义的宇宙论基础的话，而儒家的孔子则是从人道观的侧面奠定了哲学天人合一观含义的人生论基调。儒家的天人合一观，一般疏于认识自然而精于认识人生，天道由人道扩充放射而出现，带有严重的义理色彩。孔子主张敬天法天，故有"畏天命"和"唯天为大，唯尧则之"之说。故云："夫大人者，与天地合德，与日月合其明，与四时合其序"（《周易·乾·文言》）。"裁成天地之道，辅相天地之宜"（《周易·泰·象》）。其基本思路是顺自然之性而促进之，而不是战天斗地。这一思路至《中庸》发展成为"天人相通"、

① 孟庆祥等译注：《庄子译注》，黑龙江人民出版社2002年版，第89页。

"以人补天"的系统理论。《中庸》云："天命之谓性，率性之谓道，修道之谓教"，道就是要明了本性，认为人性本于天道，教化基于人性，无论什么人，只要明了本性，加以笃实的修行，就能成为得道之人，得道之人即能成为圣人；"致中和，天地位焉，万物育焉"，致：达到；中和：中正平和；位：安其所；育：生长。人行事如果能达到中正平和，那么天地便能各正其位，万物也能各依本性而生长。这里说明了人在天地间的作用就是使天地正常运转，万物健康发展，但前提是人的行为必须是中正平和的，这也是天地万物和谐的最高境界；孔子认为人还有"赞天地化育"的功能，能避免"蔽于天而不知人"的情况发生，他的这种思想既不同于现代的绝对人类中心主义，同时认为人具有辅天、补天的作用，因而形成了独特的天人一体思想，把自然万物的生长育化和人类社会的健康运行统一起来。

孟子认为天道与人道是相通的，"万物皆备于我"，"尽其心者知其性也，知其性则知天"。存心养性是为了更好地"事"天。他也认为天是第一位的，人是第二位的。他主张"亲亲而仁民，仁民而爱物"。继承了孔子的思维模式，将仁爱之心外推，由己及人，由人及物。

先秦儒家在强调人是天的一部分，主张人要顺应天的同时，认为人是天地精华的凝聚，天造人，人的地位不同于天地间的其他事物，人乃"天地之德，阴阳之交，鬼神之会，五行之秀气"，因而认为"人者天地之心"，天地本无心，以人为心，身心合一，绝无以心毁身的道理。很多人认为荀子的学说是一种为人类开采自然资源开辟道路的学说，但事实上，荀子的天人相分思想虽然主张天与人的不同，但他思想的前提还是天人合一的。"天地者，生之本也"，人要"备其天养，顺其天政"，然后才能与天地相和，"天有其时，地有其财，人有其治，夫是之谓能参"，是讲人类应顺应天时地利的形势来为人类自我造福。他的思想强调了人类活动的主动性，但这种主动性是在顺天的前提下进行的。因此，他的学说仍然是一种天人一体说。

到了汉代，董仲舒提出了"天人感应说"，"人副天命说"，开始把人与自然或"天人关系"建构成一个新的系统。强调"天人之际，合而为一"。"天地之常，一阴一阳，阳者天之德也，阴者天之刑也……天亦有喜怒之气，哀乐之心，与人相副，以类合之，天人一也。"（《春秋聚露·阴阳义》）一方面，代表自然的"天"，对人有绝对的权威，

"天不变道亦不变"，使人对自然形成了一种崇拜和敬畏的心理；而另一方面又从"天人感应"说，把自然界的情态变故作为评判人间是非的参照，反过来也能把人间的伦理价值运用于自然界。即便如此，"董仲舒天人合一思想不是神学目的论，而是自然、人类和谐发展论。"①

及至宋代，"天人合一"思想有了更进一步的发展。宋代儒家学者一般把人认同于宇宙，把人设定为大自然的神经，能感知大自然的痛痒。张载明确提出了"天人合一"的命题。并由此出发提出了"民胞物与"的观点，人与自然、天、地同根同源，正所谓"乾称父，坤称母，予兹藐焉，乃浑然中处。故天地之塞，吾其体；天地之帅，吾其性。民吾同胞，物吾与也。"（《正蒙·乾称》）这些观点在某些方面与道家的"天人合一"有着不谋而合的路径。他所谓的天人合一，不是把人消纳于天之中，而是肯定了人的重要地位，强调了天和人的统一关系，故人生的境界是："为天地立心，为生民立命，为往圣继学，为万世开太平"。②

这里所讲的"天"实际上是指一种"宇宙秩序"，"道"是指一种自然秩序，其内在的实质是一致的。即天、地、人是"三位一体"的，它们处于一种和谐的秩序之中。在我国古老的三位一体"天人合一"思想中，天、地、人三者是处于平等地位的，并没有出现谁主宰谁的思想，人作为天地之灵气，负有照看地球家园的义务和责任。这在无论上述"道"家的学说还是儒家的学说中都有详细的论述。但是"中国传统思维大多表现为一种直观性的推测、偏于笼统的直觉了悟而鲜有实证的科学推理。"③因此，我们应该辩证性地吸取它的精华部分，而剔际其迷信、不科学的方面。

第二节　绿色理论的基础

当代的绿色理论，不是凭空产生的，而是在哲学社会领域与科学世界发生一系列变化的基础上缓慢而艰难地出现的。由于近现代以来，西

---

① 陈豪珣：《试论董仲舒天人合一思想》，《齐齐哈尔大学学报》（哲学社会科学版）2004年第6期，第42—44页。
② 张岱年：《中国古典哲学中的主体观念》，《理论月刊》1988年第2期，第7—13页。
③ 彭新武：《现代西方自然观的"有机论转向"》，《学术月刊》2008年第40期第7卷，第53—59页。

方科学技术的所向披靡，整个人类世界的发展都是在它的影响下实现的。因此，整个人类社会的文化也几乎为西方的文化所统治，理所当然地，西方世界受这种文化的影响最深，而反叛的最早呼声也是从西方世界发出——这就是后现代运动的出现。后现代运动的出现是西方社会人文社科领域里对现代以来文明方式的一种反思与批判；与此同时，科学领域内复杂性科学群的出现则是在科学领域内对现代性观念下所形成的现代科学信念的一种扬弃。否定性后现代哲学的批判与反思为当代绿色理论的出现开拓了思维方式上的新路径，复杂性科学群的兴起，则是在科学基础上为当代绿色理论的发展奠定了一定的科学基础，而建设性的后现代哲学则与绿色理论的发展路径有异曲同工之妙。因此，绿色理论的当代话语是对现代性话语的扬弃，是后现代解构之后的重建，是在复杂性科学基础之上的人类社会发展的新路向。

一　后现代思潮的促进

（一）什么是后现代思潮

后现代思潮其实就是后现代主义，它是 20 世纪末西方具有重大影响的文化思潮。虽然关于后现代主义的论述很多，可谓汗牛充栋，但关于后现代主义的定义却是众说纷纭，没有一个统一的说法。按照王治河在《扑朔迷离的游戏——后现代哲学思潮研究》中的论述，人们一般从三个层面对后现代主义进行理解：文学艺术上的后现代主义；社会文化上的后现代主义；哲学上的后现代主义。本文是从哲学的角度来理解后现代思潮的。

虽然后现代思潮的产生是最近几十年的事情，但后现代概念出现的时间却比较久远。美国学者凯尔纳与贝斯特在他们合著的著作《后现代理论——批判性质疑》中，曾对"后现代"这一个概念作了专门的梳理。他们提到最早的"后现代"概念是在 1870 年前后由英国画家约翰·瓦特金斯·查普曼所使用，他用"后现代绘画"来说明比法国印象主义绘画还要现代和前卫的绘画作品。此外还有鲁道夫·潘诺维茨于1917 年出版的《欧洲文化的危机》中提到的，把"后现代"一词用来描绘欧洲文化的虚无主义和价值崩溃。① 汤因比是早期使用"后现代"

---

① ［美］道格拉斯·凯尔纳、［美］斯蒂文·贝斯特：《后现代理论——批判性的质疑》，张志斌译，中央编译出版社 1999 年版，第 7 页。

概念较有影响的人物，"他把'后现代'看作一个西方文明走向衰落，现代的理性主义和启蒙精神发生崩溃的'动乱时代'"。①

而哲学上的后现代主义则是 1979 年法国哲学家利奥塔出版的《后现代状况》一书为标志的。其后在 20 世纪 80 年代有福科、哈贝马斯、罗蒂等一批哲学巨匠发起的关于启蒙与现代性和后现代性的讨论，则将后现代哲学的其他方面都拓展开来，为后现代哲学理论的探讨开辟了道路。如同对后现代主义的讨论充满歧义一样，哲学上的后现代主义也同样地没有一个明确的定义。但有一点是明确的，即"后现代哲学所讲的'后现代'主要不是指'时代化'意义上的一个历史时期，而是指一种思维方式"。② 这种思维方式的基本前提是对现代性的批判，倡导大胆的标新立异、彻底的反传统、反权威精神，强调否定性、非中心化、破脆性、反正统性、不确定性、非连续性以及多元性。人们形象地称之为"流浪者的思维"。"因为流浪者流浪的过程就是不断突破、摧毁界线的过程，而后现代思维恰恰是以持续不断的否定、摧毁为特征的。"③

（二）后现代主义对现代性的批判

后现代哲学兴起的基本前提即是对现代性的批判。对于后现代主义哲学家而言，现代性是启蒙理性之后，人类社会所发生的一系列与前现代不同的标志性的特征。其中最为典型的就是启蒙理性及人的主体性的过度张扬而导致的对人自身来说的人文理性的遗失；以及对外在自然而言的人类中心主义价值主导下的机械论世界观；以及现代的科学及知识观导致的对世界观念的绝对真理论。世界因此而变成了人类主体自身的世界，真理因此变成了客观的、永恒的复合论的真理。后现代针对现代性得以确立和发展的理性主义及主体性展开了猛烈的抨击，认为当今世界现代性已经走到了尽头，提出了消解中心、基础塌陷、理性陨落、人的终结、结构的颠覆等口号，试图以后现代流浪者的思维方式对现代性思维存在的缺陷进行彻底的解构与颠覆。

1. 后现代主义对现代主体性的解构

"谈论现代性，不能不讲到启蒙。因为通常认为，现代性的基本观

---

① 陈嘉明：《现代性与后现代性十五讲》，北京大学出版社 2006 年版，第 118 页。

② 王治河：《扑朔迷离的游戏——后现代哲学思潮研究》，社会科学文献出版社 1993 年版，第 4 页。

③ 同上书，第 8 页。

念来自启蒙运动的精神，是启蒙精神哺育了现代性的产生。"①　西方文明进入中世纪以后，人类由于成为上帝的代言人而成为自然世界的主宰，自然因此而成为一个没有精神气质的纯粹的机械物质；而人类本身由于是上帝的摹本而成为世界最有灵性的造物，因而人类对于自然而言具有绝对的优先主权。经过文艺复兴人文主义运动的推动，到了启蒙运动时期，上帝只是作为世界的第一推动力而存在，而站在世界最前沿的是人类自身。而此时的英国经验主义者主张只有经验到的才是真实可信的，到休谟那里更是走向一种极端，他认为"对经验以外的东西我们无法产生任何印象，因而我们对它们无法有所言说，只能保持沉默。""休谟这一论断在启蒙时期的积极意义是不难想见的。按照这一论断，那么'上帝'自然属于我们无法言说的东西，因为既然我们对他不可能有任何的感觉、任何的印象，那么中世纪的神学家们力图证明上帝存在的努力，立刻显得徒劳无用了。"②　"既然排除了由上帝那里获得合理性的根据，那就只能由人自己来给出；既然无法由神学来给出，那就只能由超验的形而上学来给出。"③　在这样的思想观念下，人们不得不重新思考世界本身的理论基础。而对这一问题进行形而上学的重新思考的正是现代哲学的开路人——笛卡尔，他的名言"我思故我在"正是对这一形而上学命题的最好证明。这一命题推翻了基督教的神学世界观，将人类的主体性放在了人类历史活动的前台，使人本身走上了哲学的历史舞台。如果说在这之前，哲学还是本体论的阶段，则在这以后，哲学进入了现代的认识论阶段。"我思故我在"说明了一切都是值得怀疑的，而唯独当下的我正在思想这一点是不容怀疑的。这样，现代性的主体观念理所当然地被确立起来。这种理性的自我主体观念经过了康德的先验确证，以及黑格尔哲学的绝对理性的发展，而成为现代主体性哲学过度张扬的一条主线。这种过度张扬的主体性哲学发展到黑格尔，整个世界都是绝对精神的延伸物，世界从而成为一种绝对观念的产物。这种主体性哲学起始于笛卡尔的主客二分的理性主义，经过康德的先天综合判断的竭力证明，到黑格尔哲学而发展到极致。"在这种主体哲学中，人是

① 陈嘉明：《现代性与后现代性十五讲》，北京大学出版社 2006 年版，第 6 页。
② 同上书，第 14 页。
③ 同上书，第 41 页。

理性的、独立自主的、是万物的准绳、至上的目的，是一切自然围之运
转的中心"。① 这种主体性哲学从另一个侧面证明了人类中心主义价值
观存在的某些合理性，从而为人类世界对自然的无节制开采提供了某种
程度的支撑。

"到了后现代，出现了一种强劲的反主体主义倾向，居于哲学中心
地位的主体被解构了，很多后现代哲学家宣称'主体消亡了'、'人死
了'。"② 后现代哲学家们力主消解现代以来的理性主体，而主张将主体
还原为日常生活中的主体，这主要体现在哈贝马斯的"交往行为理论"
中。在福柯看来，人的观念只是近代的一个产物，"人是一个最近的发
明"。在 18 世纪末以前，所谓的"人"是不存在的。"人根本没有任何
的位置。这期间的文化为上帝、世界、相似的物和空间的法则所占据，
当然也少不了肉体、情感和想象。然而人本身完全没有出现"。③ 在福
柯看来，人与其他认识概念一样，只不过是特定历史时代的特定产物。
在福柯的论述里，展现了一幅权力无所不在的现代社会画面，包括知识
与话语之中，并且人本身也是权力所造就的产物，那么作为现代哲学出
发点的自足的"主体"与"人"的观念也由此而被解构。

后现代主义在否定人的主体性的同时，也表现为一种去中心的思维
方式。这种反中心主义还表现在对现代的二元对立思想的消解。现代的
二元对立思想起源于理性主义哲学家笛卡尔。他把世界看成主体对客
体、思维与存在、人与世界截然对立的两面。从而为人作为世界的主体
立论。这种思想为人类中心主义观念的进一步发展奠定了哲学基础。而
后现代哲学对这种思想的消解表现为"去中心"或"反中心主义"。这
主要表现在福柯对各种人性论的各种非中心化操作上；与福柯对人的非
中心化密切相联系的，是结构主义语言哲学对人的消解。"从某种意义
上说，解构主义所进行的'解构'也是一种形式的'非中心化'操作，
而且是一种激进的非中心化操作，旨在将中心彻底根除。"④

---

① 陈嘉明：《现代性与后现代性十五讲》，北京大学出版社 2006 年版，第 203 页。
② 张旭平：《建构与解构：主体在现代、后现代哲学中的命运》，《安徽大学学报》2003
年第 11 期，第 64—69 页。
③ ［法］福柯、杜小真选编：《人死了吗？》，《福柯集》，上海远东出版社 2003 年版。
④ 王治河：《扑朔迷离的游戏——后现代哲学思潮研究》，社会科学文献出版社 1993 年
版，第 73 页。

后现代哲学家梅洛·庞蒂曾谈道:"人不再是构成一切客观性的主体。在他构成客体之前他已经为世界所俘获。""覆盖着世界的思想外衣是一件希腊神话中马人涅索斯的衬衣。这只是因为人的每一根纤维粘着世界,而且人之所以能编织这种外衣,只是因为世界为人提供了衣服的尺寸"。"因而系统不是自足的,一如作为意义的创造者不是自足的一样,要想发现主体与客体之间的原初关系,必须将两方面的非分主张都摧毁。只有这样才能恢复事物的本来面目。换个角度看,将人类从中心的宝座上拉下来,对于人类未尝不是一件好事,积极地说,是对人的一种解放。"① 由于现代人类主体性的过度张扬,除了在自然领域对自然的无节制开采之外,对人类自身来说,这种主体性哲学导致了人类自身的异化,人成为人统治人的工具,从而将启蒙运动所倡导的另一种理性——人文理性遗失殆尽。现代的主体性哲学在将人类抬到上帝位置的同时,也将人类的处境置于非常危险的境地。这种主体性对外表现为一种工具理性的征服自然的人类中心主义观念,对内则表现为现代社会所形成的制度机器压制之下的人类自身心灵的扭曲。启蒙初期所倡导的工具理性与人文理性的合一并没有实现。经过几个世纪的发展,人的主体性不但没有得到发展,人反而变成了自身设定社会的工具,变成了自身的奴隶。因而,启蒙所谓的主体也就自然地无从寻觅了。但问题的关键是,这种彼岸的主体不但没有获得应有的自由,而且在现实之中,将自身陷入了一种无法自拔的怪圈,她已经变成自身设定的彼岸的规训的良民,从而失去了启蒙之前所应具有的批判与反思性,这恐怕是人类最为可悲的一件事情。

2. 后现代主义的反理性主义

"在哈贝马斯看来,现代性的一个最为核心的问题,就是它的自我理解和自我确证问题,对于中世纪社会来说,并不存在这样的问题,因为在一个神权的社会里,宗教意识形态已经提供了有关的答案,《圣经》的上帝创世说、原罪说等已经为现世的合理性做出了回答,人生的目的已经被定位为依靠对神的信仰、通过禁欲而求得灵魂的救赎。""而启蒙运动以来,随着价值来源根据的转换,其合理性何在,就成了

---

① 王治河:《扑朔迷离的游戏——后现代哲学思潮研究》,社会科学文献出版社 1993 年版,第 81 页。

需要确证的问题。既然世界已不被看作上帝的造物，而是人的理性的设计，自然这种合理性的根据也就出自人本身，出自人的理性。因此，理性成了真理之源、价值之源，从而成为了现代性的安身立命之地。"①
当代英国哲学家也把启蒙的核心观念概括为"宣扬理性的自律性和以观察为基础的自然科学方法是唯一可靠的求知方式，从而否定宗教启示的权威，否定神学经典及其公认的解释者，否定传统、各种清规戒律和一切来自非理性的、先验的知识形式的权威。"② 即使对启蒙持批判态度的霍克海默与阿德诺也认为启蒙的目的是摆脱被奴役的状态，成为主人。理性作为现代性的根基，为现代社会发展的方方面面提供依据，就韦伯对现代性的分析，现代性的发展过程实质是现代社会的合理化过程，他论述了现代社会政治、经济、文化等一切领域的合理化过程，分析得出现代理性内部存在的矛盾与冲突。现代社会目前存在的一切矛盾与危机都与理性观念时代的前提有关。理性也理所当然地成为后现代批判的焦点。

启蒙的目的既然是消除蒙昧，那么现世的一切根基就不能来自天启。又由于人类本身是上帝的模板，因此，人类自身的理智具有同上帝相同的智慧。这样，在启蒙时代，理性自然地就担当起了思想批判的重任，成为了替代上帝的"新上帝"。20世纪英国哲学家欧克肖特曾经非常形象地对这一现象给出了描绘："思想除了'理性'的权威外不服从任何权威。"③ "理性主义首先是建立在对'理性'能力的确认之上的，也就是把理性确认为一种不同于感性、情感、意志的能力。这种能力主要表现为思想、反思、从事逻辑与推力的能力，集中表现为一种'自我意识'的能力，或者说'我思'的能力。"④ 西方哲学史上通常将笛卡尔作为近现代理性主义的开山鼻祖。笛卡尔为这种理性主义首先注入的是一种"我思"的批判精神。这是狭义的理性主义，广义的理性主义也包括经验主义，只不过经验主义反对理性主义的"天赋观念"说，转而认为人的经验才是完全可靠的。启蒙理性建立之后，首先要做的就

----

① 陈嘉明：《现代性与后现代性十五讲》，北京大学出版社2006年版，第4—5页。

② ［英］伯林：《反潮流：观念史论文集》，冯克利译，译林出版社2002年版，第1页。

③ ［英］迈克尔·欧克肖特：《政治中的理性主义》，张汝伦译，上海译文出版社2003年版。

④ 陈嘉明：《现代性与后现代性十五讲》，北京大学出版社2006年版，第7页。

是扫除宗教蒙昧，为思想的启蒙与自由扫清道路，它同时为现代性的产生提供了思想基础。

在认识论方面，它确立了近现代的知识标准，即所有的知识都具有：客观性、普遍性、必然性、确定性等性质。在知识论上就表现为一种笛卡尔式的基础主义，"即知识表现为一种双层结构，底层是某些确定的、不证自明的基础信念，它们表现为类似于几何学的公理，可以用来支持处于其上的非基础观念，为它们提供理由方面的确证，使之成为具有确定性的知识。"① 由于上述知识观念在自然领域取得的胜利，这种知识观念自然地被科学领域所接受，理性在科学领域确立起这样的观念：存在着普遍的、永恒的自然与社会规律；存在着真实不变、普遍的客观价值。任何科学的目的就是对这种普遍性的把握。这种盲目的乐观导致了现代社会的一种"理性万能"的观念。这种理性的方式继承了自亚里士多德以来的形式逻辑的方式。启蒙运动以后，随着科学的发展，它又与科学研究中的数理逻辑相结合，形成了现代世界占据主导地位的实证主义哲学。"在 20 世纪上半叶，以强化了的逻辑经验主义的主张出现，它以'命题意义的可证实性'为标准，力图扫除一切非科学的命题。"②

由于启蒙理性是现代社会发展最主要的基石，因此，后现代对现代社会的批判也集中到对现代理性的批判上。阿多诺与霍克海姆的《启蒙辩证法》一书，把批判的矛头直指启蒙运动。指出人在走向文明的过程中被自身所创设的理性所统治。主要体现在以下几个方面：一是启蒙旨在反对迷信神话，而自己却走向了迷信神话；二是启蒙旨在正确的认识世界，可实际上却歪曲了世界；三是启蒙旨在增强人自身的能力，可到头来却被人自身创设的工具所控制。机器在供养人的同时，使人变得软弱无能（阿多诺语）；四是启蒙旨在反对极权主义，可自身却变成了极权主义；五是启蒙旨在推进社会进步，却导致了自然和社会的倒退。③总之，当代的政治危机、人权危机、生态危机无不与启蒙理性时代的精神文化模式的极端化有关。美国学者罗斯诺曾经分析了后现代对理性的

---

① 陈嘉明：《现代性与后现代性十五讲》，北京大学出版社 2006 年版，第 10 页。
② 同上书，第 15 页。
③ ［德］霍克海默、［德］阿多诺：《启蒙辩证法》，上海人民出版社 2006 年版。

批判。认为后现代批判现代理性观念主要是由于现代理性推崇一种"普遍主义"，它假定一种统一的整体，断言同样的规则是普遍适用的。与此相反，后现代认为事物是相异的，异质性是事物的普遍规律。由于不同的认识有各自不同的基础，因此，后现代提倡所有的认识范式是平等的，他们有着各自的逻辑，而且各种逻辑的地位是平等。但是，后现代主义提倡的这种差异化又有了同现代的普遍性相同的思维倾向，它彻底地否定了普遍性，从而完全地走向了差异性，又有走向另一种压制与权威的某种迹象。后现代批判现代理性的第二个因由是它认为现代理性的过度张扬，导致了理性成为一种专制的、强迫的和极权主义的东西。由于它设定了某个唯一的前提，因此就排斥了其他的可能性，从而让世界呈现了单一化的趋向。为了取得效率、秩序和统治，这种理性就减少了偶然性和不确定性。在后现代主义者看来，只有放弃理性，才能摆脱权威、效率、科层、强权、技术等对人本身的压制。同时，后现代者还认为，现代的理性压抑人的非理性情感，导致现代社会人类自身创造的无力，也是人类自身单面化发展的最主要动因。

在知识论方面，后现代哲学家主张知识不再是一个追求把握某个绝对真理的过程，知识的属性也不再是客观性、普遍性、必然性与确定性。相反地，他们认为，知识是可以在不同的语境下形成的不同理解来不断生成的东西，它是一个不断解释与不断生成过程的统一。福柯明确提出"解释已经成为一项无限的任务。"[①] 德里达用"延异"来表达文本所记录符号的差异性；德娄兹提出一种"差异逻辑"，他认为哲学的方法是多元论的，因此应有一种与"同一逻辑"不同的"差异逻辑"来把握事物的"多样性"；利奥塔的知识论是以探求"悖谬推理"为目标，这种推理以"规则的异质标准"和"对歧见的探求"为视点。利奥塔甚至把"发明者的悖谬推理"，而不是专家的一致性，确认为"后现代知识的法则"，理由是发明总是产生于歧见之中。

后现代的这种思维逻辑表现为一种人文性质的思维逻辑，它与现代理性的数理思维逻辑是截然相反的两种思维方式。现代性的数理性质的思维逻辑带来了人类社会物质世界的大发展，导致了人类精神世界及人文领域的极度颓废；而后现代主义者所倡导的极度的人文思维也有导致

---

① ［美］J. G. 梅基奥尔：《福科》，韩阳红译，昆仑出版社1999年版，第87页。

走向某种极端的危险性。因此，为避免再出现某种形式的极端，人文与数理思维方式的结合与互补也许是人类社会发展的较好的选择与希望。

（三）几点说明

后现代思潮是缘于对现代性的批判与反思。在后现代对现代性进行强有力的反思、批判、解构与颠覆的同时，开拓了人们的眼界，为人们思维方式上的转换提供了一种思想上的准备；但是，我们也应看到后现代批判理论的某些过激的言论与路向。因此，对于后现代理论我们应持一种批判性吸收的态度。

"在探讨后现代主义的理论特征方面最为详尽的要数 I. 哈桑的研究。在《后现代转向》一书中，他专门列了一个图表，来比较现代主义与后现代主义的区别。从理论的角度概括一下，后现代主义在哈桑那里主要有下列几大特征：不确定性，它包括多元论、反叛、随机性、分化、模糊和破裂；破脆性，这包括对综合和总体性的不信任；反正统性，对权威的挑战是其重要内容；非我性，抛弃将主体等同于实体的传统；内在性，强调心灵与语言的自生能力。哈桑反复强调后现代主义的一个核心特征是它的破坏性。用他自己的话说就是：'后现代主义总是毁弃他人已建构之物'。这种恐怖主义是后现代主义的一个重要标志。正是在这个意义上他将后现代主义界定为'摧毁'运动。"① 在某种意义上说后现代是一种流浪者的思维。它呈现给人们的是一种极度虚无主义、犬儒主义的倾向。这种过度的解构与颠覆，对于解决现代性存在的问题从某种程度说并不见得是一种对症下药的良方。

特别是后现代主义者对现代理性的极度批判，使人有陷入另一种桎梏的危险。它主张非理性主义、相对主义、无政府主义、反对辩证法和历史唯物主义，片面强调不确定性和零散化，过分渲染现代性的弊端和恶果，过分强调差异性，拒斥同一性，过分强调横向的茎块思维，彻底的贬斥纵向的树形思维，从而陷入了一种非此即彼的二元独断论。因此，"后现代主义的根本问题是过于偏激，对于现代主义采取完全否定的态度，把自己和现代主义看作是完全对立的两极。"②

————————

① 王治河：《扑朔迷离的游戏——后现代哲学思潮研究》，社会科学文献出版社 1993 年版，第 12—13 页。

② 冯俊：《后现代主义哲学讲演录》，商务印书馆 2003 年版。

　　理性主义和启蒙精神在人类社会的发展过程中发挥过巨大的历史作用，科学精神和理性今天仍然应是人类社会发展的动力，对这些方面的肯定在某些后现代主义哲学家晚期的作品中都有某种程度的体现。尽管福柯仍然对启蒙理性持批判态度，但他却试图借鉴和吸收启蒙运动遗产中的积极成分。这尤其体现在他的晚年作品之中。"假如说把理性视为必须予以消灭的敌人的观点是极端危险的话，那么，那种认为对之作任何批判性的质疑都有陷我们于非理性之危险的观点，同样也是极端危险的。"① 在后现代主义者利奥塔看来，他反对的是现代以来，理性所形成的那种整体化的语言对少数话语的压制、对弱者的压制。他指出："我们必须不以普遍规则作判断，我们应当寻求差异，倾听那些代表着差异的沉默各方的声音；然后，我们应当允许缄默的声音去讲话，说出与多数话语相反的原则或观点。这样一来，我们就能够突出并容忍差异，并且可以走向多元理性而非一元理性。"② 从这些后现代主义哲学家的论述中可以看到，他们并不反对理性本身，他们反对的是现代以来人类对理性运用所产生的异化与膨胀。

二　复杂性科学的奠基

　　"科学不仅仅是人类的理性活动，科学还是社会发展过程的结果，受到诸多社会文化因素的影响。"③ 复杂性科学的出现并非偶然的现象，它是同文化领域内多年来对现代性的质疑密切相关的。西方社会对现代性以来的主体性和认知理性与工具理性的批判由来已久，早在 19 世纪末 20 世纪初就存在，最为典型的就是尼采的意志主义哲学。及至 20 世纪中，文化领域内的后现代主义更是与复杂性科学的兴起相生相随。"文化的后现代转向与科学的复杂性转向是有显著区别的，前者主要是解构的、颠覆的，其功能是保持文化层面的批判性；后者是建构性的，并不是以否定简单性来反科学，而是致力于科学理念的转换，力求以更好的手段来解决复杂问题。然而，无论是当代文化的后现代转向还是当

---

　　① ［美］道格拉斯·凯尔纳、［美］斯蒂文·贝斯特：《后现代理论——批判性的质疑》，张志斌译，中央编译出版社 1999 年版，第 69 页。
　　② 同上书，第 221 页。
　　③ ［美］史蒂芬·科尔：《科学的制造：在自然界与社会之间》，林建成、王毅译，上海人民出版社 2001 年版，第 45 页。

代科学的复杂性转向都首先展现为思维范式的转换。复杂性与后现代主义正是在这一共同主题下相互呼应，并在范式的转换中体现着相似的困惑与超越。"① 复杂性科学与后现代主义的出现都是对现代性存在问题的批判，一个是在科学领域对现代的简单性科学的超越，另一个是在文化领域内对现代性的批判与扬弃。在超越现代性的共同的背景下，它们分有了不同的前进路径。但"对复杂性理论的思考离不开后现代文化的范式的背景，后现代文化的转向也折射出复杂性思想的闪光。"② "以复杂性的视角观之，我们对后现代文化的深入考量和把握也在一定程度上依赖于对传统科学僵化思维的批判，文化的后现代转向又何尝不是文化整体的复杂化？在一定意义上，复杂性转向是当代科学与文化转向的共同表征。"③

（一）复杂性科学的兴起

科学领域内复杂性科学的兴起绝不是偶然的，有着深刻的科学及文化背景。在 19 世纪时，哲学界对现代科学的主流科学范式——还原论范式就进行了批判。但在科学内部对现代还原论科学范式的超越则是从 20 世纪开始的，先是爱因斯坦的狭义和广义相对论证明了时间、空间、物质和能量甚至整个宇宙必须作为一个整体来研究，如果使用还原论的方式来研究，就不能真实地认识事物本来存在的状态；随后，量子力学在微观研究的层次证明了现代的分析还原方法的局限性。"在量子世界我们无法把一个整体非常确定地分为一些组成部分，更无法把这些组成部分非常确定地组成整体，量子的世界是一个非机械的、相互联系的、不可分割的世界。"④ 人们一般认为复杂性科学兴起的真正标志是一般系统论的诞生。但也有人将爱因斯坦的相对论、量子力学和一般系统论并称为 20 世纪的三大科学发现。学者郭元林在对普利高津、塞利尔斯、威弗、考温、西蒙、帕格斯等科学家对复杂性科学诞生的分析中，总结得出复杂性科学的出现以一般系统论的诞生为标志。"贝塔朗菲创立一般系统论标志着复杂性科学的诞生，这

---

① 刘劲杨：《哲学视野中的复杂性》，湖南科学技术出版社 2008 年版，第 39 页。

② 同上。

③ 同上书，第 39—40 页。

④ 陈红兵：《复杂性科学对近现代科学范式的转型》，《山东理工大学学报》（社会科学版）2008 年第 5 期，第 12—15 页。

可从两方面得到说明。首先，从一般系统论开始，'系统'、'整体'和'整体性'成为科学研究的对象，可是在不久以前它们还被看作是超越科学界线的形而上学概念。""其次，一般系统论是第一个反对还原论的科学理论，其方法论是非还原论的。"①"我们被迫在一切知识领域中运用'整体'或'系统'概念来处理复杂性问题。这就意味着科学思维基本方向的转变。"②

"迄今为止，实际上只有理论物理学领域符合科学对一般规律的追求，即试图建立一个能解释和预言的规律的系统的要求。结果，物理实在被看作科学的唯一恩赐物。结果是还原论假说的提出，其要点是生物科学、行为科学和社会科学都要按照物理学的范式去把握，最终还原为物理层次的概念和实体。由于物理学本身的发展，物理主义和还原论的论点成了问题，真正成了形而上学的偏见。"③ 之所以如此说，是因为他认为，传统的实体科学无法研究组织中的关系，古老的文化传统认为"系统"问题属于哲学研究的问题，而科学领域内传统范式也是竭力反对改变对事物考察的单线因果关系和把研究对象分解成简单的组成部分的那种基本的"规范"。"为了理解组织的完整性，应当既认识各组成部分，也认识它们之间的关系。"④ 一般系统论的这种反还原论的思想得到了大多数人的赞同。我国中国人民大学的苗东升教授认为："一般系统理论第一次从具体科学层次上对文艺复兴以来形成的、在现代科学中占支配地位的还原论观点和分析方法提出全面的质疑，进行了系统的清算，鲜明地指出了它的局限性，证明仅仅靠分析是不够的，还要讲整体，按系统的观点处理问题。"⑤ 因此，一般系统论的出现是人们公认的复杂性科学诞生的标志。

复杂性科学的发展主要经历了三个阶段：自 20 世纪 20 年代到 60 年代为第一阶段，贝塔朗菲提出的一般系统论、维纳提出的控制论、申农提出的信息论、诺依曼提出的元胞自动机等是这个时期复杂性研究的

---

① 郭元林：《论复杂性科学的诞生》，《自然辩证法通讯》2005 年第 3 期，第 53—58 期。

② Bertalanffy. Ludwig von, General system theory Foundations development, applications New York George Braziller, 1968.

③ ［美］贝塔朗菲：《一般系统论：基础、发展和应用》，林康义、魏宏森等译，清华大学出版社 1987 年版，第 85 页。

④ 同上书，第 310 页。

⑤ 苗东升：《系统科学原理》，中国人民大学出版社 1990 年版，第 384 页。

代表性成果，标志着复杂性研究的起源和萌芽；20 世纪 60 年代到 80 年代为第二阶段，普里高津的耗散结构、哈肯的协同论、艾根的超循环论等自组织理论、汤姆的突变论、混沌学理论以及后来的分形论是这个阶段的代表性成果，标志着复杂性研究在自组织理论、非线性科学方面已经取得了比较明确的成果；20 世纪 80 年代至今为第三阶段，它是复杂性科学真正诞生的时代，在自组织理论和非线性科学理论的基础上，于 1984 年成立了"圣塔菲研究所"，它的成立标志着复杂性科学的正式成立。此后，一系列复杂性科学研究所的创立和兴起大大促进了复杂性科学研究的发展。

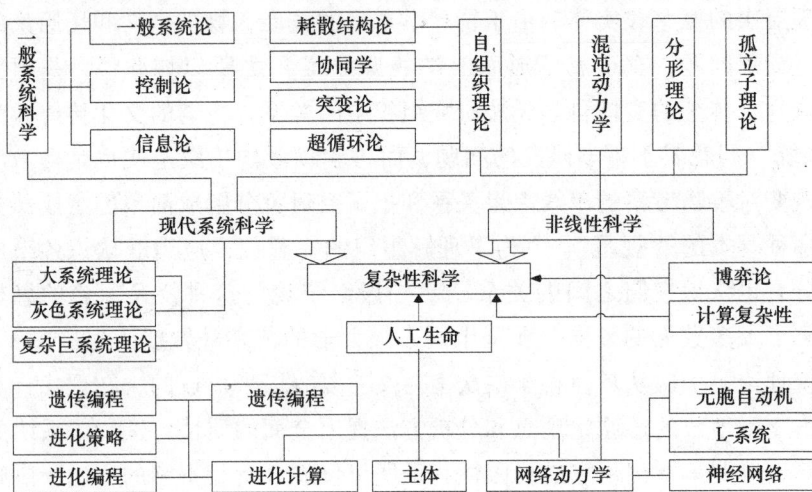

图 3 - 1　复杂性科学的理论来源示意图①

（二）复杂性科学与简单性科学

　　复杂性科学的出现是在科学内部对原有的简单性科学的超越。由于近现代以来的机械性科学所主张的是一种简单的、线性的、还原论的、实体的、静态的思维方式，形成了一种对现象世界的拆分式研究。这种科学研究方式在研究简单的非生命物质方面体现出了巨大的

---

① 引自黄欣荣、吴彤《复杂性科学兴起的语境分析》，《清华大学学报》（哲学社会科学版）2004 年第 3 期。

优越性，特别是在物理学方面。由于对物质研究取得的巨大成功，人们将这种方式应用到人类社会及生命世界的研究。而将那些不符合这种物质化研究的方面称为非科学。"在经典科学的机械观视野下，生命有机体不过是一种精密的机器，不仅非生命界必须服从物理学（化学）定律，所有生命体也是这些定律所决定的"。① 这种对生命的研究方式显然是不适合的。及至人类社会进入 20 世纪，两次世界大战的爆发及全球性的人类生存环境危机的日益严重，使科学领域内对近现代以来的传统的简单性科学不得不进行反思。同时，由于科学内部本身存在的一些难题，比如非生命如何转换为生命现象的？生命有机体是如何工作的等问题依然是传统的简单性科学所无法解决的。20 世纪 20 年代以贝塔朗菲为代表的一般系统论就是以研究生命现象作为复杂性科学出现的先声。贝塔朗菲早在 1928 年发表的《生物有机系统》一文中就指出生命现象不能用机械论的观点和方法解决。他认为所有生物都在其组分的物质和能量连续耗费与交换中保持自身，其行为是"具有自身内在目的"的主动方式。② 生命有机系统具有关联性、整体性、生成性和开放性等特征。随后出现的耗散结构理论、协同学、分形理论等说明世界的形成和发展是一个"自组织的"演化过程。相对于简单性科学，复杂性科学具有非线性、整体性、关系性、过程性等特征。我们通过图 3－1 可以清晰地看到复杂性科学与简单性科学之间的关系。

（三）复杂性科学对简单性科学的继承与超越

"复杂性科学将会与传统的科学形成互补，来共同解释整个世界。就像经典力学向人们解释了宏观世界，量子力学揭示了微观世界的奥妙一样，这门新的科学与传统科学在研究范围上是不同的，传统科学描述的是在平衡态和近平衡态时自然界所表现出的线性关系，而新的科学却是向人们展示在远离平衡态时大自然所表现出的复杂关系。当然，对于二者的区分也不是绝对的，在许多关于复杂性研究的具体领域，都表现出复杂系统存在一个阈值。在阈值的范围以内，系统的微小扰动和涨落

---

① 刘劲杨：《哲学视野中的复杂性》，湖南科学技术出版社 2008 年版，第 60 页。

② ［奥］路德维希·冯·贝塔朗菲：《生命问题——现代生物学思想评价》，吴晓江译，商务印书馆 1999 年版，第 130—132 页。

都不会对系统造成很大的影响，将会被系统内在的强制力拉回到平衡态；但在超出阈值范围时，细微的扰动和涨落即可引发正反馈反应直至改变整个系统。"① 因此，复杂性科学对传统科学是一种继承与超越的关系。

1. 复杂性科学对简单性科学的继承。其一，复杂性科学并没有改变对主体性的强调。其二，复杂性科学并没有否定近现代西方科学重视实验、重视形式逻辑推演、注重理性分析、数学思维的认识思维方式。只是逐渐意识到近现代科学认识思维方式产生作用的界限，意识到随机性、非线性，增强了关于复杂系统自组织演化机理的探讨，增强了思维的创造性、形象性、整体性。② 其三，从本体论上看，复杂性科学在哲学上承认客观存在，不过认为，本体是生成的、涌现的，而不是静止的、相互离散无关的。③

2. 复杂性科学对简单性科学的超越。其一，科学与人文的综合。由于传统经典科学对于符合科学规则的命题称为科学，而对于不符合科学原则的命题则被排除在科学范围之外。近现代的世界观是一种机械论的世界观，世界上所有的存在都被降低到物质存在的地位，就连人也一样，笛卡尔说生物是机器，拉美特利的名言人是机器。所以科学研究也是以物质研究为主，采用的是分析还原的方法，而且这种方法后来上升到哲学方法论的高度，成为了近现代以来整个人类社会通用的普遍方法。这种方法运用了亚里士多德的形式逻辑，后经伽利略、笛卡尔的发展，又与数学进行了巧妙的结合，形成了一种数理逻辑。后经实证主义者的发扬光大，演绎成现代的经验实证主义。这种方法认为凡是科学的东西都是能被证实的符合某种数学的规律。因此，在科学与人文之间形成了一道无法逾越的鸿沟。导致了现代科学的不完全发展。在这种思想的引导下，就连哲学也在一定的时期内努力地想证明自身的科学化，分析哲学的出现就是很好的例子。其实科学这种不完备的现象很久以来一

---

① 理凌村等：《复杂世界和复杂性科学》，《科技情报开发与经济》2004 年第 10 期第 8 卷，第 146—148 页。

② 陈红兵：《复杂性科学对近现代科学范式的转型》，《山东理工大学学报》（社会科学版）2008 年第 5 期，第 12—15 页。

③ 吴彤：《复杂性、科学与后现代思潮》，《内蒙古大学学报》（人文社会科学版）2003 年第 35 期第 4 卷，第 8—12 页。

直就遭到哲学界及科学界的反对。分析哲学后期的生活转型就能说明这一点。

及至科学发展到 20 世纪中期，复杂性科学的出现从某种意义上说也正是科学本身为解决现代以来科学的这种偏颇而做出的努力。1984 年在美国成立的圣塔菲研究所标志着复杂性科学群的正式成立。该研究所的理念之一就是：促进知识统一和消除两种文化——斯诺所说的科学文化和人文文化——之间的对立。在这一向度上，可以说复杂性科学

表 3 – 1　　　　　科学范式中简单性与复杂性范式的综合对比①

类别	序号	简单性范式	复杂性范式
本体论原则	1	摈弃目的论原则 ——认为目的论是非科学的自主性是不可理解的	必要目的论原则 ——从自我产生和自我组织的理论出发，科学地重新确认目的论及自主概念的合理性
	2	普遍化原则 ——科学是普遍性的，需要把局部性或特殊性作为偶然性因素排除出去	统一性与多样性共存原则 ——普遍性原则是有效的但是不够。增加，从局部性和特殊性出发的补充的和不可分离的理解原则
	3	决定论原则 ——有序性作为绝对的解释的最高原则，这意味着普遍的和完美无缺的决定论的统治。随机性只是由于我们的无知而产生的表面现象	非决定论原则 ——不仅融入随机的事件，而且也融入组织的问题来寻求对现实的理解
	4	线性因果性原则 ——处于对象之上和之外的线性因果性的原则	非线性因果性的原则 ——包含互相关联的因果性、相互反馈、滞后干扰、协同作用、偏转、重新定向，以及自组织现象中的内—外因果性原则
	5	时间可逆性 ——消除时间上的不可逆性；更广义地说，就是消除所有事件性和历史性的东西	时间不可逆性原则 ——承认和融入时间的不可逆性的原则，使历史和事件参与到任何说明和解释中去的不可回避的必然性

---

① 刘劲杨：《哲学视野中的复杂性》，湖南科学技术出版社 2008 年版，第 37—38 页。

续表

类别	序号	简单性范式	复杂性范式
认识论原则	6	客体性原则 ——对象和知觉/认识它的主体之间的绝对分离的原则；不同的观察者/实验者所进行的验证不仅足以表明客观性，而且足以消除认识的主体；在科学认识中尽量消除任何有关主体的问题	主客体统一原则 ——把观察者/认识者与被观察者/被认识者之间相关联；把观察或实验的机构，把观察者/认识者引入任何物理的观察或实验的领域的原则；把处于文化上、社会上、历史上的一定时间和空间的人类主体引入任何人类学或社会学的研究范围中的必要性；探索一个关于主体的科学理论的可能性和必要性
	7	对象环境相分离原则 ——使对象孤立/脱离于它的环境	对象环境一体化原则 ——区分对象（或存在物）与其环境，但却不将它们分离。要充分认识任何物理组织，就要求认识它和它的环境的相互作用；认识任何生物组织要求认识它们和它的生态系统的相互作用
认识论原则	8	单值逻辑原则 ——形式逻辑作为理论的内在真理标准的绝对可靠性的原则。任何矛盾的出现都必然地意味着存在错误 ——人们进行思想是把清晰和明确的概念在单值逻辑的推理中加以连接。拒斥逻辑矛盾	两重性或多值逻辑原则 ——指出形式逻辑学的限度问题，强调复杂的推理原则包含着同时互补、竞争和对立的概念的联合；承认在复杂的形式系统内部逻辑证明的极限 把观察/实验所遇到的矛盾或逻辑困境看作现实的一个前所未知的或更深奥的领域的可能的象征 ——应以两重逻辑的方式通过宏大概念进行思考以互补的方式把可能是对立的概念连接起来
方法论原则	9	构成性原则 ——把对事物的认识划归对这些事物固有的有序性原则（规律、不变性、稳定性）的认识	生成性（过程性）原则 ——重视事物规律、结构等有序性的过程性，强调事物的生成性，许多自组织的问题是不可避免
	10	还原论原则 ——把对总体或系统的认识还原为对组成它们简单部分或基本单元的认识	涌现论原则 ——认识到把物理世界基础中简单的基本单元加以孤立的不可能性。把对元素或部分的认识与对它们组成的总体或系统的认识连接起来的必要性
	11	形式化和量化原则 ——通过量化和形式化方法消除具体的存在物和存在活动	有限形式化和有限量化原则 ——从自我产生和自我组织的理论出发，在物理学和生物学中（更不用说人类学中）引进和确认存在物和存在活动的范畴的可能性。探索非形式化、非量化等新的科学方法

是对简单性科学的超越，它体现了一种真正的整体综合的趋势。其二，物质和精神统一。我们知道，在古代希腊抑或是我国古代，都将自然看作是一个活的机体。对于自然界的运动一般用动物的运动来类比，所以古代隐喻用得比较多。亚里士多德认为各种不同的物体都有其不同的自然位置，每种物体都具有回到自然位置的本性。这就是亚里士多德有名的目的因。由于把自然界看作是一个活的机体，因此，自然存有某种精神性也就是不难理解的事情。我们知道，伽利略和牛顿之后的近代科学用机械因果法则来说明世界，完全不同于古代和中世纪把世界当作有目的的宇宙那种观点。用机械因果法则来说明世界也有它本身的优势，即能提高认识世界的效率，而且规律简单明了。但是这种简单明了的机械分析方式最大的弱点是将世界看作纯粹的物质世界，从而将世界的精神性从物质世界中直接地被排除出去，导致了人类社会的全面物质化，是当下的人类生存环境危机的直接根源。而复杂性科学的出现重新又证明了自然世界的有机性，如贝塔朗菲所言："亚里士多德的世界观及其固有的整体论和目的论观点就是这种宇宙秩序的一种表达方式。亚里士多德的论点'整体大于它的各部分总和'是基本的系统问题一种表述，至今仍然正确。"[1] 其三，生命与非生命融通。由于近现代的机械论世界观，科学研究的经典命题是将有生命的物体看作是非生命的，这种方式虽然研究了生命体的构成，但是却不能很好说明生命的形成机制，以及生命是如何产生的原理。复杂性科学从某种程度上可以说是研究生命的科学。一般系统论就是在对生命的根本问题及生命的本质研究中诞生的。1944 年，著名物理学家薛定谔出版了一本影响巨大的小书《生命是什么》，在该书中他提到一个重大问题：如何用物理学和化学来解释一个在空间和时间中发生的生命有机事件？是否应建立"超物理学"？[2] 在复杂性科学看来，"'生命'不仅指生物学意义上的'有机生命体'，更是指一种演化机制，一个不可分割的过程，或者说是'生命性'。"[3]

---

[1] 中国社会科学院情报研究所编译：《科学学译文集》，科学出版社 1981 年版，第 305 页。

[2] ［奥］薛定谔：《生命是什么》，转引自刘劲杨《哲学视野中的复杂性》，湖南科学技术出版社 2008 年版，第 60 页。

[3] 刘劲杨：《哲学视野中的复杂性》，湖南科学技术出版社 2008 年版，第 61 页。

耗散结构理论的创始人普利高津坚信,"生命与非生命之间没有绝对的界限,生命与非生命之间的鸿沟是可以跨越的。""这种跨越是机制性而非实体性的,其'结构'也非存在论意义上的死结构,而是演化论意义上的动态机制——活结构。这意味着,生命与非生命的本质区分不在于实体,而在于生命的内在机制。"①

第三节　当代绿色理论探析

"文化转型的核心是价值标准与思维范式的变换"。② 当代文化领域内后现代主义运动的爆发与科学领域内复杂性科学的兴起,在一定程度上为新的文化转型奠定了价值标准与思维范式的基础。后现代主义分为解构性的后现代主义和建设性的后现代主义。解构性的后现代主义为新的价值标准和思维范式的建立,对原有的现代性的价值取向与思维范式进行了猛烈的攻击,并且进行了无情的解构与颠覆,虽然他们的思路为人们彻底地透视现代性弊病提供了种种的可能路径,而且对现代性条件下社会产生及存在的顽疾进行了彻底的清算,为新的价值标准及思维范式的转换开辟了道路。但是,我们也必须清楚地看到,解构性的后现代主义是一种流浪者的思维,它所倡导的是一种虚无主义的、犬儒主义的思维方式,它不能为现代社会的危机提供有效的方法,只能给人们一种批判性的反思;建设性的后现代主义在批判现代社会的同时,力争为现代社会的未来发展提供某种可能的路径,在某种程度上,具有比解构性的后现代主义更大的建设性,特别是建设性后现代主义中的后现代科学,与当代兴起的复杂性科学,有着某种不谋而合的前进路向。科学是现代社会的根本支柱,尤其是社会进入当代的信息化社会后,社会的发展须臾也离不开科学的进步。复杂性科学的诞生是对现代的简单性科学范式的超越,它为新的文明转型奠定了新的科学基础。

用阿尔文·托夫勒的话说,现代的世界已经走到了一个分叉点上,世界正在经历着向一个新的"文化耗散结构"飞跃的阶段。这个新的"文化耗散结构"就是——绿色整体有机的世界图式。这种新的世界图式倡导一

① 刘劲杨:《哲学视野中的复杂性》,湖南科学技术出版社 2008 年版,第 64 页。
② 同上书,第 34 页。

种新的世界观——绿色世界观。这种新的绿色世界观是对古代希腊和古代
中国整体有机世界观的扬弃，是对古代先贤思想的辩证吸收，是否定之否
定，是一种螺旋式的上升。同时，它还是在后现代主义思想的启发下，以
后现代科学和复杂性科学为基础，形成的一种新的看待世界的思维范式，
它为新的绿色有机的世界图式的形成提供了某种新的可能的理论指导。

一　绿色世界观与生态学世界观的关系

生态是 21 世纪人类关注的焦点。从 20 世纪中期以来，世界范围内
的绿色运动风起云涌，主要的背景就是世界范围内生态环境的极度恶
化，已经威胁到人类的生存发展。生态学世界观也称为生态哲学，它主
要是以生态学的发展为主要的理论来源。换句话说，就是人类对生物的
研究上升为对生态系统的研究，通过对生态系统的研究发现地球上生态
系统生存发展的规律，为解决人类目前的生态环境问题，而将生态系统
的规律上升到哲学世界观的高度，称为生态学世界观。余谋昌在《生态
哲学》中对生态哲学有一明确的描述，"什么是'生态哲学'？我们认
为，生态哲学，或生态学世界观，它是运用生态学的基本观点和方法观
察现实事物和理解现实世界的理论。现代生态学把世界看作是'人—社
会—自然'复合生态系统。它是各种因素，包括人工生态系统和自然生
态系统的各种因素，普遍联系相互作用构成的有机整体。生态系统整体
性，是生态系统最重要的客观性质，反映这种性质的生态系统整体性观
点，是生态学的基本观点，也是生态哲学的基本观点。运用生态系统整
体性观点观察和理解现实世界，是把生态学作为一种方法，即生态学方
法。这是科学认识的生态学途径，或科学的生态学思维，即运用生态系
统整体性观点认识现实事物，揭示各种事物和现象相互联系和发展变化
的规律性，从而认识和解决现实世界的种种问题。"[①] 从以上的表述可
以清晰地看出，生态学世界观就是把生态学规律上升为一般哲学方法论
的哲学，它的理论来源就是生态学科学的发展。而我们今天所说的绿色
世界观不仅是对古代希腊有机论自然观，以及中国古代"天人合一"
绿色思想的辩证吸收，而且还是在后现代科学及复杂性科学基础之上形
成的一种新的世界观，是对现代世界机械简单性思维范式的扬弃，它也

---

① 余谋昌：《生态哲学》，陕西人民教育出版社 2000 年版，第 33—34 页。

崇尚整体性思维，但是是在分析思维基础上的整体思维，它看待世界是整体有机性、生成性、和谐共生性、协同进化性。因此，绿色世界观更有利于现代人类生存问题的解决。

但是，绿色世界观与生态学世界观又有某种程度的交叉联系。这是因为人类社会从某种意义上来说本身就是生态世界的一个部分。因此，绿色世界观与生态学世界观的区别只是在某种相对的意义上而言的。

二　绿色世界观的特征

（一）原始关联性

整个宇宙苍生存在着一种隐秘的、内在的原始关联性。这也是无论是西方还是东方古老哲学所坚持的世界有机性的最原初的根据。西方文明的先贤亚里士多德的目的因以及古老中国的"天人合一"，无不是遵循着世界的原始关联性原则。原始关联性即是："生命与生命、事物与事物、星球与星球、人与人之间始终存在一种预成的原始关联性。这种原始关联性，使世界构成整体变成现实；也使生命构成生命成为现实。"① 如果说古代的哲学家们关于世界原始关联性论述是一种没有科学根据的臆测的话，那么绿色理论所倡导的世界的原始关联性，则是在复杂性科学证明基础上的对古代绿色思想的扬弃。这种绿色特征所强调的是整体包含个体，个体蕴涵着整体，是一个全息的过程。人就更是这个充满活力的自然世界的特定产物了。因此，人类要想健康地生活在这个宇宙中，维护自然家园是人类的天然责任。

（二）整体性

世界是具有原初关联性的，因此，世界从一开始就是一个整体。现代以来的分析还原式思维方式，是人类本身看待世界的一种方式或者方法，是一个时间的产物，而不是世界本身就是分离的不相联系的离散结构。整体性思维方式是将世界的原初关联性在科学支撑的基础上还原到它本来的面目。将世界视为一个整体，用一种整体性的研究方法来看待世界，而不是人为地离散世界。这种方式力在激活内在的结构与功能的活性因子，将事物的内在关系性视为研究事物的第一个要素，而这种关系性研究是以整体为第一位的，其次才是事物之间的局部研究。这种整

---

① 唐代兴：《生态理性哲学导论》，北京大学出版社 2005 年版，前言第 22 页。

体性方法的目的是使人与人之间、人与社会之间、人与自然之间、人与宇宙之间、事物与事物之间不断呈现一种系统化的动态与和谐的结构特征。绿色世界观与机械性世界观相比，它不强调界限分明的主—客二分，而强调事物的相互联系、相互依赖和相互作用的整体性，它将认识的对象视为系统整体，从整体的角度研究事物内在的有机联系及其发展变化，它注重网络的非线性关系和循环运动。绿色世界观将世界视为 N 维网络化的关系性与过程性实体，否认整体等于部分之和的机械性观念，它认为部分的性质是由整体的动力学性质决定的，系统是由内在各要素之间非线性相互作用而形成的有机整体。

（三）有机生成性

"世界是生命化的世界，自然是生命化的自然，所有的事物、全部的物，都是生命化的存在者，都存在生命。""因为世界是生命的，所以才可能说世界是物质的。世界的物质性的根本前提是世界的生命化。"① 这种生命化的物质世界是一个有机生成的世界。这种有机性与古代建立在个体感官基础上的有机性不同，它是建立在科学发展基础上的有机性思维。这种有机性思维肯定世界的有机性，并将有机性理解为生命、物质为适应环境所具有的自组织、自调节、自适应的能力，并将整个世界看作是一个自然系统与社会系统相互作用、协调发展的有机整体。有机性的整体必然是一个不断生成与发展的过程。绿色世界观从自组织演化理论出发，把世界看成是一个自组织演化的运动过程。不同层次的事物以及它们之间的关系是在一种统一演化的过程之中生成的。是实体性、关系性与过程性的统一。人、社会、生态、自然、宇宙形成了一种自组织的 N 维网络化的、关系性的动态演变生成过程。

（四）和谐共生性

和谐，意味着和睦相处，谐平共生，"和"与"谐"二字看似有共义，实则有分义，"和"有"和面"之意，意即"面对面"商讨、议事、谈判；而"谐"具有"糅合"之意。意即"谐调"、"统一"、"共处"。②

何谓共生？共生原本是一个生物学概念。一百多年前，德国生物学

---

① 唐代兴：《生态理性哲学导论》，北京大学出版社 2005 年版，前言第 22 页。

② 《什么是和谐共生》，http：//www. fundfund. cn/news_ 2008316_ 34784. htm。

家首次提出："共生是不同生物密切生活在一起。"现代生态学把整个地球看作一个大的生态系统——生物圈。生物圈内，各个种类生物间及其与外界环境间，通过能量转换和物质循环密切联系起来，[①] 即"共生"。共生一词在英文或是希腊文，字面意义就是「共同」和「生活」。在共生关系中，一方为另一方提供有利于继续生存下去的帮助，同时也能获得对方的帮助，彼此相互协助，达到共同生存下去的目的。人类生活到今天，其实也是与地球上物质共生的结果。没有共生现象，地球也不可能出现生命现象，更不可能出现今天这样发达的人类社会。复杂性科学群的兴起从某些方面证明了整个地球就是一个巨大的和谐共生有机体。但是自现代社会以来，由于科技的发达，人类有陷入逐步遗忘自然之根的危险，盲目无节制破坏自然，导致人类在地球上的"单生"现象，物种减少，生活环境逐步恶劣。绿色世界观强调人与人之间、人与社会之间、人与生态之间、人与自然之间，甚至人与宇宙之间的和谐共生。特别是人与自然之间的和谐共生。力图扭转现代以来人为破坏自然的"单生"现象。

（五）协同进化性

现代协同论认为物种系统是一个多种复杂关系的非线性耦合高度复杂的协同系统。其基本思想是在生命和非生命的开放系统内的各个系统，当它们处在一定的条件下时，就会通过非线性的相互作用而产生协同作用和相干效应，在一定范围内，当涨落达到一定的临界点，就可以通过自组织而使系统旧的结构在时间、空间、性质、功能等诸方面发生变化，产生新的有序结构。[②] 从而推进世界的发展进步。哈肯说：事实上大自然过程是牙嗑牙似的紧密联系着。大自然是一个高度复杂的协同体系。绿色世界观与机械论世界观所认为的人类中心主义的价值取向不同，绿色世界观认为整个世界是一个协同进化的过程，人类在这个进化的过程中与生命物质与非生命物质，与社会、生态圈、自然界、宇宙苍生是一个协同进化的过程，并且在这个协同进化的过程中，能够引导他们进入一种良性循环的发展境地，而不是现代以来的恶性发展的困境。

---

① 洪黎民：《共生概念发展的历史、现状及展望》，《中国微生态学杂志》1996 年第 4 期，第 50—54 页。

② ［德］哈肯·H. 高：《协同学》，科学出版社 1989 年版，第 5—6 页。

三 绿色世界观

绿色世界观是一种理性世界观，它是一种超越现代机械论理性世界观的新型世界观。"理性是一种进化的现象，而不是像老的理性主义者认为的那样以连续的和线性的方式进步，而是以突变和深刻地重组的方式进步。"① 人类文明的进步永远靠科学进步的支撑，当代科学范式由简单性范式向复杂性科学范式的转换本身就意味着人类文明范式的转换。而理性是科学发展的核心。"我们的时代所要求的社会的变革被证明是与理性的自我超越分不开的"。②

人类社会从古至今经历了古代的农业文明、现代的工业文明及即将出现的后工业文明三个文明形态。在三个文明形态的背后都有着科学的有力支撑。见图3－2。

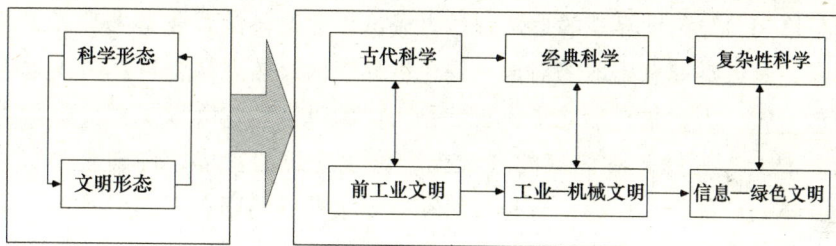

图3－2 "科学发展与文明转换"关系图

在复杂性科学支撑下的绿色世界观具体表现为以下几个方面：

第一，绿色世界观的元哲学。与以往任何一种哲学不同，绿色世界观不再把哲学看成是以征服自然为目的的世界观和方法论，而是把哲学看成是协调人与人、人与社会、人与自然、人与宇宙苍生的关系以求共同生存与发展的观念体系。它是在借鉴了古代西方有机论哲学精华的基础上，同时吸收了古代中国"天人合一"思想的精髓，以复杂性科学为基础的适应时代发展的新的世界观。也是信息文明时代的世界观。

第二，绿色世界观的本体论。绿色世界观的本体论强调关系性，是

---

① ［法］埃德加·莫兰：《复杂思想：自觉的科学》，陈一状译，北京大学出版社2001年版，第128—129页。

② 同上书，第131页。

关系性与实体性的合体。由于机械论世界观对自然界的过度忽视，这种世界观将人与自然的和谐共生与协同进化关系视为最基本的关系。强调人与自然的原始关联性，同时将人与人、人与社会、人与生态环境、人与自然之间的关系视为一个有机生成的整体。

第三，绿色世界观的认识论。与传统的主客二分的认识论不同，绿色世界观的认识论不再推崇主体与客体的对立，不再为人类征服和掠夺自然提供论据。他崇尚一种多主体论，是一种主体间性。它给自然以人同等的权利，在承认人具有的内在价值的同时，也承认自然存在同样的内在价值。因此，自然不再是人类认识及改造的对象，而是与人类共生存的、与人类平等的无人格的主体。它是没有客体的认识论，与自然的关系是你中有我，我中有你的主体间性。它强调人与自然之间关系的重新审视和平等对话。不再是机械论世界观所强调的绝对的征服与控制，而是互为生存前提的共生体。

第四，绿色世界观的自然观。机械论哲学把自然看成是人类征服的对象，是人类肆意索取的对象。绿色世界观的自然观认为自然是人类生存的家园，人类是自然之子，自然是人类的母亲。它吸取了古代中国道家的"天人一体"和儒家的"天人合德"思想的精华，将自然看作人类身体的一部分，认为自身是自然家园健康发展的守护者和引领者。因此，绿色自然观有三个要点：其一，自然是人的生境；其二，自然具有与人同等的生存权利；其三，人作为自然界最具有灵性的生物，负有看护自然的责任和使命。

第五，绿色世界观的科技观。机械论哲学发展科技的目的是为了人类利益而绞杀自然，把自然作为人类生存的对立面加以控制和征服。认为自然界是一个没有生命与活力及内在价值的资料库，人类凭借科学技术可以任意掠夺。而绿色世界观的科技观不再把科学技术看成是人类为了自己生存而绞杀自然的工具。绿色科技观将科学技术看成协调人与自然关系，使人与自然和谐共生、协同进化的工具。它更看重人类对自然家园的维护与看守，促进自然家园的健康发展，而不是肆意地践踏。

第六，绿色世界观的人学理论。机械论世界观认为人类是世界的统治者，是世界的中心，形成了绝对的"人类中心主义"价值观念。把人看成是自然的统治者与征服者，认为人类有征服自然的优越性和合理性，导致了人与自然关系的异化，同时人也成为异化的"人"。绿色世界观认为人是自然的产物，人来自于自然，最终也回归自然，人与自然具有天然的内在关联性。人作为地球上最有灵性的生物，是能够自觉地协调好人与自然的关系的。

第七，绿色世界观的社会观。以往哲学把社会都看作是人类为征服自然而结成的群体，这种群体是为与自然抗衡以及占有和征服自然服务的。绿色世界观认为，人类社会是人类为与自然和谐共生、协同进化而形成的契约性组织。在这种社会中，作为组织领导者的国家不再是征服自然的领导者，而是促进自然健康发展，有利于人与自然、人与社会、人与人之间关系良好发展的协调者。

本章小结

现代以来的机械论世界观的形成是全球性环境及生态问题产生的最深层次原因，本章回顾了古代西方的有机论思想，分析了古老东方文明发源地中国的"天人合一"等人与自然整体有机的绿色思想。梳理了机械论世界观发展的基本脉络。说明了时代的发展已经到了一个岔路口上，后现代理论为新的世界观的出现奠定了文化上的基础，复杂性科学的出现是对现代以来的简单性科学的批判式继承，也是对机械论世界观提出的挑战。在古代西方有机论及古老东方"天人合一"等绿色思想的基础上，本章又吸取了建设性后现代主义的合理成分，以复杂性科学为奠基，提出了适应新世纪绿色信息文明发展的绿色理论——绿色整体有机论。它具有原始关联性、整体有机性、和谐共生性、协同进化性等特征。它是现代以来的机械论世界观的反叛，是具有中国特色的新理论。

第四章　绿色视角下现代大学存在的问题

　　人们现在一般关心的重点，实际上主要在于文艺复兴之后，特别是笛卡尔所开创的近代哲学以来西方资本主义社会的思想与文化。这种思想与文化的特性，被许多后现代主义者称为"现代性"（Modernity）。它的核心就是机械论的哲学世界观和人类中心主义的价值取向。当今世界的方方面面无不是在这种思想和文化的影响之下建立起来的，政治、经济、文化、科学体系等等。包括真正成体系的、具有现代管理水平的高等教育系统也同样是在这种思想和文化的影响下，在工业化大机器经济发展的潮流中形成的。

　　用21世纪的绿色文明来审视现代机械文明观影响下的高等教育，软环境方面存在着人才培养的"扁平化和单向度"化；学科发展的过度细化；科层制管理结构对大学学术系统的窒息；高校校园文化的过度功利化的倾向等问题。而硬环境方面存在的问题是显而易见的，它与当今的全球性环境与生态问题有着某种共同的外在表现，我们对硬环境问题的具体分析，将在文章的第六部分进行，这里我们主要描述的是软环境存在的问题。软环境存在的问题实际上是人们思想观念存在的问题，思想观念决定着人们的行为，行为的结果表现为外在形式。如果不能及时地对这些问题进行纠偏，即使再好的环境政策法规都难以在现实社会得到有效的贯彻。这也是当今社会为什么"环境问题"治理效果缓慢而难以得到大众重视的原因之一。下面就现代以来，机械性工业文明观对高等教育的影响及在这种培养方式下，人对自然环境的掠夺及人与人之间关系的异化的必然性，做一简要的叙述。

第一节 "单向度"的人才培养

"单向度"的人，是西方马克思主义者马尔库塞对西方工业化社会过程中，人被机器化生产流水线所控制，从而失去了反思和批判能力的人的描述。本书的这个指称是指在中国目前工业化和后工业信息化社会二合一并进的过程中，教育系统所出现的一种不正常的特殊现象。即教育培养出来的大多数人不是一个物质、精神、信仰三维立体全面发展的人，而是一个只关注工具和手段，从而迷失了生存意义的"单面人"。因此，在文章中称之为"单向度的人"。这种人也没有反思和批判的能力，是因为他们只注重能为他们带来实际利益的科学和技术知识的学习，成为名副其实的专业主义者；为了获得实际的利益，过分注重工具和手段，工具理性高扬，忽略了甚至是根本遗失了价值理性，从而成为一个单向度的工具理性人；由于专业学科的过分细化，从而导致他所学知识的过度狭窄，成为一个单向度的知识人。

一 工具理性的过度张扬

"'工具理性'的概念是法兰克福学派用于批判西方现代大众文化的一个用语。意指如何把手段有效地用于目的。这一概念可以追溯及伽利略，他认为亚里士多德的本性概念毫无用处——既然对于终极原因一无所知，那么不如悬置运动的终极原因，而只遵循现实存在的数学关系。"[①] 在这种思维方式的影响下，自然界的目的因很正当地就被人们排斥在研究的视野之外，世界成为了一个"祛魅"的过程。从 15 世纪开始，科学理性逐渐演变为工具理性，即单纯追求外在的物质转化关系，放弃了人类对世界的某些深刻的意蕴和终极意义的追求，其结果是物质的不断丰富以精神的日趋衰落为代价。这种工具理性的价值观经过西方世界物质财富的极度集聚，转而成为一种世界性的趋势，突出地表现在经济领域。经过了经济大潮的蔓延，这种工具理性的价值追求渗透到了社会的方方面面，甚至渗透到了日常的大众文化之中。"物质的躯

---

① 段一：《"工具理性"与当下中国电影》，《电影艺术》2006 年第 4 期，第 118、119 页。

壳压过了精神的诗意"，"在'工具理性'的大纛下，就是电影生产所追求的也只是为商业符号增加'品牌'的价值，美学的追求逐渐异化为对大众欲望的'迎合'，而大众则在所谓的电影艺术中丧失了审美的鉴赏力，进而形成了把大众变成无法区别雅与俗、美与丑而仅仅充当消费机构之零部件的恶性循环"。①

"早期的启蒙精神中包含两种理性：一是要求天赋人权、实现自由平等的人文理性；二是主张科学进步、征服自然的工具理性。两种理性各自所代表的自由与科学，社会公正与自然秩序是并行不悖的。也就是，作为目的的理性，即实现人的自由解放的人文理性，与作为手段的理性，即推进科学进步、社会发展的工具理性是相一致的。"② 但是，随着西方工业化过程的发展，这两种理性之间的平衡被彻底打破。人们转而片面追求以获取物质利益为主的工具理性，完全放弃了科学建立之初的科学精神；同时在狂热的追求工具理性的过程中，导致了现代社会的全面异化，价值理性也就是人文理性被完全地驱逐出境。虽然马克思、卢梭、尼采等一大批哲学家为了挽救现代这种异化了的人类社会做出了种种努力，但是，这种"茧式"化发展的现代社会依然是在亦步亦趋地走向它的反面。

启蒙早期的思想家们为人类社会的发展绘制了一幅美丽的蓝图，工具理性作为手段，价值理性作为目的，这样的两轮战车足以将人类带到理想的福地。"作为人类理性重要内容的工具理性，是通过精确计算和程序设计的方法追求限定目标，是以手段、工具崇拜和技术至上为生存目标的价值观，所以，工具理性又叫'功效理性'或'效率理性'。因具有精确性、现实性和实用性等特点，工具理性很容易演化成反对或排斥价值理性、固执于'目的与手段倒置'的程序和形式。人类社会的发展离不开工具理性的进步与完善，甚至在某种意义上，工具理性成为现代社会文明程度的重要标志，是人的理性趋于成熟的重要指标。应该说，现代人的物质生活水平的提高、政治参与的深度和广度，以及享受

---

① 段一：《"工具理性"与当下中国电影》，《电影艺术》2006年第4期，第118、119页。

② 许平、朱晓罕：《一场改变了一切的虚假革命》，上海人民出版社2004年版，第15页。

大众文化的消遣都离不开工具理性所提供的便利。"① 韦伯对工具理性的解释是：它是一种强调手段的合适性和有效性而不管目的恰当与否的理性。卢卡奇则认为，工具理性强调一种数学上的可计算性、逻辑上的形式化和机械上的可操作性，是"建立在被计算和能被计算基础上的合理化原则"② "这种理性发展的必然结果就是，人类控制自然的能力大大提高，但思想情操和生活意义却处于衰落之中，真与善日益远离，知识与德性渐趋分离。"③

"而价值理性则是一种人性化的诉求，是人为实现以自身的权利为核心的价值追求。换句话说，人类值得珍视与追求的价值归根结底乃是以人为目的、以人为本的。"④ 也就是马克思所倡导的以维护人的尊严、追求人的自由与解放为目标的人类社会。只是在西方世界现代化的过程中，过度地注重和宣扬了工具理性，导致了价值理性的遗失。从而使人类现代化的过程异化为一个以手段代替目的的倒置过程。

同样的，在世界逐步"祛魅"的过程中产生的高等教育也没有逃脱这种"祛魅"化过程的影响，与科学发展同步建立起来的高等教育体系也受到这种思想的深刻影响。因此，在教育过程中，工具理性的过度影响也是一个顺应潮流发展的自然而然的过程。

现代教育中，"被重视的只是教育的工具价值，被提高的只是教育的工具性作用，被看好的只是教育所带来的经济效益及个人社会地位的提升。除此之外，教育便没有了立足之地，没有了任何发言权，没有了理论的依据"，教育不使人成人，而为物⑤。教育承担着教化的重任，人不仅仅是物质性的动物，同时还是精神性的存在，有高于动物的属人的本性，那就是作为人的精神性。这种物化的教育本身就是一种不符合人类本性的异化教育，和古代中国与西方中世纪的过度重视人的精神性，从而忽略人的科学性一样，割裂了人的物质性与精神性的整体存

---

① 张彭松：《"现代性"道德之隐忧及其哲学反思》，《天津社会科学》2009 年第 4 期，第 38—42 页。

② ［德］卢卡奇：《历史和阶级意识》，张西平译，重庆出版社 1989 年版，第 147 页。

③ 赵文力：《从工具理性的宰制看儒家伦理思想的现代意义》，《道德与文明》2008 年第 4 期，第 64—67 页。

④ 陈嘉明：《"理性化"或是"人性化"——中国现代性问题的一点思考》，《文史哲》2009 年第 4 期第 313 卷，第 139—143 页。

⑤ 郝德永：《课程与文化：一个后现代的检视》，教育科学出版社 2002 年版，第 265 页。

在。正如我国当代哲学家高清海教授所指出："人是不会满足于生命支配的本能生活的，总要利用这种自然的生命去创造生活的价值和意义。人之为'人'的本质，应该说就是一种意义性存在、价值性实体。人的生存和生活如果失去意义的引导、成为'无意义的存在'，那就与动物的生存没有两样，这是人们不堪忍受的。"①

"我们认为教育不但承担着'为学'的任务，教学生掌握'何以为生'的知识与本领，更是对'为道'的追求，教学生进行'为何而生'的思考。"② 但是，现代社会的教育，特别是高等教育，培养出来的大部分人才已经没有反思和考虑"为何而生"的余地，在工具理性大潮的浸染下，他们只是为了文凭而来，毕业之后，奔向福利好、待遇好、挣钱多的工作而去，无暇顾及"人为何而生"这样的高深问题。雅斯贝尔斯言，"教育是人的灵魂的教育，而非理智知识和认识的堆集……谁要是把自己单纯地局限于学习和认知上，即便是他的学习能力非常强，那他的灵魂也是匮乏而不健全。"③ 但是，现代高等教育在工具理性价值观的影响下，恰恰是培养了堆集了满脑的征服与开发自然环境知识，为获得更多的实际利益而学习知识的人。因此他们的灵魂是匮乏和不健全的，从而导致了现代人类社会的异化和生态问题的严重泛化。这些问题的产生，也是现代社会发展的必然逻辑。

在工具理性的影响下，很多学生学习知识只是为了得到他们想得到的文凭和学历。"用尼采的说法，他的头脑作了别人思想的跑马场，让别人的思想骏马蹂躏一番。"④ "在现代技术文明的社会中，不能不令人感到教育已经成了实利的下贱侍女，成了追逐欲望的工具。"⑤

教育过分追求功效和利益，进而被当作追逐利益的工具。工具性教育把人培养成工具，注重的是教育的外在价值，是一种"螺丝钉教

① 高清海：《人就是"人"》，辽宁人民出版社 2001 年版，第 213 页。
② 宋学欣：《"为学"与"为道"：教育的终极关怀辨》，《基础教育》2009 年第 6 期第 7 卷，第 3—6 页。
③ ［德］雅斯贝尔斯：《什么是教育》，邹进译，生活·读书·新知三联书店 1991 年版，第 4 页。
④ 宋学欣：《"为学"与"为道"：教育的终极关怀辨》，《基础教育》2009 年第 6 期第 7 卷，第 3—6 页。
⑤ ［英］汤因比、［日］池田大作：《展望 21 世纪——汤因比与池田大作对话录》，荀春生等译，国际文化出版公司 1985 年版，第 61 页。

育"。在现实的教育中，我们不去思考怎样使孩子成为一个完整的人，只关心应教他什么技术，以致使他们成为只关心物质财富生产世界中的一颗光滑耐用的齿轮。教育的功利化，确实给人类带来了一定的享受和丰厚的物质利益，但却同时也把人类推向了一个深渊，它造成了人的异化，心灵的空虚，道德的堕落，精神家园坍塌了，以致人性丧失。人成为自己所创造的物质财富的奴隶，只具有形而下物性和兽性，而没有形而上精神性。①

美国科学家赫尔伯特·豪普特曼（H. A. Hauptman）认为："我们今天正在以非常危险的速度向着充满不确定性的未来而奔跑……一方面是闪电般前进的科学和技术；另一方面是冰川式融化的人类的精神态度和行为方式——如果以世纪为单位来测量的话。科学和良心之间、技术和道德行为之间的这种不平衡冲突已经到了如此地步：它们如果不以有力的手段尽快地加以解决的话，即使毁灭不了这个星球本身，也会危机整个人类的生存。"② 教育的功利化远离了教育的终极价值，导致了教育中人性的缺失，使教育培养的人只会对外界进行掠夺和占有而缺乏对自身进行追问和反思，失掉了一半的人性，就失掉了一半的教育。③

"今天在大学和技术学院则渗透着：无休止地招收学生，增加所谓必需的讲座和练习，像填鸭般地用那些诸如形而下之'器'繁荣东西，塞满学生的头脑，而对本真存在之'道'却一再失落而不顾，这无疑阻挡了学生通向自由精神之通衢。"④ 高等教育领域内对工具理性的过度尊崇，导致了价值理性的遗失，从而使高等教育培养出来的大部分人才只有征服自然的科技能力，而失去了作为人应该具有的精神性、道德性，出现了深度的信仰危机。他们崇尚的只是能带来实利的知识，从而遗忘了作为人所真正应该具有的精神性。在这种思想观念下培养出来的人，只是具有"工具理性"的功利人，从而成为一个"单向度"发展

---

① 宋学欣：《"为学"与"为道"：教育的终极关怀辨》，《基础教育》2009 年第 6 期第 7 卷，第 3—6 页。

② ［美］保罗·库尔兹编：《21 世纪的人道主义》，肖峰译，东方出版社 1998 年版，第 2—3 页。

③ 宋学欣：《"为学"与"为道"：教育的终极关怀辨》，《基础教育》2009 年第 6 期第 7 卷，第 3—6 页。

④ ［德］雅斯贝尔斯：《什么是教育》，邹进译，生活·读书·新知三联书店 1991 年版，第 33 页。

的异化人，遗忘了人类的最终目的是人自身的全面自由发展。

二 教学过程中对"人"的遗忘

教学是教育的核心体现，古代中国的教学基本上指代教育，只是在清朝末期以后，一些留洋的爱国教育家才从日本将"教育"这个词汇引进到了中国。教育成立的基础是教学，是教授学生如何获取知识、如何学习、如何生活的一门艺术。这种理念无论是在古代的中国还是西方文明的发源地——古希腊，都有明确的体现。

中世纪的大学采用的是一种教授知识和辩驳相结合的教授方式。当时的教授内容是以基督教的教义为核心的。从某种程度上说也是一种德性的教化教育。也是以人的道德品质的培养为主。但是，当时由于过度注重了德性的教化教育，以至于发展成了后续的对人性摧残、异化为纯粹的道德宗教教条，扼杀了人性，窒息了人的生活。这与中国封建社会末期的教育有着极其相似的地方。

无论是古代西方的高等教育抑或是古代中国的高等教育，虽然注重了人的精神性发展，道德品质的培养，但都阻碍了人的全面发展。由于过度注重精神层面的发展，无法得到物质的有利支撑，这种纯粹的精神追求导致了人类精神世界的全面异化。人类社会的发展过程其实就是一个"茧式化"的发展过程，正如库恩的范式转换一样，也如黑格尔的"正—反—合"，马克思的"辩证的否定"。事物发展到了一定的阶段，必然走向他的反面。现代工业化社会所倡导的高等教育又极度的倡导人类对于自然环境的征服力量，过度的重视人的工具手段和能力。在教学的过程之中只注重学生知识的获得，从而忽视了学生作为一个物质与精神存在的共同体所应具备的精神性。从而走上了与古代中国和古代西方高等教育相反的路径。

（一）教学目的的功利性

在这种教学方式中，学习者不是人性丰富的主体，而是一种以对待"物"的方式被对待的占有式工具。由于受现代机械论世界观的影响，人被作为一种单子式的个体来对待，人与人之间的关系都是一种外在的物与物之间的关系，人不被看成是一个精神与物质存在的合体。而是一种机器零部件式的组合关系。在教学过程中，学生只是为了获得某种关于外部世界的知识，教师是权威，是知识的所有者，学生是存储罐，是知识的存储者。在这样的思想观念的影响下，教案是规定好的，知识是固定的不容置疑的，教师是绝对权威不容侵犯的。教学的目的是为经济发展培养人才，这种人才适应了现代工业化大机器生产的要求，为现代经济发展贡献力量。而现代经济发展的基础是无止境地向自然索取资源，导致人类社会目前的生态环境危机。更为主要的是，这种向自然资源无限度索取的现代文明模式，导致了人自身的异化发展。致使人类社会的恶性循环，人性的变异导致了生态环境的恶化，生态环境的恶化进一步导致人类社会的变异。因此，现代的灰色工业文明已经走到了它发展的极限，人类社会应该出现新的文明范式，那就是21世纪的绿色文明范式。

（二）师生关系的功能性

古希腊三贤人之一柏拉图开办的学园，采用的是一种自由讨论式教学方式，师生之间可以自由的探讨各种问题。中世纪大学采用的教学方式是教授与辩驳相结合的方式。中国古代的大教育家孔子的教学方式也是与学生的对话，在对话中启发诱导学生发现知识、增加知识。及至工业革命之后，为了提高效率，实行了班级授课制，目的是适应工业化经济发展对人才的大量需要。这种授课方式在提高人才培养的效率，促进人类文明的快速提高方面确实发挥了很大的优势。

但是，这种授课方式在现代的二元对立思想、分析还原方法论的影响下及现代知识确证性的氛围中，已经越来越不能为学生的健康发展提供条件。由于人类物质文明即科学技术的发展，人口越来越多，班级授课的情况下，一个班级的学生很多，而教师只有一个，学生与教师的自由讨论很难成立；受教师权威思想的影响，大部分学生也没有勇气来质疑教师；由于工具理性的影响和功利化思想的浸染，人与人之间关系的功利化和工具手段模式的利用，很多教师认为讲课是他们的本分，至于下课以后的学生如何学习就与他们没有关系了。现代工业化文明模式下，大部分教师与学生的关系只是一种外在的单子式机械模式。更多地是为了完成教学大纲所规定的任务，为了获得工资养家糊口。这种功能性的师生关系，很难体现教学的教育性。教学生如何学都很难实现，更何况是教学生"为何生"这样的高深问题。在这种功利性思想的影响下，很多教师也很难有时间去深度思考"何以教"和"为何教"这样的问题。在这种关系中，教学只是教师和学生为了各自目的而尚可接受的一种手段性活动，而无法成为师生真实生活过程的构成性要素。

（三）教学内容的狭隘性

这种狭隘性体现为一是学科分类的过度细化，二是高等教育实践课程的形式化。随着科学的发展和社会分工的细致，高校的学科专业化程度越来越高，而且课程的设置也逐渐以专业为主，形成了条块分割的高校课程体系。学文的不学理工类的课程，学理的不看文科类书籍。发展到后来，就是一个学科下面的不同专业也各自分离。课程的设置也是以专业为中心，不同专业的课程没有任何交叉和跨越。这种以学科和专业设置为中心的课程体系，优点是提高了效率，为社会发展输送了急需的人才。缺点是这种方式下培养出来的人由于知识面的过度狭隘化，缺乏宏观的视界，形成了单向度片面化的发展，对于生态环境问题的解决缺乏全局性的意识和观念。受科学主义和实证主义的影响，那些偏理工和实证的学科受到青睐，而一些人文社会类的学科和专业受到冷落。就是在高校教师层等一部分研究者看来，人文社科类专业根本称不上是科学，因而在日常的教学和研究过程也被轻视和边缘化。这样就形成了人才培养过程中的科学知识过度中心化，人文知识逐步边缘化的单向度知识发展。从而培养出来的人也是科学知识发达，人文精神萎缩的跛足现代巨人。这种人能对自然进行无情的征伐与开采，却对人类本身缺乏应有的人文关怀，对现代人类社会问题的形成负有不可推卸的责任。

（四）教学方式的"形式化"

由于现代以来知识的确证性，导致了高校大部分教师在教学过程中，按照固定的教学大纲，过于依赖课本，照本宣科。实际并没有按照洪堡所提倡的教学与科教相结合，科研促教学，教学促科研的方式来进行教学。恰恰相反，而是教学与科研分离，科研与教学不相关联。导致了目前相当一部分高校教学与科研的深度矛盾。特别是现代信息技术的发展，教育技术成为课堂上教师必备的教学手段，很多教师过于依赖这些现代化的技术，从而遗失了作为教师所应具备的教育性和引领性。有些教师在倡导课堂对话教学的过程中，管理失控，完全演绎成学生自身的自说自话，完全失去了作为启发式教学的作用。课堂的教学也就是教师教，学生记，学生的目的是拿学分，教师的目的是灌输教学大纲所规定的知识。正如弗洛姆所描绘的："学生们只会用心地听课，记住老师讲的每一句话，从而理解它们的逻辑结构与意义，并尽量一字不漏地把它们记在活页笔记本上，以便以后他们记住这些笔记，顺利通过考试……他们不需要产生和创造任何新的东西。"① 这种方式下教育出来的学生是有心无脑，无力反思与创新的单向度发展的非正常人。

三　过度分化的学科专业化

学科的产生和发展是一个历史的范畴，它是西方世界所特有的"逻辑思维"方式发展到一定程度的产物。随着西方世界工业化革命的全球发展趋势，而成为现当代世界高等教育的共相。"马克思说过'哲学是时代精神的精华'，张曙光教授说哲学的使命和功能之一就是给所有的科学研究提供原话语、元假设，是一切学科研究的共同的、也是隐藏不露的'元点'和'基石'。知识范式的确立及其转变就是由哲学提供的'元话语'、'元假设'及其改变而必然导致的。"② 肇始于西方社会的机械文明所崇尚的是机械论世界观，它由笛卡尔的二元对立思想及他的"我思故我在"的，高举"我思"的人本主义理念为核心，开始了现代哲学的认识论转向。再加上伽利略、培根的实验实证方法，牛顿力学世界的建立。这种哲学世界观和哲学方法论适应了工业时代以来的潮流，在这种哲学世界观指导下的现代科学，所向披靡，为人类认识自然、征服自然、开发自然提供了有力的工具和武器。现代高等教育学科建立的基础是现代科学，而现代科学的发展是在现代机械论世界观的指导下建立发展起来的。现代工业社会机械论世界观是现代高等教育学科产生、发展的基础。因此，学科的发展向度和最终作用也是有利于工业化机械文明的。

"在中国，'学科'与'科学'，字同序不同，似乎有着词源上的关联。"③ 中国的学科是近代以来，外国列强入侵所强迫带来的舶来品。那时候，中国还没有土生土长的、既适合本国国情又适合工业文明发展的学科，甚至连一所像样的现代大学都没有。因此，中国教育的学科是

① 参见黄颂杰编《弗洛姆著作精选——人性·社会·拯救》，上海人民出版社1989年版。

② 杨杏芳著：《大学教学制度改革的文化反思》，南京师范大学出版社2006年版，第120页。

③ 万力维：《控制与分等——大学学科制度的权力逻辑》，南京师范大学出版社2005年版。

特殊背景下发展起来的，有着特殊的历史条件。但是，却又与世界高等教育的学科发展有着相同的历史渊源。

（一）现代科学基础上的现代学科发展

"学科是科学的分门别类，学科框架很显然是和科学紧密联系在一起的……有什么样形态的科学，就有什么样的学科框架。""当科学把世界看成是可以分割的机械时，那么学科就可以沿着切割线把世界分成不同的部分，学科的对象之间就是完全可以相区分的"①。随着现代科学的深入发展，对世界领域的划分也越来越精细，研究也越来越深入。因此，学科范围的划分也越来越小，形成了相互阻隔的趋势。又由于社会经济领域对高校人才的需求，因此，从社会对人才需求的角度看，各个学科领域又分成不同专业。学科是就科学发展对知识的划分而言的；而专业则是高校从社会对人才需要的角度而言的。它们有着相同的渊源。由于机械论世界观和分析还原式的科学方法论在自然领域所取得的巨大成功，这种方式也同样被推广到了社会领域，最为典型的就是孔德社会学的建立和心理学的出现。学科和专业也在这个过程之中，被分化成了各个独立的互相不再有任何联系的单位实体。参与这些学科和专业研究的专业人员所应用的也是各个学科和专业所具有的独特方法。这种学科的过度分化和专业的过度发展，在现代工业社会开始的早期，确实为社会的发展提高了效率，为现代工业化世界提供了大批的高级人才，推动了人类社会的急速前进。但是，无论是自然世界还是人类社会毕竟都是一个相互联系的有机整体，即使人类社会的出现也是自然世界发展到一定阶段的产物，与自然世界有着某种天然的原始关联性。现代世界以来的这种学科和专业的过度划分，割裂了本是一体的人类社会，同时也割断了人类的自然之根。由于对人本身也采用了机械分割式方式，将人看作是一个个独立的单子式个体，导致人类精神世界的极度贫瘠，人类社会出现了大面积的精神信仰危机。同时，在这种方式下培养出来的所谓"高级专门人才"促进了人类社会的单向度发展，对自然环境进行了无意识的极度破坏也是情理之中的必然。

可以说，现代机械论世界观和分析还原式的思维方式，作为一种宏观的"范式"，已经渗透到了人类社会生活的方方面面，从而"主宰"

---

① 刘小强：《学科建设：元视角的考察》，厦门大学高等教育科研所2008届博士论文。

着人、社会和人类的社会秩序，并且通过教育（广义的教育，包括学校教育和校外教育）将其主要的理念和精神灌输给了人，最终形塑了人。在这其中，学科和专业无疑起到了最大的作用，因为学科和专业是高等教育得以成立的骨架。

（二）中国专业化发展的由来

"知识专门化的标志是近代科学体系的形成，天文学、物理学、化学、生物学以及历史学、经济学、社会学、政治学等先后从古代综合的知识体系中分化出来，有了自己特定的研究对象，形成了自身独特的研究方法，这使得它们逐渐发展成为成熟的学科。但是，这些成熟的学科进入到大学，从根本上改变大学传统的知识组织形式，还是经历了一个漫长的过程。应该说，一直到19世纪，当学科和专业间的界限变得越来越明显时，中世纪大学对知识和课程的组织方式再也无法适应知识发展水平，大学才不得不开始以专门化的形式研究和讲授知识。"①

虽然"基督教神学仍在大学中占据举足轻重的地位，但是在某些国家的某些高等教育机构中，神学已不再是影响大学课程设置的唯一支配性因素。某些近代人文、社会甚至自然学科的知识也渐渐渗透于大学课程内容之中。诚然，亚里士多德和托马斯·阿奎那的学说仍然是各国大学课程设置和组织教学的理论支柱，但是，他们的观点已明显地受到来自培根、笛卡尔、牛顿等近代哲学家和科学家学说的挑战。"②

众所周知，中国的现代教育是舶来品，中国在清朝以前的高等教育几乎是以"人"的教化为最终目的，比较注重人的道德伦理的培养和塑造。真正的现代教育是在清朝末年外国侵略者大举入侵，为了抵御外侵者而不得不进行的教育改革。在新中国成立之前的旧中国高等教育，主要是以模仿欧美的高等教育体制，倡导的是一种通才教育，高等教育的专业分化程度还不是特别明显。新中国成立后，为了提高我国的工业化程度，高等教育体系进行了彻底的改革，完全放弃了欧美的通才教育模式，转而采纳了前苏联的高度专业化模式。

全国进行了大规模的院系大调整。旧中国的高等学校仿效欧美模

---

① 林蕙青：《高等学校学科专业结构调整研究》，厦门大学高等教育科研所2006届博士论文。

② 黄福涛：《外国高等教育史》，上海教育出版社2003年版，第121页。

式，只有院、系，不设专业，并以综合大学为主，文科所占比例偏多，工科学校和系科设置较少。1952 年院校调整前，全国 211 所高校中，高等工业学校和高等工业专科学校总计 33 所，占总数的 15%；农林院校 17 所，占总数的 8%；师范院校 12 所，占总数的 6%。新中国成立初期，全国高等学校在校生不足 12 万人，其中文科（财经、师范、外语）4.3 万多人，法科 7300 多人，两者合计约占当时在校学生总数的二分之一，而各类工科在校生加在一起才 3 万人，占 20% 多。① 1953 年初，工科院校设置专业百余种，涉及地质、矿业、动力、冶金、机械、电机、电器仪器、无线电技术、化工、粮食食品、轻工、测绘水文、土木建筑工程、运输、通信、军工等 15 大类；到 1954 年，工科类专业已达到 137 种，1957 年时更达到 183 种。② 调整后的学科体系，工业专业划分更细。比如原来交通大学设置的机械系，调整后扩展为机械制造系、动力机构制造系、运输起重机制造系。而机械制造系内又分设机械制造工艺、金属切削机床及其工具设备、金相热处理及其车间设备、铸造机械及铸造工艺、金工、铸工、热处理、金工工具等 9 个专业；动力机械制造系内部设置汽车制造、内燃机制造、涡轮机制造、锅炉制造、蒸汽动力机械制造等 5 个专业；运输起重机机械制造系内设起重运输机及其设备、蒸汽机车制造、车辆制造等 3 个专业。这就意味着原来一个机械系在院校调整后变成了 17 个专业。③

　　"总之，1952—1978 年的突出特点是建立起了制度化的专业教育人才培养模式。其中，1952 年开始的全国性院系调整和高等学校教学改革，对之前的'通才'教育思想作了全盘否定，给通识教育带来的是'毁灭性'的打击。院系调整使学科齐全的综合性大学不复存在，93% 的大学成为专门学院和工业学校，大大削弱了学科相互渗透和相互交叉的可能，客观上消除了开展'通识教育'的学科环境和校园文化氛围。以专业设置为中心的教学改革，则进一步确立和强化了'专才教育'的权威地位。以至后来'专业'一词在中国的大学里，不仅指学科知识的分类、培养学生的各个专门领域，而且成为由学生、教师以及经

---

① 《中国教育年鉴》（1949—1981），中国大百科全书出版社 1982 年版，第 249 页。

② 教育部高等教育司内部统计资料，转引自林蕙青《高等学校学科专业结构调整研究》，厦门大学高等教育科研所 2006 届博士论文。

③ 同上。

费、实验室、仪器设备等组成的利益实体。中国的高等教育从教育理念、教学内容到学科专业结构、教学组织形式、人才培养模式开始逐步向专才教育方向发展，通识教育作为一种教育理念和人才培养模式几乎'销声匿迹'。如果说还有一点'通识教育内容'的话，就是数、理、化等自然科学基础课和政治、外语等公共基础课。"① 到了现在，虽然国家对于这种过度专业化的高等教育局面进行了调整，但是这种注重理工科，不重视通才教育的现象在我国高等教育领域仍然很严重。

（三）学科专业化过度发展的缺陷

学科专业化的出现在工业化的早期确实为现代人类社会的发展做出了巨大的贡献。这种以效率为主，为社会各个方面的发展提供适切人才的高等教育方式备受人类社会的青睐。随着人类社会的急速发展，由于过度地学科专业的分化，这种方式也导致了教育过程中对人性的割裂，培养出了不健全的人；以至于现代社会中充斥了有知识无文化，有脑无心的工具人。他们的知识只是为现代的掠夺自然而服务，他们的效率只是为更迅速地征服自然而服务。这种纯粹为物质财富的积累而工作的人才，由于过度地重视物质积累而忽略了作为人本身应具备的精神性和高尚性，导致了人类本身的变异，人不是立体的人，从而退化为物质取向的"单向度的人"。

1. 工具化教育而非全人教育

专业化教育的目的是培养社会发展所需要的工具，而不是"教育"，是"教"而不是"育"。教是教人学会某些技能，从而在社会上获得一技之能，获得养家糊口的本事，而不是某种高尚的情操、美好的品德、坚定不移的信仰。只有在"教"的基础上的"育"，才能培育出真正具有人类所具备的人的品性，从而成为一个真正的大写的"人"。如果说古代人类的教育是"德性"教育，以培养精神层次高，有道德的人为主要任务，那么，现代工业化社会以来的教育特别是高等教育则是以培养工业化社会所需要的工具人为主。这方面集中体现在现代以来高等教育的学科专业的过度分化。过度分化的专业教育是与工业化社会发展的需要密切联系的，专业的划分是为了适应社会化大分工，要提高经济发展的效率。而这种专业化发展的实质是以实证知识为主，是以科

---

① 庞海勺著：《通识教育——困境与希望》，北京理工大学出版社 2009 年版，第 57 页。

学知识为目的。

人之所以称之为"人",不仅因为人具有从外界获取物质的能力,而且人还具备其他动物所不具备的精神要求。而现代工业化社会以来的专业化教育过分强调了教育的实用性,通过这种教育方式培养出来的人过分关注自身在现实社会中所获取的实际利益,将人类本身所具备的精神性完全转移到物质的需求上,从而违背了人之为人的原则。

2. "工匠"教育,违背了大学教育的宗旨

大学在它产生之初,其宗旨就是培养精神完备的高级人才。无论是古希腊苏格拉底的"知识即德性"、柏拉图"善"的理念,还是古代中国的德性化教育都是为了培养具备德性,精神高尚的人才。及至欧洲中世纪,现代大学的开端,也同样是将德性作为大学教育的第一要旨。大学是"象牙塔",是人类智慧的集结地,同时还是人类社会发展的思想阵营,是人类精神发展的灯塔。这是大学区别于其他层次教育的最为明显的特征之一。爱因斯坦也曾指出:"用专业知识教育人是不够的。通过专业教育,他可能成为一种有用的机器,但是不能成为一个全面发展的人。要使学生对价值有所理解并产生热烈的激情,那是最基本的。他必须获得对美和道德上的善的鲜明的辨别力。"① 现代工业化社会以来过度专业化的教育,虽然为工业化社会的发展提供了急需的人才,为人类的发展做出了不可磨灭的贡献。"但这种知识的组织方式却被某些学者认为是当前面临的环境、生态、可持续发展问题的原因之一。"②

随着人类逐渐进入后现代信息化社会,无论是科学还是经济领域都产生出一种趋向——社会越来越走向综合,这表现在科学、经济、社会、哲学等各个方面。而工业化社会以来的这种过分专业化的发展却导致了现实社会中很多高级人才知识的单面化,狭窄化。他们虽然能成为某一方面的专家,却不是未来人类社会所需要的人才。过度分化的专才教育虽然能教育出某个领域的专家和能手,但是却不能培养出具有世界眼光的人类巨匠。他们顶多只能算是某个领域的巧匠,而不能称为通才。

---

① 《爱因斯坦文集》第 3 卷,商务印书馆 1979 年版。

② R. Warren Flint etc, Interdisciplinary education in sustainability: links in secondary and high education International Journal of Sustainability in Higher Education, 2000, Vol. 1, No. 2.

3. 使学生成为实利主义者

高等教育的学科划分是随着科学的发展而发展，而专业的划分却是经济社会的需要，因为只有高等教育的学科与社会经济发展的需要切合，高等教育才能更好地促进社会的发展。从某一角度看，这也是高等教育促进社会发展所必需的，本也无可厚非。但是随着工业化社会的发展，高等教育中的理工科更适合工业化经济发展的需要，而且能更快地产生实际的效益，因而受到现代工业社会的欢迎。而一些从长远的发展来看，虽能产生很大的实际效益，但在当前却很难带来实际效益的学科专业受到了冷落，从而导致了大学之中学生学习的功利化目的。因为有些专业在社会中比较好就业，而且能给他们带来丰厚的实利。特别是在中国，古代的学子们寒窗苦读十年的目的是入仕，万千学子们涌入科考只是为了奔向"学而优则仕"的目标。同样地，现代经济化社会中的莘莘学子上大学就是为了那一纸文凭，目的是毕业后找到一份满意的工作，获取丰厚的福利待遇。为了这一目的，上大学的神圣目标早已被遗忘殆尽。有的只是在考大学时，如何选择学校，选择了学校以后，又如何选择能获取高的福利待遇的专业。实用主义充斥大学，更有机会主义者，其目的是获取一纸文凭，不管采取何种手段。结果优于过程。

4. 使教职员的精神远离了大学

现代大学里的很多教授，越来越讲究实际的效益。专业化的教育在使学生产生实用主义和机会主义的同时，教职员工也不例外。就像网上流传的那句"教授摇唇鼓舌，四处赚钱，越来越像商人；商人现身讲坛，著书立说，越来越像教授。"

在专业化的社会里，只有具备专业能力的教师才被人重视和尊敬。某些教师一方面为了自身的专业发展不停地给自己充电；另一方面为了在社会上获取实际的利益，又不停地在外赢取各种横向项目的机会。他们既没有将纽曼所讲的大学理想记在心里，履行做为一个大学教师的基本职责；也没有将德国教育家洪堡的"教学与科研相统一"理念贯彻到实际教学生涯中。而"服务社会"理念的贯彻大部分是为了获取实际的利益。现代大学的专业化教育使大学的很多教职员工的精神指向远离了大学。

5. 导致了专业之间的阻隔

过度分化的学科专业化导致了大学之中专业之间的相互孤立，这种相互孤立现象的出现，一方面是由于科学发展导致的；另一方面是由于在大学之中，学者为了维护自身的学术利益而人为制造的隔离。他们为了提高自身专业的档次，形成自身专业的独特性，抬高专业的门槛，特别地制造了本专业所需的专业标准、本专业独有的专业词汇、本专业独有的研究方法和考核的专门标准。而不具备这些的学者就不能称之为具备某个专业的能力，从而不能被这个专业所接受和承认。

这种狭隘的专业性导致了"某一领域内的专业人员不能和其他领域专业人员相互沟通的现象很普遍；另外，从经济角度看，专业主义的局限性表现在一种职业内部专门化会使一个原本流动的世界变得僵化，人们很难在不同行业、不同组织之间流动。"[1] 从而丧失了专业本应包含的完整性和丰富性，遗失了知识在原初意蕴中的统一性和人类认识世界的整体性。

6. 使大学教育沦为一种残缺的教育

"教育之伟大源于人之伟大，而且，教育之伟大惟有在它能使人更伟大时才能更明显地显示出来"[2] 教育的伟大之处是使人的心灵得到陶冶，精神得到净化，而不是成为社会发展的工具和器皿。蔡元培先生在其《教育独立议》中写道："教育是帮助被教育的人，给他能发展自己的能力，完成他的人格，于人类文化上能尽一分子的责任；不是把被教育的人造成一种特别器具，给抱有他种目的的人去应用。"从古代大学的萌芽到现代大学的真正建立，大学的宗旨始终是使人成为人，而不是成为社会发展的工具和器皿。然而，现代工业化社会以来，高等教育中的专业化过度发展却导致了现代大学遗忘了教育的这个根本宗旨，重视了作为人的技能的教授，而大部分地忽视了教育对人的心灵的训练和德性的养成。

"专门化的科学方法的好处是最大限度的精密性和准确性。但是，正如我们所看到的，专业主义作为一种教育的力量具有它的局限性，即它通常并不提供学生关于总体的关系。"这种只见树木不见森林式的教育方式，只能教育出心灵割裂的异化人。以培养健全的"通才"为目的的大学也在不经意间沦落为残缺的教育。

---

① 李曼丽：《中国大学通识教育理念及制度的构建反思：1995—2005》，《北京大学教育评论》2006 年第 3 期，第 86—99 页。

② 李小兵：《我在，我思——世纪之交的文化与哲学》，东方出版社 1996 年版，第 50 页。

第二节 行政化的科层制组织结构

大学的主要任务是人才培养，而组织管理是人才培养得以顺利实施的保障。组织结构是组织管理得以成立的先决条件，有什么样的组织结构决定着组织管理的性质。众所周知，现代大学起源于中世纪大学。中世纪大学的组织结构是一种松散的非正式的"行会"性质，是由一群自由学者组成的学者联合体，目的是高深知识的探讨和研究。由于那时大学规模的有限性，还没有出现现代社会所谓的管理阶层。及至工业化革命后，随着社会对人才的大量需求，大学的规模在急剧扩大，人数在不断增多，这样，专门的管理阶层便开始出现。与中世纪封建社会的发展速度相比，现代工业化大机器生产更重注效率和产量。为了提高效率，增加社会生产的有效性，现代社会以来倡导一种科层制的组织结构。这种组织结构与现代社会以来对精密性、有效性的强调是同步的。大学为了适应社会对人才的迫切需求，也同样地不可避免地采用了这种组织管理方式。

一 科层制的过度泛化

科层制组织管理方式是社会学家马克斯·韦伯提出的一种经典的官僚体制管理方式，在这种管理体制中，以精确性、稳定性、纪律性、严谨性和可信性，以及在对一切对象的可计算性上，都可以达到技术上完善的程度。也就是说，科层制的管理按客观标准来看，在功能方面是严格合理的，它作为客观的服务机构和管理机构，排除了一切人格化的因素，不带有任何个性化色彩，而仅仅奉行法律程序和公务原则。在工业社会的大机器时代，这种管理体制有力地促进了社会的发展和进步。

高校组织结构是由中世纪的大学的组织结构发展变化而来。从逻辑与历史的角度来审视，中世纪大学的出现一开始是一些学者为了研究的目的而形成的一种自由联合体，他们以行会的形式组成，目的是互助和自保。随着现代工业社会的发展，大学在社会发展中起着越来越重要的作用，大学中专门的管理人员和管理阶层开始出现。并且，这种专门的管理人员和管理阶层随着大工业社会的继续发展在大学组织中占有越来越重要的地位。于是，大学的组织结构开始由起初的专门性学术团体转变为学术与行政权力互为牵制的交叉耦合式结构。科层制在大学组织结构中起着越来越重要的作用。只是由于各个国家的文化背景的差异性，而导致大学的组织结构中学术与行政权力的不同组合形式。

中国大学组织结构的发展，从历史与逻辑的角度看，并不是统一的。这就形成了中国大学组织结构的历史特殊性。从逻辑上看，现代高等教育的出现及发展应是大机器工业社会发展的必然结果，应体现学术发展的自由性，而中国没有经过这种工业化革命的历史时期，更不可能体现这种特性。从历史的角度看，中国现代高等教育的发展是在近代特殊的历史背景下，在洋人坚船利剑的威逼之下，为兴国利民而被迫引进的。在当时的半殖民地半封建时代，整个高等教育的组织结构带有浓重的半封建半殖民色彩。新中国成立后，我国对旧社会的大学组织结构进行了彻底的改革，但在计划经济时代，整个高等教育组织结构带有很严重的行政化倾向。虽然改革开放后，中国对大学的组织结构形式作了一系列的适应市场经济形式的变革，但在实际的操作过程中，仍然存在行政权力过分泛化，科层制结构严重，限制了学术研究的自由性。

这种科层制组织结构的过度泛化，导致了这种组织结构已经严重危害了学术个体的健康发展；从学术组织自身的小生境来看，科层制已经对学术组织造成严重伤害，将影响学术生态的正常发展；从社会环境的角度看，科层制的过度严重化已经影响到大学对社会环境的推动作用，无法使大学与社会形成一个良好的互动机制；从与生态和自然之间的关系看，大学组织结构的过度科层化，将不利于大学对生态及自然环境保护观念的传播。同时，大学组织结构从历史与逻辑的角度看应是科研、教学、行政与后勤系统的相互耦合的松散结构，过度的科层化管理导致四个系统权力的不平衡分布，从而影响大学组织的健康发展。

二　单一化的趋势

纵观中国大学发展历程，中国大学的组织结构一直存在着形式单一化的严重弊病。新中国成立之前，清政府为了更好地控制西洋式大学，在学校的高层次管理部门，总不免要设立监督管理机构，以控制大学的管理和发展方向。新中国成立后的计划经济体制下，形势单一的弊病更是突出。随着我国的经济体制改革，市场化步伐的加快，大学组织结构形式单一化的局面虽然改变了许多，但是总体来看，单一化局面仍然严重。

首先这种单一化的组织形式不适合人自身小生境的发展，同时也不适合大学组织小生境的发展。从人自身发展的小生境来看，大学组织形式应符合人自身的感性与理性综合交互作用的特点；从大学组织自身的小生境看，应根据科研型、教学型、教学科研型及科研教学型大学来组织不同的大学组织形式；在不同的社会环境、生态及自然环境的背景下，大学组织的形式应呈现不同的特色。特别是在我国，东、西、中部经济发展、文化背景差别很大，生态、自然环境显著不同；中心城市与边远的小城市从社会环境到生态、自然环境的差异巨大等问题来看，更是需要大学组织形式的多样化。动态开放性、整体联系性是大学组织形式变化的最主要特点。只有这样，才能符合大学组织形式的绿色发展。

三 僵硬化的形式

科层制组织结构的长期存在，最终的结果必然是组织结构的僵硬化。科层制组织结构强调严格的组织制度、非人化的管理方法、科层等级分明，在工业化的初期，由于技术普遍落后，观念陈旧，这种组织管理方式对于工业化的发展还有一定的促进作用。但是，这种组织方式过于强调组织中人的理性因素，从而忽视了人的非理性能力，导致组织中的人成为大机器生产中的零部件。随着现代社会的发展，这种组织结构越来越暴露出它的僵硬化、不灵活的缺陷。

这种组织结构形式，崇尚工具主义的价值观，把人作为社会生产的工具，忽视人本身的内在价值，从而导致现代社会人自身的异化。在这种僵硬化、封闭性的组织结构里，大学很难使自身的学术活动和科研活动获得一种开放的、灵活的生命性。导致大学人本性的缺失，从而使中国大学的发展有陷入窘境的危险。

第三节　现代工业灰色文明对校园文化的影响

一 功利性校园文化的趋势

由于工具理性的过度张扬，"经济人"的培养理念，导致了现代社会中大学校园文化的功利性倾向十分严重。大学管理层次渐次严重的高度科层制，目的即是提高效率，而进入现代社会以来的学科的过度细化以及课程设置及教学过程的设计无不是与这种功利化的目的相关联。"生长并传播教育的教育之地,现在有最功利的企图,没有比这更跛足短视的不幸。"①

(一) 功利性校园文化的表现

这种功利化倾向首先表现在教师文化中,即教师不是以教人育德为目的,很多教师在大学中是因为大学的福利好、社会地位高,甚至一些教授为了物质利益而走向社会成为实际的商人。在大学科研项目的申请中,竞争的激烈程度非外人可想,一些教师是为了评上更高一级的职称,而另外一些教师则是为了项目基金的获取才拼命地拉关系走后门。洪堡时期教学与科研相统一的新人文思想在现代社会大学发展过程中几乎被完全的功利化了。很多教师的科研再也不是为了追求科学精神,而是为了现实社会中的实利,他们已经完全转变为一种实利主义者,韩愈所说的"师者,所以传道,解惑"的精神在现代经济化社会中几乎被遗失殆尽。

在这种功利性文化的影响下,大学生再也不是过去人们所称之为的"天之骄子",他们进学校的大多数目的是得到一份好的工作,考试的目的是"不挂科",从一些顺口溜中可以看出校园文化的功利性倾向。一则"新陋室铭"透视出大学生活的娱乐化、思维的商业化、价值的现实化——"分不在高,及格就行,学不在深,作弊则灵。斯是教室,唯吾闲情,游戏传得快,女孩换得勤;琢磨谈恋爱,寻思打扑克,可以打瞌睡,观窗景。无诗书之乱耳,无学习之劳神,虽非跳舞场,堪比游戏厅,心里云:混张文凭"。

在学术领域最为突出和明显的就是学术论文的抄袭现象严重,这是现代功利性文化在高校校园的最直接体现。教师评职称需要文章,学生考试需要文章,甚至一些学生为了毕业后能找到好一点的工作也需要文章。众所周知,好文章的写作和发表是需要一定的时间周期的。但是在现代社会中,大学的教师和学生为了达到现实的功利性目的,有的人一年能写几十篇文章,写文章的速度让人惊恐不及。这样的最终结果就是文章抄袭现象严重,真正的创新的东西很少。近年出现的某些典型事

---

① 鲁枢元:《猞猁言说——关于文学、精神、生态的思考》,社会科学文献出版社2001年版,前言第5页。

例，无不是现代经济社会这种功利化倾向的现实写照。

在这种功利性文化的影响下，校园的文化活动也体现出了功利性的趋势。一些大学的校园活动是为了某些商家的赞助而做的文艺活动，在这样的情况下的文化活动不免带有庸俗化的倾向。一些活动就带有明显的商家销售宣传的性质，导致某些大学文化的低俗及庸俗化倾向明显。

（二）功利性校园文化的根源

功利主义价值观的影响。现代大学校园文化的功利化倾向，与文艺复兴以来密尔、边沁的功利主义思想有着深刻的渊源。功利主义（Utilitarianism）伦理学产生于 18 世纪末 19 世纪初的英国。在 17 世纪英国资产阶级革命时期，其基本思想就已经见诸哲学家培根和霍布斯等人著作中了，后经 18 世纪洛克、孟德威尔、休谟和斯密等思想家的进一步发展，由英国哲学家边沁和密尔正式形成了系统的功利主义学说。① 功利主义形成于资本主义由自由走向垄断的历史阶段，在这一阶段，"利益被提升为人的统治者。""人与人之间的一切关系（个人的或国家的），都被归纳为商业关系，或者换句话说，财产、物成了世界的统治者。"② 功利主义在行为的动机与效果关系的问题上，认为只有行为的效果才是唯一值得重视的，任何行为包括道德行为都不过是主体实现功利目的的手段而已。"道德工具化"是功利主义伦理思想最重要的特征。受西方这种功利主义思潮的影响，我国大学校园文化也有一种功利化的倾向。

多元文化及其价值观的影响。当今世界正在进入后现代信息化社会，受经济全球化的影响，各种西方文化思潮不断地冲击中国的大学校园，对大学校园文化产生了严重的影响。西方自现代以来，对个人主义就特别地强调与崇拜，个人主义至上。由于大学是以大学生为主的群体，青年人对新鲜事物的好奇及叛逆心理的存在，使这种西方的多元化文化思潮也成为青年盲目追求的目标，以此标榜自身的个性及特色。

科学主义的倾向。现代社会自文艺复兴、启蒙运动以来，人类相信人本身的理性，人类每一个领域的高度发展都离不开科学。特别是人类的经济领域，在科学的支持下获得了飞速的发展。在科学为人类发展做

---

① 　王润生：《西方功利主义伦理学》，中国社会科学出版社 1986 年版。

② 　《马克思恩格斯全集》（卷 1），人民出版社 1995 年版。

出巨大贡献的同时，人们也同时认为只有科学的东西才是最有价值的东西。这种科学主义的价值取向经过后来的原子实证主义和逻辑经验实证主义的推动，演变成了今天的科学主义。他们认为除了能够精确化的可以被检验的知识有价值之外，其他的一切知识都没有价值。在这种思维方式的影响下，现代社会极力崇拜一些可以被量化和验证的符合科学主义标准的学科。因此，理工科被人们极力推荐，而人文学科则被人们彻底地边缘化，更不要提人文精神的发扬了。这种思维方式强调一种手段—目的的行为方式，强调事物的结果重于事物发展的过程。人们为了得到一种自己满意的结果就会不惜一切手段达到自身的目的。这种思维方式导致了人自身小生境的异化，同时也导致了人类社会的扭曲，更是现代社会大规模的自然与生态环境问题的根源。这也是导致现代大学校园文化功利性倾向的一个主要原因。

（三）功利性校园文化的危害

功利性校园文化的第一个危害是人的工具化。文化的本意是引导人们过一种有德性的生活。教育本是使人追求美好生活，在某种层面上说是一种精神领域的净化与升华，绝不止于感官的幸福和欲望满足之后产生的快感。由于现代校园文化的媚俗和功利化，在现代的大工业生产条件下，它日益成为经济的附庸，成为实利的下贱卑女，成为追逐欲望的工具，人越来越成为实现目的的工具，而人自身内在的目的性几乎已经被遗忘殆尽了。教育特别是高等教育由此有变成一种适应性教育，一种引导人片面追求利益的教育的危险倾向。在这个过程中，我们很难看到对人的整体精神性的培养。在这样的发展背景下，必然导致把求教者看作一种为了达到某种经济利益的手段和工具，从而丧失了人之为人的内在价值和品行，没有了作为人本身的那种尊严。人也不再是一个完整的人，而是逐渐干瘪为纯粹客观物质性的存在。这种功利性的文化最后导致的是人自身小生境的异化，人的生理与心理状态的扭曲，人越来越成为现代疯人院里的成品。在这种方式下培养出来的人才，进入社会后能成为社会健康良性发展的个体因素吗？很难。并且可能导致整个社会风气的更加功利化和异化，导致整个社会中人对财富的无限贪婪，那么，目前的有限的环境政策就能缓解人类目前的环境与生态危机吗？恐怕很难。

对大学精神的损害。大学精神的本质是批判精神、创新精神及社会关怀精神。而目前大学校园文化的功利化倾向对大学精神有着极强的腐蚀和软化作用。由于功利性文化的影响，目前大部分大学生几乎已经完全失去了对社会的批判精神，他们对此做出最大的反应是对社会上一些物质性的、功利性事物的无限追逐。"五四"运动的社会批判精神与他们的现实生活已经毫无关系，他们现实所期待的就是找到一份福利待遇更高的、舒适的、时下社会人人羡慕的工作。特别是大学实行产业制后，很多大学本身将自身的经济利益的获得看得比大学理念、大学精神更为重要，大学本身的这些做法也是导致大学生功利化倾向的一个重要原因。而从中世纪大学出现以来的关于大学所应具有的批判精神也在这种物质化、金钱化过程中流失。而大学的批判精神是大学得以存在的精神根据，一所大学如果失去了批判精神就已有可能沦为现实社会、经济的卑女，完全为现实的经济社会发展服务，失去了作为社会发展的精神引导力量，这样大学就失去了其本身合理存在的必要性。

由于功利性校园文化的广泛流行，对大学的创新精神形成了很大的冲击。人们只是一味地追求现实的物质利益及由此带来的其他好处，将大学的创新精神抛之脑后。创新是一个非常艰辛的过程，而且需要一个与之相适应的文化氛围。德国洪堡在创立柏林大学期间，所提出的教学与科研相统一的新人文主义思想对创新研究的发展起到了很大的作用，就因为当时人们的理性主义文化取向为当时的这种学术及科研的气氛创造了很好的文化氛围。而目前在我国部分高校所流行的功利性校园文化，却成为大学创新精神发展的最大阻力。目前大学排行榜中，其中论文发表的数量及期刊的级别是衡量大学发展程度的一个极重要的指标。这在某种程度上也造成了某些大学为了取得排行榜上名次的前位，迫使教师、学生发表更多、期刊级别更高文章的现象，在时间短、条件不成熟的情况下，创新性研究成果很难形成，出现抄袭的情况就在所难免。因此，过度功利性的校园文化对大学创新精神来说是一剂毒药，对大学创新精神的发展具有某种湮灭的危险。

大学作为社会大系统的一个小系统，对社会的发展起到了无限推动的作用，人们更是将大学的功用称为"社会的轴心机构"。它说明大学在当今社会发展过程中所起到的巨大作用，也说明这种作用是任何其他机构所无法替代的。大学自它出现以来，就具有对社会发展的关怀精神。这种功利性校园文化的发展，使大学不再关注社会的公平与公正，有时甚至成为这种不公平及不公正的帮手，因为在这种功利性校园文化的影响下，某些高校本身存在着自身的内在潜规则，从一年一度的高校招生出现的某些怪现象就可见一斑。现代大学的功利性校园文化对大学的社会关怀精神起到了最大的腐蚀作用。

对自然资源的所谓"正当"开采。在这种功利性文化的熏陶下，那些走出高校大门，进入社会的莘莘学子，就会为了自身的最大利益而工作或是为了最大利益而生活。现代世界大规模的环境与生态危机的发展就在所难免的。虽然国家反复重申了环保法令及条例，但一些企业还是不顾法律及条令的规定，对自然环境还是不断的破坏及污染。说白了，如果没有巨大的经济利益在里面，他们也不会甘冒天下之大不韪。虽然，目前全球性的生态及环境问题的出现是多方面的因素造成的，但与现代社会以来高等教育的人才培养方式及这种功利性校园文化的发展不无关系。

二　大众文化的冲击

（一）"大众文化"概念的解读

大众文化，形象地说是现代大众文化，特指工业革命以来，随着西方工业化发展而生成的一种适应工业化社会经济生产的文化形式。大众文化是西方马克思主义法兰克福学派对现代社会以来，西方工业文明所带来的文化形式的一种特指。他们有本雅明、霍克海默、阿多诺等。英国的新马克思主义学派的霍加特、威廉斯、霍尔等也对当代的大众文化有很深入的研究，可以说学派的产生就是因研究大众文化而来的，也因此成为当代大众文化研究的奠基者。

对于大众文化国内有很多不同的观点，有人认为大众文化有利于文化的平民化；也有人认为大众文化是工业化社会的产物，是为促进工业消费，进而促进工业生产服务的；还有人认为大众文化的对立面是主流文化和精英文化，而不是贵族文化。大众文化与媒介文化有一种相互包含的关系，大众文化是媒介文化的形态范畴，媒介文化是大众文化的主要传播形式。至于大众文化与流行文化之间的关系，学者陶东风说得好，"流行文化是一个广义的概念，它的形态经历了历史的变化。在现代工商业社会以前，就已经存在各种各样的流行文化，其重要的形态是民间文化，比如民间传说、民间戏曲说唱、民歌等；而现代大众文化则是以现代传媒为手段、以商业为主要目的的文化形态，是社会工业化、都市化、商业化和技术化的产物。"① 国内文化界对待大众文化的态度也大多持批判的态度，与早期的西方法兰克福学派是一脉相承的，如陈刚、金元浦等。

发展至今，大众文化尚未形成一个公认的概念。本书认为，学者金元浦先生给出的定义更确切些，"我们今天所说的大众文化是一个特定范畴，它主要是指兴起于当代都市的，与当代大工业密切相关的，主要以全球化的现代传媒（特别是电子传媒）为介质而大批量生产的当代文化形态，是处于消费时代或准消费时代的，由消费意识形态来筹划、引导大众的，它采取时尚化运作方式的当代文化消费形态，是现代工业和市场经济充分发展后的产物。"②

因此，大众文化所体现的是大工业时代的文化场景。大众文化遵循商品化的原则，目的是为促进工业化商品销售而服务。它同以往时代文化形态的显著区别是它的商品性和消费性特征。大众文化更注重自下而上的审美情趣和意旨，注重感官娱乐性和消遣性。因而它具有商品性、消费性、感官娱乐性、复制性、平面性等特征。诱使大众追捧，促进商品消费，适应了工业化时代人们的物质追求。

（二）大众文化的冲击

大众文化是随着工业化社会的发展，伴随着商品化、都市化而出现的文化形态。商业价值和大众传媒的结合使大众文化具有了压倒一切的优势，逐渐占据了现代文化的中心市场，成为工业化社会的文化新景观。这种文化借助工业化时代发达的工业技术，不断粗糙地批量生产与大量复制，能为文化商人带来丰厚的可观的利润，也在短时间内为大众带来了大批量的可供娱乐与消费的文化快餐。正如麦当劳及工业化流水生产线上的产品一样，它可以迅速地、在短时间内提供给人们最可口的文化食品。于是模仿和复制替代了想象与灵感，一切都在流行化的过程中被平面化和"去深化"了。正如费斯克所说的，"大众文化文本是被使用、被消费、被弃置的，因为其功能在于，它们是使意义和快感在社

---

① 陶东风：《文化研究：西方与中国》，北京师范大学出版社2002年版，第61页。

② 金元浦：《定义大众文化》，《中国社会科学》2000年第6期。

会中加以流通的中介。作为对象本身，它们是贫乏的。"① 为达到促进消费，促进生产，盈利之目的，大众文化"刻意追求娱乐性、休闲性、刺激性、火爆性，以提高上座率、收视率、发行量、畅销度，对于官能快感、原始欲望和自然冲动表现出过度纵容和曲意迎合的态度"。② 这就使得大众文化呈现出浅薄、粗陋、萎靡不振、去精神化、媚俗等格调不高、庸俗的特点。这种文化导致了大众的一种没有神圣、没有权威、嬉戏一切，玩世不恭的文化心态。人们对经典不再怀有敬仰之情，经典也被大众文化演绎成了人们日常生活的一道美味佐料而已。这种文化长期流行的结果就是人们放弃了理想和道德的追求，丧失了现实的责任感和道义感，从而使认知理性和道德理性有被淹灭的危险。

如果说大众文化相对应的是日常生活和普通大众的话，那么丰富多彩的大众文化文本穿梭于大学校园，而且风靡一时，则显露了"象牙塔"教育的缺憾。大学校园的大众文化热表现在大学生群体对于大众文化的迷恋程度上。强烈的热衷折射出大学生对于大众文化的非理性、狂热的消费理念。其中，大学校园"明星热"与校园中网络化的大众文化"快餐"最为经典。娱乐明星或体育明星走进大学校园，成为学子们追捧的对象，而且也成为他们日后效仿的"楷模"。

如果说，大众文化给文化诉求相对较低的普通大众带来了接近文化或亲近文化的机会，那么随着它长驱直入高校，它给大学应有的文化状态所带来的影响却更多是负面的。

（三）大众文化的负面影响

1. 腐蚀大学的批判能力

大众文化的广泛流行，虽然对文化的普及起到了一定的推动作用。然而由于大众文化取向的西式化和低俗化，这种文化严重地削弱了大学生的批判能力，扰乱了大学生的价值判断能力。使大学生在现实生活中表现为政治价值取向正在走向边缘化、经济价值取向正在走向功利化、人生价值取向正在走向享乐化、审美价值取向正在走向感性化、信仰价值取向正在走向拜星化。

---

① ［美］约翰·费斯克：《理解大众文化》，王晓珏、宋伟杰译，中央编译出版 2001 年版，第 149 页。

② 许文郁：《大众文化批评》，首都师范大学出版社 2002 年版，第 80 页。

　　大学是象牙塔，是人类高尚文化的传播地和诞生地。大学的责任和使命就是为人类培养具有崇高精神的高层次人才。然而，现实中的大众文化，将一些低俗的文化作为大众所喜欢的文化肆意进行推广和传播，校园内的文化活动几乎都以这种大众文化的形式流传。大学生的业余活动也被这种所谓的大众文化所渗透，无论是从大学生的服装还是装扮，还是话语之中的流行昵语无不与当下流行的大众文化有关。这种低俗的文化方式，降低了大学生的思想层次，使他们失去了判断是非的能力，只要大家喜欢的就是最好的。大学是传播高深学问的地方，是人类知识的集结地和创造地，只有具备深刻的反思和批判能力，才能够肩负起如此的使命，然而，大众文化的长驱直入有导致大学庸俗化发展的危险。

　　2. 削弱了大学对社会的人文关怀能力

　　人文关怀就是对人的生存状况的关怀、对人的尊严与符合人性的生活条件的肯定，对人类的解放与自由的追求。一句话，人文关怀就是关注人的生存与发展。就是关心人、爱护人、尊重人。是社会文明进步的标志，是人类自觉意识提高的反映。然而，工业化社会以来，由于功利主义的影响，与人们生活、生命价值息息相关的文化越来越商品化、庸俗化、去思想化，变成了商业经济的附庸。这种文化使人们失去了独立思考的可能，在色彩缤纷的商业广告的迷惑下，丧失了个人独立的判断和审美能力，从而也就失去了大众对社会的关注能力，迷失在物质商品的无尽诱惑之中；同时在这种文化的侵染下，人们同样地失去了对于社会大众真实生活的观照能力，被那种表面物质繁华所蒙蔽，以为人类已经进入了一个人人都梦寐以求的"大同"世界。然而，现实世界中的战争、贫困、饥饿却时时出现在人们的面前。但是，沉浸在大众文化欢愉中的人们却似乎已经忘记了世上还存在着这些困难。尤其是大学校园。大学是以大学精神的存在而被世人所仰望。然而，被大众文化所渲染的目前的大学校园，却流行着各种各样的娱乐明星的"粉丝"。他们可以说着某些个今年的流行俚语，关注着今年流行的服饰样式和花色，欣赏着新推出的某个影视大片，却很难从这种色彩缤纷的世界中把眼光转入现实之中的人类生活，反思某种社会现象的根源，关心某些社会底层人的日常生活。也失去了作为一个当代社会大学生所应肩负的历史使命。在欣赏某些大片的同时，也将目光锁定了那种奢华的生活方式。不再认为大学的青年应为人类谋取福利。恰恰相反，他们上大学的目的是获取一份舒适的工作，得到高的福利待遇，好让自己过上影视文化所宣传的那种"舒适生活"，完全遗忘了作为当代大学生所肩负的历史责任和使命。

3. 弱化大学的创新能力

有学者在谈到文化理想时指出："人类生活中需要某种消遣。但是，问题在于假如把消遣当成文化，或者给予低级文化较高的精神地位和社会待遇，这种低级文化就会无限度地扩张侵蚀掉人类精神，使人类精神失去创造力而萎缩成自然反应。"① 现代社会的大众文化是商品经济发展过程中的必然趋势，本来是商业化社会中大众的一种文化消遣，但在现实发展的过程却被某些所谓的"文人"追捧为现代社会的"主流文化"，大有取代精英文化的趋势。

当今世界是一个创新的世界，没有创新的国家很快就会落后，就会挨打。而一个国家的创新能力的源泉主要是大学。创新是大学的灵魂。人们无法想象一个没有创新能力的大学如何存在于世，如何保持一个大学的特有本色。

然而，在大众文化渲染下的大学，却在文化划一和整齐化的过程中，存在有逐渐失去创新能力的可能性。在大众文化的渲染下，沉溺于感官享受的大学生失去了创新意识也是不足为奇的。那种规格统一化，思想贫乏化，剧情夸张化的大众影视文化，使人们在享受到足够的感官大餐之后，迅速地失去了自我反思的能力，从而沉浸在一种虚无的快乐和亢奋之中，不知不觉地削弱了个体的创新意识。在长期的没有创新意识的情况下也很难获得一种稳定的创新思维，使大脑处于一种浅层的没有反思与批判能力的状况。没有养成自觉的创新思维也就很难形成一种创新的技能去践行。那么，在大众文化的喧闹声中，大学也将逐渐地、在不知不觉之中，失去了自身的创新能力，失去了作为大学本身应具有的特色和精神意蕴。

"高等教育一味地迎合社会上的各色各样的需求，几乎未加选择地接受了色彩斑斓的'流行文化'。高等学校成了社会大众文化'跑马场'，它非但没有发挥对社会文化的批判功能，从而引导社会文化进步，

———————————

① 赵汀阳：《论可能生活》，生活·读书·新知三联书店 1994 年版，第 177 页。

反而产生了社会文化引导高等教育的现象。"①

从以上的叙述中不难看出，如果要想塑造"一个明智并有效地利用资源的机构、一个积极寻求环境问题解决方法的机构、一个把环境责任视为其使命之一的机构、一个为了明天的学术机构……"② 大学还需要在更深刻的层面上采取行动。

本章小结

以绿色理论审视现代大学，存在有人才培养的"单向度"，机械的、不协同的组织管理模式，校园文化的功利化趋势以及大众文化的冲击等问题。这些问题的产生是与现代工业化过程相一致的，是高等教育适应工业化发展的必然逻辑。而这些问题的存在，不但使现代大学本身存在内部危机，而且使高等教育培养的人才必然是自然掠夺式。因此，现代工业化社会产生的现代高等教育对环境及生态问题的产生负有责任。而在原有的框架之下，这些问题是很难从根本上得到解决的。只有高等教育理论的转换，在转换了高等教育理论的指导下，才能使人才培养模式发生改变，也才能从根本上缓解环境问题。

----

① 夏静、凌国顺：《"知识为本"课程体系的危机与理念重塑》，《扬州大学学报》（高教研究版）2000 年第 4 期，第 51—54 页。

② Committee of Directors of Polytechnics, Greening Polytechnics, London: Committee of Directors of Polytechnics, 1990.

第五章　基于绿色视角的大学
软环境构建

　　绿色从字面上理解，它象征着健康、青春、生命的活力。在生态破坏、环境污染日益严重的今天，绿色概念的提出，是对工业文明以来的"灰色"文明的反讽。自世界绿色运动以来，学界对"绿色"内涵的理解各有不同，定义的侧重点也有很大的区别。但都有一个共同的基础，即它特指人类自身，以及人类与自然的一种积极、健康、充满活力的关系，是对文艺复兴以来的现代文明的一种反思和批判。

　　本书中的绿色着重从世界观的角度来阐述绿色理论的内涵和意义。绿色的世界观象征着世界的整体性、有机性和整体协同进化的关系性。

　　软环境，指除硬环境之外的那些非物质条件、无形条件组成的环境。校园软环境指校园物质条件以外的诸如政策、文化、制度和思想观念等因素和条件的总和。基于绿色视角的大学软环境构建指大学的软环境建设不但要超越现代社会以来的功利性和工具性，而且要将人才培养、科学研究、组织管理以及校园文化作为一个整体来看待。用绿色理论的原始关联、整体有机、协同进化、和谐共生原理来说明大学软环境建设的未来发展方向，可以明显地看到对传统大学的超越和促进。

第一节　大学绿色建设的核心：绿色人才的培养

　　人才培养是高等教育的责任和历史使命。"以往我们谈到通识教育，似乎它只是高等教育那座大房子中的一间，我们只需要确定其大小而已。而我恰恰认为，在讨论通识教育的时候，应该把它放在'整个中国高等教育培养什么样的人"，这个前提下来探讨其功能和位置，也就是说探讨一个理想的高等教育课程与教学制度所应该依据的哲学基础是什么，这是讨论高等本科教育问题的根基和框架，而不是讨论一间是否可有可无的房子。更为根本来说，中国的教育、中国的人才培养需不需要有一个一致性的逻辑作为指导思想？回答无疑是肯定的。"① 基于绿色视角的大学建设也同样面临这个高等教育最基本、最核心的哲学问题，即在绿色视角下，我们国家的高等教育究竟要培养一种什么样的人？

"目前我国社会又面临着现代化与经济增长方式转变的双重需求，我国高等教育也同时面临着扩大化与质量提高的任务；在这样一个纷繁复杂、多变竞争、价值多元的社会背景下，教育的任务是什么？高等教育要培养什么样的人才？"② 特别是中国在实现现代化的过程中，如何更好地赶超发达国家，更早地进入现代化，并且在进入现代化的过程中，如何更好地避免西方发达国家现代化过程中所产生的现代弊病，更是当前中国现代发展的重中之重。而人才是新世纪国家之间竞争的核心要素。培养什么样的人才又是人才培养的哲学支撑。只有弄清了这个问题，并在这个基础之上进行适合新时代的课程及教学改革，才能真正实现我们所要求的现代化，也才能实现经济增长方式的彻底转变。

大学发展的历史和逻辑起点是"高深知识"的研究。而高深知识的真正大发展也还是在文艺复兴及启蒙时期机械论哲学观指导下的现代科学的真正出现。因此，在讨论新时期背景下培养什么样人的问题之前，有必要对高深知识的现代发展做一次深入的反思与探讨。

一 高深知识的绿色检视

高等教育在整个人类历史的发展过程中，经历了古代的德性知识观、近现代的科学主义知识观。古代的德性知识观是人类在古代由于对自然的盲目膜拜而建立起来的，它无法促进人类社会的发展；而近现代的科学主义的知识观则是人类理性高度发展的结果，这种知识观在给人类社会带来极度物质享受的同时，也导致了人类社会精神层面的荒漠化，从而引起现代人类社会的全面危机。绿色视阈中的整体有机知识观既是对古代德性知识观的批判式复归，又是对现代科学主义知识观的超

---

① 李曼丽：《中国大学通识教育理念及制度的构建反思：1995—2005》，《北京大学教育评论》2006 年第 3 期，第 86—99 页。

② 同上。

越。这种知识观能使高等教育为未来绿色社会的实现培养更多的绿色人才，从而为人类的发展开辟新的路径。

（一）古代高等教育的德性知识观

"古代希腊和罗马是西方文明的发源地，它对欧洲文化的形成产生了直接而深刻的影响。恩格斯说，没有希腊文化和罗马帝国奠定的基础，也就没有现代的欧洲。在高等教育上，现代大学的前身——中世纪大学在许多方面曾受到古代希腊和罗马的影响。中世纪大学文科的教学内容——七艺曾源于古希腊罗马。被誉为'大学之母'的中世纪最有影响的大学——巴黎大学甚至自认为是古希腊学园的直接继承者"。① 中国古代的太学则更是中国自近代以来高等教育的前身。

无论是古代希腊还是古代中国，高等教育都以培养统治阶级适用的政治人才为中心，以德性知识的灌输为目的。站在这一教育的出发点，他们为培养具有德性的国家高级人才而教育。在古希腊最为典型的是苏格拉底的名言"知识即美德"，他著名的产婆术教育方式是为了引导青年人内在知识的外在观照。柏拉图著名的学园阿卡德米学园培养了许多具有德性知识的国家统治者。柏拉图把知识分为理念和意见，而作为最高理念的知识是"善"。他为培养这种具有"善"的理念的哲学家而教育。他认为只有"善"才是实在物质世界的本源，而我们平常看到的只是实在物质世界的虚构的摹本，是虚幻的影像世界。而教育的目的是通过对知识的掌握从而达到对实在物质世界本质的把握——对"善"的理念的把握。他认为世界是有机的，人的灵魂是可以转世的，这就是他有名的"灵魂转世说"。根据这种学说，他把现世的人类分为金、银、铜三种类型，根据不同类型的人给予不同的知识教育，在社会中担当不同的角色，起着不同的作用。柏拉图的弟子——亚里士多德是一个百科全书式的人物，现代的知识几乎都能在他那里找到源头。他对人的著名论断是"人是政治的动物"。在他著名的伦理学著作中阐明了德性是如何培养的。他把知识分为形而上学、理论的科学以及实践的科学。而这些知识的最高统领是灵魂，主导灵魂的世界是宗教。最终也以宗教的德性知识为他知识的最后皈依。

---

① 贺国庆、王保星、朱文富等：《外国高等教育史》，人民教育出版社 2006 年版，第 10 页。

　　在古代中国的高等教育中这种德性知识论的价值取向就更加明显了，我国古代的《礼记·大学》中说"大学之道，在明明德，在亲民，在止于至善"。这种为统治者培养具有政治理性的道德人的知识首先是来自于古代中国对自然的推崇。道家最有名的思想，道生一，一生二，二生三，三生万物，万物负阴以抱阳，太极生阴阳，阴阳生风雷、山泽、水火，遂生世界万物，后生人类。在人类社会中，夫妇生子女，子女生父子，父子生君臣，君臣生礼仪。礼仪又生敬天崇祖，事父事君，然后仁、智、礼、义、忠、孝、悌。这种文化从本源上看是一种鬼神文化，虽然与古希腊的文化有明显的区别，但是在源头上还是一种敬畏大自然的文化。为达到这种封建社会的三纲五常的文化目的，教育选择知识是一种以伦理教化为目的的知识，通过这种伦理知识的传授和教化，能为封建的统治者培养合格的顺从的良民。

　　无论是古代的希腊抑或是古代的中国，由于人类理性知识的限度，人类的知识发展比较缓慢。虽然古希腊的本体论哲学为人类认识自然开辟了很好的路径，但这时的高等教育仍然是自然中心主义的，人类对自然的态度还是顶礼膜拜的。这可以从古代希腊和古代中国的知识的性质及传授内容得到明确的证实。这种有机整体的教育观念是人类对世界的最初认识，它虽然给人类早期的生活带来了很多有意义的经验，但它毕竟是落后的，无法把人类带到真正的福地。

　　（二）现代高等教育的科学主义知识观

　　"知识不是记录事实的断简残篇。首先，知识是一种责任，使人类始终如一，作为有道德的生物而保持自己的本色。"① 现代的科学主义知识正是遗忘了以上前提而发展起来的。与古代希腊和古代中国的知识性质恰恰相反，现代的科学主义知识只承认一种确证的、价值中立的、纯粹客观的知识。在他们那纯粹实证的观念里，有关德性的知识根本无法算作知识，充其量是科学知识的一个配角。由于现代科学技术知识所向披靡，这种科学主义观照下的知识很快就风靡世界，为全世界的人们所膜拜。这种科学知识的真正起源是中世纪的经院哲学，那些经院哲学家们为了证明上帝的存在所采取的方法，为现代科学知识的发展奠定了很好的基础。这一点从托马斯·阿奎那的著作中就能得到证明。同时现

---

　　① ［英］雅可布·布洛诺夫斯基：《人之上升》，四川人民出版社 1988 年版，第 306 页。

代的科学知识是在反宗教知识的基础上发展起来的。欧洲的文艺复兴是为了复兴古代希腊的古典文化，实质上是为欧洲新兴的资产阶级发展开辟道路。新兴的资产阶级迫切需要科学知识为他们推翻封建地主提供强力的知识支撑。同时基督教内部的宗教改革运动为这种新兴知识的发展传播奠定了一定的思想基础。这时的高等教育经过欧洲中世纪在组织以及制度方面的建构，已经发展成为一个很稳定健全的社会组织机构，相对于古希腊的高等教育更为正式，也更为普遍。这就为科学知识的普遍传授奠定了高等教育制度及组织上的基础。

　　弗兰西斯·培根的名言"知识就是力量"。那么什么样的知识最有力量呢？实证主义哲学家斯宾塞的回答是"科学"。"什么知识最有价值？一致的答案就是科学。这是从所有方面得来的结论。为了直接保全自己或是维护生命和健康，最重要的知识是科学。为了那个叫做谋生的间接保全自己，有最大价值的知识是科学。为了正当地完成父母的职责，正确指导的是科学。为了解释过去和现在的国家生活，使每个公民能合理地调节他的行为所必需的不可缺少的钥匙是科学。同样，为了各种艺术的完美创作和最高欣赏所需要的准备也是科学。而为了智慧、道德、宗教训练的目的，最有效的学习还是科学"。① 这种科学知识是纯粹客观、价值中立的，并且是永恒真理的。它建立在牛顿力学三大定理的基础之上，盛行的是一种机械的科学分析的还原论方法。

　　这种科学的实用知识在大学里的传播引起了当时社会各界的强烈反响，最为著名的是纽曼的名著——《大学的理想》。他在书里认为知识本身就是一种精神力量，如果知识被具体化、专业化了，那么知识也就不再是知识了。真正的知识是自由知识（Liberal Knowledge），学习知识本身即为目的。大学应该是传播古典人文思想的基地，而不是传播实用知识；是知识传授的象牙塔，而不是为工业主义的需要培养具有科技能力的实用人才。在当时的背景下，只有牛津、剑桥两所古老的大学还保持着对人文古典知识的传授而尽量不受现代科技知识的浸染。在英国国内正进行着激烈的关于大学教育的大辩论时，以"教学和科研一体化相联系"为大学核心理念的德国洪堡创办的柏林大学在全世界的影响正日益突出。他主张创办知识传授与科研功能相结合的大学。这样科学研究

① ［英］斯宾塞：《斯宾塞教育论著选》，人民教育出版社1997年版，第91页。

堂而皇之地进驻大学，为大学的现代化发展开辟了一条新路。科学知识
成为大学发展的核心，大学的发展又有力地推动了科学知识的发展。而
美国这个信奉实用主义哲学的国度，在引进了德国大学的科研职能后，
又开创了大学科学知识服务于社会的先河。最著名的就是美国的"威斯
康星"思想。高等教育经过纯粹知识的研究、科学知识的传授、教学与
科研相结合以及美国的"威斯康星"理念，为现代大工业化社会的发
展提供了无数的人才。他们为现代的大工业机器生产贡献了巨大的力
量。无怪乎有人说，现代化国家的竞争是人才的竞争，更是具有现代知
识的人才竞争。那么现代的科学主义知识真正能像人们所期望的那样成
为永久发展的不竭动力吗？

在启蒙时代的早期，法国第戎学院就曾对科学的发展是否有助于风
化而遍征文章，著名的浪漫主义教育家卢梭的应征文章《科学和艺术的
进步是败坏风俗，还是纯化风俗？》对这个问题作了很好的回答。他的
回答是科技的进步并不能提高道德风化的改善。现实的发展也证明了他
的回答是正确的，科学的进步确实并没有促进道德的改善，相反，导致
了人类精神世界的全面危机。随着科学知识的进步，人们将科学发展的
这种机械论的世界观应用于人类社会的一切领域，其中包括心理学、医
学、社会学，即便是绘画与建筑也体现出这一思想的发展。在机械论世
界观征服人类世界所有领域的同时，人们也将人本身看作是一个机械式
的装置，拉美特利的名言：人是机器。莱布尼茨认为人就是"单子"
式的个体。为了提高现代世界大工业化机器生产的效率，高等教育承担
着重要的责任。高等教育所包含的知识被分科而教，成为专业化很细密
的知识。学不同专业的人，对其他专业的知识一概不知。同时，由于科
学知识最有效用，所以在现代的机器大工业化社会里，只有科学等实用
的知识才是人们真正愿意获取的知识，像古典的人文知识已经被现代的
科学主义知识边远化了。最为突出的典型是"教育是科学还是艺术"，
"管理是科学还是艺术"等命题的提出。

最为可悲的是这种被实证化了的科学知识，所采用的是一种手
段—目的的工具理性方式，它抛弃了人自身的内在价值。高等教育的目
的是通过这种手段—目的型知识的传授，培养现代化机器大工业生产方
式的一颗颗螺丝钉。在这种教育方式下培养出来的人，是一种实利主义
者。他们推崇的是科学的技术效用，而不是科学精神本身。"人们认为

现代社会所盛行的技术思想在很大程度上决定着人们的生活秩序，技术的发展是自变量，而社会文化的发展是因变量，技术的利用与发展决定着社会的自由与发展程度，人与社会都被'技术形态化'"。[1] 他们为了效率而不竭地工作，为了占有有限的资源，能不惜一切手段。

现代世界的这种机械论的、还原的、二元对立的、"祛魅"的世界观所导致的不仅仅是人类社会中人性的扭曲，更为主要的是，这种世界观主导下的知识是一种征服自然、向自然无度索取的知识。在这种知识观培养下的人不仅是人格分裂的人，同时还是征伐自然资源的凶手。全球化的生态环境危机便是这种知识观培养下人类的"杰作"。

（三）复归与超越：绿色视阈中的整体有机知识观

"从一粒沙子中看到一个世界，从一朵野花里窥见一片天空，你手心里掌握着无限，而永恒却贯穿在每个小时之中。"[2] 威廉·布莱克在他的《天真的语言》中是以这样的诗句开始的。从这句诗里我们看到绿色整体有机观中的部分体现整体，整体寓于部分之中的思想。它象征着人类与自然、宇宙以及与人类自身关系的一种协同进化性、有机生成性、自组织性、和谐共生性等特征。

以牛顿、伽利略体系为核心的机械模式适应了现代大工业生产的需要，在这种模式下建立的高等教育体系为大工业化生产的发展提供了无数的人力资源。正当人们为这种简单性、效率性欢呼，认为人类理想的福地马上就能到达时，首先从科学的内部就出现了对这种机械模式世界观的反叛。"19 世纪初，热力学向机械论的宇宙画像中暗含的没有时间的性质进行了挑战。热力学家说明了，如果世界是一个大机器，那么它正在逐渐慢下来，它的有用的能量漏掉了。它不可能永远运行下去，因此，时间有了一个新的含义"[3] 到了 20 世纪，爱因斯坦相对论的提出更是对这一模式的挑战。再后来的量子论和测不准定律无不是对这一世界图式的彻底挑战和质疑。特别是复杂性科学群的兴起，从另一个侧面说明了爱因斯坦相对论的重要意义。

---

① 毛亚庆、吴合文：《论我国大学竞争的知识逻辑》，《高等教育研究》2007 年第 12 期，第 28 页。

② ［英］雅可布·布洛诺夫斯基：《人之上升》，四川人民出版社 1988 年版，第 250 页。

③ ［比］普列高津：《从混沌到有序——人与自然的新对话》，上海译文出版社 1987 年版，前言第 8 页。

一方面，"从基于能量、资本和劳力的巨大输入的工业社会，过渡到以信息和发明作为关键资源的技术高度发达的社会，毫不奇怪，应当出现新的世界模式"①；另一方面，世界范围的生态危机同样提醒人们，这种机械论的世界图式已经走到发展的限度。世界的发展进入 20 世纪后，一切迹象都在表明，牛顿—拉普拉斯的世界模式正在被一种整体有机的世界模式所替代。这种整体性首先体现在方法的使用方面。在新的科学发现的过程中，原有的简单分析的方式已经不能适应一些跨学科的横断面的科学，因此，科学的方法由过去的简单分析还原的方法过渡到分析方法与整体综合方法的结合使用上。这一方法是绿色整体有机模式的主导方法；同时，在哲学的研究领域，认识论与本体论的研究也正在走向整合。这以哲学解释学思潮的兴起以及存在主义的哲学研究为标志。科学领域内复杂性科学群的兴起正是这种绿色整体有机世界图式的有力的科学支撑。

用阿尔文·托夫勒的话说，现代的世界已经走到了一个分叉点上，世界正在经历着向一个新的"文化耗散结构"飞跃的阶段。这个新的"文化耗散结构"就是——绿色整体有机的世界图式。在这个新的绿色有机的世界图式中，人自身的小生境、社会环境、生态环境以及自然环境存在着一种整体性、有机性和整体协同进化的、相互依赖的、充满生命活力的关系性。在这个充满绿色活力的系统中，其中人自身的小生境影响到社会环境、生态环境和自然环境；社会环境也同时在影响到人自身的小生境、生态环境和自然环境；生态环境对人的小生境、社会环境和自然环境也存在影响；而自然环境也对人自身的小生境、社会环境和生态环境存在着潜在的影响。根据普利高津的耗散结构理论，只有开放的、与周围环境有不断的物质与能量交换的系统才是一个充满活力的系统，也就是说是一个绿色的系统。如果在一个封闭的系统中，随着"熵"的增加，最终会出现热死寂，这就是著名的"热力学"第二定律。

从以上的叙述中不难看出，人类要想走出现时代的全球性生态危机，人态危机、社会危机以及所有现代世界所带来的危机，必须转换一

① ［比］普列高津：《从混沌到有序——人与自然的新对话》，上海译文出版社 1987 年版，前言第 10 页。

种新的生活模式、新的价值观念、新的精神取向、新的社会秩序。就像国家发展教育要先行一样，它同样需要教育的先行，特别是高等教育。学校是知识的集结地，大学是人类高深知识的汇集地，同时也是人类知识的发展之地，它是任何类型的人类文明精华知识的保留地和创造源。

在这种新的世界图式下的高等教育是科学世界与生活世界的连接，是工具理性与价值理性的连接，也是精神世界与物质世界的连接。它不仅仅关注人类自身的生活健康同时也关注生态与自然环境的健康发展；不仅仅关注人本身的物质境界，同时也关注人类精神世界的完满；不仅仅关注科学知识的发展同时也关注人类道德伦理的提高。

这种世界图式下的高等教育，以培养人的世界性存在的终极价值理性与终极意义化为出发点，更为重视人的生命世界。不仅仅关注知识的统一性和永恒性，更关注知识在同构基础上的异质性；不仅关注知识的真理性，更关注知识的地域性、文化性、情景性，以便能够反映包括科学、艺术、宗教、心理、生理、政治、经济等复杂性世界的整体图式。这种世界图式下的教育抛弃了那种抽象的观念模式，把人视为一个个活生生的具有生命活力的个体，因此，在这种教育模式下培养出来的人，才能够驻足于人类的现实之境，努力构建一个人类生存的新境界。

这种世界图式为人类的存在"提供了更加广阔的生存视野，它将引导人类真真突破静止的、单一的、平面化的和为我主义的生存状态，追求开放性、多元化、立体化的生存创生"①。这种模式下的高等教育更主张学生在自主创生的基础上学习，提倡在对话和讨论中获取新知识，并重新认识事物。因此，在它的视阈中的知识和学习能力的获得是基于事物的不断变化来更新自己的认知图式，而不是现代教育模式下的死记硬背。在这种图式下培养出来的人才，看待每一个事物都具有一种宏观整体、立体网络的、运动变化的眼光。这种人才将能够避免现代模式下的那种只见树木不见森林的短视行为。只有这种模式下培养的人，才有可能避免由人类自身的错误造成的人类生存之境的危机。

这种世界图式主张一种整体的知识视阈。"近代以来的学科化、专业化、领域化方向从根本上分裂了人类的心灵、情感、意志，斩断

① 唐代兴：《生态理性哲学导论》，北京大学出版社 2005 年版，第 203 页。

了人与世界、生命与生命、人与人、人与人类之间的整体生态精神的内在联系，使之独立化、片面化，从而推动知识的接受、学术和学问的探索沦落为对经验、知识、思想、智慧、方法、技能的单一、封闭和浅表化追求"①，以至于形成各专业之间的强烈隔离，导致人类心灵的隔膜，产生了现代变异的人类心理，人类的精神世界进入荒漠地带。在绿色整体有机的世界图式下，高等教育以培养一个健全的心理和身心的人为它的全部宗旨。首先，它以人的小生境为核心，通过对艺术、音乐、绘画的欣赏，培养人自身所应具有的灵气。她应视天地万物为人类自身的生命伙伴，通过这些知识的学习，能够明白人类本身是宇宙万物生命的一种形式，她的行为应有助于万物生灵的生长而不是破坏。其次，通过对哲学史、数学思想史、心理学史等人类知识历史脉络的把握，认清知识的历史性、地域性及发展变化性；同时，从知识史的学习中，有利于在进一步的学科分化中整合后来的知识。这是知识整合的基础。再次，人是社会性的动物，马克思说"人是社会关系的总和"，人是群体的动物，人的生活永远离不开人类社会，这就需要政治学、经济学、社会学等的基础知识的补充。最后，人来自于自然，最终也要回归自然，这是大自然永恒的规律。因此，人要学习关于自然的知识。通过以上知识的铺垫，人们应该很清楚地理解人类理性的知识限度。人对自然的了解也是随着人类自身理性的进步而发展的。所以根本就没有真正意义上的永恒的科学知识，知识也是一个逐渐创生的、境遇的过程。

二　"绿色人"的教育理念

绿色视阈中的高等教育知识观在复归古代整体有机世界观的基础上，超越了古代德性化知识的教养，是对现代科学主义知识的解构和创生。在它的视阈中，知识是整体的、境遇性的、发展进步的。这种知识观培养下的人才，视人与人、人与社会、人与生态、人与自然、人与宇宙苍生是一个有机的协同进化的关系，它把关系性视为世界的本原。在这种视阈下培养的"绿色人"才能够为当今人类的困境开辟一条新的发展之路，能够创生一个自然与人类和谐共生的绿色新世纪。

---

① 唐代兴：《生态理性哲学导论》，北京大学出版社 2005 年版，第 203 页。

（一）"绿色人"的提出及特征

"人具有双重生命，双重本质，除了本能生命、自然本质，人还有超生命的属人本质。"① 正因为人类所具有的这种双重本质和双重生命性，使人类在地球生态系统中的位置是特殊的，他可能成为地球生态系统良性循环的调控者，也可能成为地球生态系统破坏的主谋者。胡涛在《人的生态位——调控者》中用科学的事实说明了人类是地球上整个生态系统的调控者。"人在生态系统的进化过程中，不仅数量不断壮大，而且对系统的影响、作用越来越大，这是其他任何生物所无法比拟的。由此可以认为，生态系统的触发器就是人。这就是人在自然界中所担负的特殊功能""为符合生态学特点和近来人们的习惯叫法。我们将生态系统中的触发器称作调控者。由此可以认为，人，不仅仅是生态系统中食物链上的一个环节，而且也是生态系统中的调控者。这就是人在生态系统中的生态位，前者体现了人的自然属性，后者体现了人的社会属性。"② 同时他还用事实说明，人不仅是自然系统的调控者，在某些半人工半天然的生态系统中，人还是设计者。如果人能认识生态规律，将自身的生态位摆正，那么地球的生态系统就会呈现一个良性循环的样态，整个生态系统及地球的环境就会健康发展，也就是绿色发展。如果人不能很好地认识自身在生态系统中的位置，不能很好地发挥自身在生态位中的调控功能，则会导致整个生态系统及地球环境的恶化及解体。当前一系列的全球性生态及环境危机的依次爆发，就说明了自启蒙运动、工业革命以来，人类没有摆正自身的生态位置，以自然的主人自居，对自然进行了肆无忌惮的开发和破坏，没有起到良好调节者的作用。我们将对生态系统的发展起到良好的调控作用的人称为"绿色人"，他不仅指对自然、对社会的发展起到了良好的促进作用，而且从他自身来说，也是一个良性循环发展的小生境，即他本身也是健康的、充满朝气与生命活力的。

1. 生态危机与经济人

"经济人"假设是西方社会从封建的中世纪向资本主义社会过渡过程中，为体现资本主义精神的"新人"而提出的人性假设。"经济人"

---

① 高清海：《人就是"人"》，辽宁人民出版社 2001 年版，第 42 页。
② 胡涛：《人的生态位——调控者》，《应用生态学报》1990 年第 4 期，第 378—384 页。

的提出虽然是西方经济学领域的人性假设支撑，但是这种思想的渊源却和西方的基督教世界的新教伦理精神、西方的机械论哲学世界观的转型以及认识论领域内的理性主义倾向不无关系。而所有这些都是西方世界在经过了上千年的封建基督教统治对人性的压抑之后，人类整个文明范式的转换，这就是现今人们所称为的"机械文明"。机械文明与以往的农业文明最大的区别是，人类理性觉醒，人有能力开始对自然世界进行统治。"经济人"假设只是这种思想在经济领域内的体现。"经济人"假设符合了工业化时代机器大生产的基本潮流，经过几个世纪的发展，随着经济全球化的蔓延，这个假设已经渗透到了人类社会生活的方方面面。

　　"经济人"假设与西方的科学主义传统有着不可分解的渊源。经济人也就是理性经济人，由于受唯理论和经验论的影响，此种假设在一开始的时候就设定为人是一种有理性的动物。主张采用精密的科学的手段来衡量经济领域内的一切活动。这也是经济学领域内科学主义转向的开端。这种方式只承认自然的外在价值，而忽略了自然的内在价值。它崇尚一种手段—目的型的工具理性，把人、社会、自然都作为这种"经济人"为实现自身私利的工具，从而否认人和自然的内在价值。它奉行一种机械论的世界观，把自然与人、社会视为一架可以分割组合的机器，这种机器只有外在的联系，像机器是由零件组装的一样，自然、社会与人也是由外在的组成部分组装而成，只要了解了其中的每个部分，就能了解到整个机器的性质，从而就能为人实现自身的利益服务。这种人性假设与功利主义的价值取向不谋而合。"经济人"的价值理念从亚当·斯密时代提出并被理论化后，对它之后的社会有着极其长远而深刻的影响，并成为现代社会"利己主义"、"经济至上"等价值理念的理论源头。世界开始被商品化，经济成为衡量一切、决定一切的尺度。

　　由于"经济人"的先天不足，这种"新人"是"功利、理性和物质主义"品性的总结。在社会领域，它视人为单子式的个体，人与人之间是一种外在利用与被利用的关系；科学主义至上，科技理性取代了其他理性，从而成为现代世界理性异化的典型。最为突出的是，这种"新人"在发展了科技，极大丰富了物质世界的同时，对自然世界进行了无情的开采，导致了当今世界的全球性危机的爆发。这种功利主义的"新人"由于天生的自私自利性，从而导致了现代世界人与人之间关系的全面异化，人成为物质世界的被奴役者。启蒙运动的原初理想是为人类开创一个物质丰富的、人类生活全面自由的理想社会。结果，人类反而成为了人自身创设的物质财富的奴隶，人成为人奴役人的工具；在这个全面异化了的"新人"面前，自然界无疑也同样成为人为了实现自身私欲的工具，自然被当作取之不尽、用之不竭的宝库，任由这种"新人"掠夺。然而，20世纪爆发的大规模的全球性的人类生存环境危机，告诉了人们这种"新人"的发展已经走到尽头。人类必须转换这种掠夺式的人性假设，变更为与自然友好的、能主动调控生态系统良性发展的"绿色人"，才有可能在这场危机之中自我挽救，走出"机械文明"的阴影，从而进入新的绿色文明的时代。

2. 绿色人的提出

绿色文明的出现绝非偶然，历史上人类文明的每一次转型和科学技术内在的转变都有密切的关系。以信息和发明作为关键资源的技术高度发达的社会，在今天已经初露端倪，它必将取代以"能量、资本和劳动力"为主要资源支撑的工业社会。但是世界范围的生态危机同样提醒人们，启蒙以来的机械论世界图式已经走到发展的限度。世界的发展进入20世纪后，一切迹象都在表明，牛顿—拉普拉斯的世界模式正在被一种整体有机的世界模式所替代。用阿尔文·托夫勒的话说，现代的世界已经走到了一个分叉点上，世界正在经历着向一个新的"文化耗散结构"飞跃的阶段。这个新的"文化耗散结构"就是——绿色整体有机的世界图式。

在这个新的绿色有机的世界图式中，人自身的小生境、社会环境、生态环境以及自然环境存在着一种整体性、有机性和整体协同进化的、相互依赖的、充满生命活力的关系性。在这个充满绿色活力的系统中，其中人自身的小生境影响到社会环境、生态环境和自然环境；社会环境也同时在影响到人自身的小生境、生态环境和自然环境；生态环境对人的小生境、社会环境和自然环境也存在影响；而自然环境也对人自身的小生境、社会环境和生态环境存在着潜在的影响。根据普利高津的耗散结构理论，只有开放的、与周围环境有不断的物质与能量交换的系统才是一个充满活力的系统，也就是说是一个绿色的系统。如果在一个封闭的系统中，随着"熵"的增加，最终会出现热死寂，这就是著名的"热力学"第二定律。

　　从以上的叙述中不难看出，人类要想走出现时代的全球性生态危机、人态危机、社会危机以及所有现代世界所带来的危机，必须转换一种新的生活模式、新的价值观念、新的精神取向、新的社会秩序。同样，也需要一种新的人性假设，来为新文明社会的发展提供有力的人性支撑。这种承担实现未来绿色文明的新人即"绿色人"。

　　3. 绿色人的特征

　　"绿色人"是人自身的小生境、社会环境、生态环境及自然环境的良好的调控者。首先，人自身的小生境是一个绿色的、健康的、赋有生命活力的小宇宙。根据复杂性科学原理，人的小生境其实是宇宙环境的一个全息过程，是一个有机的生命体。现代机械性世界观认为人是一架机器，只承认人的物质性存在，忽略人的精神性存在，将人的双重本质单纯地割裂为动物性的自然本质，从而导致现代社会以来人自身的全面异化。人是由生理、心理构成的合体，同时也是物质、精神的存在，任何将它们割裂开来的人性假设都将导致人自身的异化，必然导致人类社会、生态系统、自然环境的全面危机。因此，良好的人的小生境是人类社会、地球生态、自然环境健康发展的基点；人类社会是一个半自然半人工的社会，是一个自然向人逐渐生成的社会，人是人类社会的调控者，"更进一步说，人的智慧使之超出了作为生态系统调控者的范畴，可能还是某些生态系统的设计者。"[①]正因为人类的超生物性本质，使人类可以成为人类社会的设计者，但是这种设计有可能使人类社会趋于健康发展的态势，也有可能走上恶性循环的路途。现代工业革命以来，人作为世界的主宰者，对生态系统和自然世界进行了无情的掠夺和任意的践踏，引发了当今的全球性生态及环境危机。"绿色人"的提出正是为了使人成为地球生态系统和自然环境的良好调控者，使人类居住的生态环境与自然环境呈现一种既有利于人的小生境的良好发展，又有利于整个人类社会的发展，同时还有利于生态系统及自然环境的良好发展，使整个地球的所有圈层都呈现一种健康、良性发展的绿色态势。鲁枢元在《猞猁言说：关于文学、精神、生态的思考》一书中，将地球上的生态景观描绘为多层同心圆，他认为地球除了物理圈、生物圈、社会

---

　　①　胡涛：《人的生态位——调控者》，《应用生态学报》1990年第4期，第378—384页。

圈、科学圈之外，还包括一个精神圈。[1]

这是对地球环境的另一种形式的划分。不论是从人、社会、生态、自然等层次划分，还是以上的同心圈层的划分，人都是地球环境整体的纽带。"通过'人的生态位'、'生态系统生物构成的四元结构'的研究，我们感到恰恰是人在其中充当着这种纽带。作为杂食性消费者的人，在自然子系统中，参与能量流动、物质循环；而作为调控者的人，则参与在经济活动与社会运行之中，按照人类自身的经济需求与社会意愿来调控自然子系统的其他组成部分。这样，一个整体的人被分为两部分，人的自然属性属于自然子系统，人的社会属性属于经济与社会子系统，二者之间的联系正是通过人这个纽带得以实现。"[2]"绿色人"的提出正是为了实现人与人自身、与社会、与生态、与自然发展的良性互动，也是为了实现地球上的五大同心圈层的物质、能量、精神的良性循环，为缓解当今危及到人类生存的生态与环境问题而提出的。这种包括人、社会、生态、自然的整体的世界，是一个有机的生命体，存在着客观的运行逻辑和规则，这种运行逻辑和规则的特点是：原始关联性、整体有机性、和谐共生性、协同进化性。

（二）大学培养目标的演进与"绿色人"

"目前人类面临的危机，不能怪罪于那些无知的人。这些危机大多是那些具有学士、硕士、MBA和博士学位的人们的杰作。"[3] 利奥波德在《沙乡年鉴》中说道："我们受到的教育越多，土壤就越少，完美的树林也越少，而同时，洪水则和1937年一样多"。[4] 这句话深刻地揭示了自现代以来的，以适应工业化发展道路为己任的教育对当今环境问题的形成所应负有的责任。我国著名的高等教育学者和专家潘懋元先生曾说过："许多严重破坏生态环境的事例……应负主要责任者很多是我们高等学校培养出来的专门人才。"[5] 尽管教育不是万能的，对当今的全球性生态及环境危机不能承担全部的责任。但是对现行的教育制度，尤

① 鲁枢元：《猞猁言说——关于文学、精神、生态的思考》，社会科学文献出版社2001年版，第253页。

② 胡涛：《人的生态位——调控者》，《应用生态学报》1990年第4期，第378—384页。

③ Orr. D. W. , Earth in mind. Island Press, 1994.

④ ［美］奥尔多·利奥波德：《沙乡年鉴》，吉林人民出版社1997年版，第198、199页。

⑤ 潘懋元：《可持续发展的高等教育观》，《潘懋元论高等教育》，福建教育出版社2000年版，第364页。

其是对现行的大学制度在生态及环境问题的形成及解决过程中所扮演的角色进行反思是必要的，也是急迫的。所有的人都承认生态及环境问题的产生是由于现代社会人的问题引发的。因而，思考的重点理应放在大学培养目标的反思上。

从历史的角度看，现代大学制度真正的产生是欧洲的中世纪。而大学发展的逻辑起点是培养具有高深知识的高级人才。只是到了工业化革命以后，大学才变成了培养具有"专门"知识的高级人才。在欧洲中世纪时期，大学的培养目标是具有"自由七艺"的博雅人，这种人不仅具有广博的知识，而且是一个具有优雅气质的人。其所成就的，不是没有灵魂的专门家，而是成为一个有文化的人。博雅教育的目的不是给学生一种职业训练或专业训练，而是通过几种基本知识和技能，培养一种身心全面发展的理想的人格，或者说发展一种丰富的健康的人性。但由于当时人类科学理性发展的限度，在那种教育制度下培养出来的"自由人"也是不自由的，因为它是过分地强调了德性的发展，而忽视科学的进步。过分的强调了人文，不接受科学知识进入大学的殿堂。

及至工业革命后，为了适应大工业化机器生产对效率的强调，整个大学的体制发生了重大的变革，其中培养目标的变更是最主要的。工业经济生产最为重要的是强调效率，为了提高效率实行分部门生产，大学为了适应经济发展的这种趋势，实行专业教育。而且随着工业发展脚步的加快，专业化分科越来越细，以至于形成了今天大学里不同专业的高级人才互相不懂得对方在言说什么的怪现象。由于科学在各个领域所取得的节节胜利和给人们带来的实利，人们无上的崇拜科学，一些专门的有科学技术支撑的学科成为大学的热门专业。因为此类专业能给人们带来专门的技术，也就意味着能找到好的工作、带来实际的效益。这样专业教育不自觉地就被工具理性和技术理性所浸染，成为了现代社会发展经济生产的工具。大学的培养目标在不知不觉之中已经成为现代大工业生产需求"经济人"的批发地。这种被工具理性和技术理性浸染的"经济人"，是一种实利主义者。他们为了效率可以不竭地工作，同样为了效益，可以向大自然进行无情的开采；为了金钱，可以在社会之中，在人与人之间，不顾社会的良知和道德进行尔虞我诈的交易。当今社会的人态危机、心态危机、社会危机、生态危机、环境危机等问题的出现与大学培养目标的这种无形的扭曲，可以说是不无关系。现代大学

"经济人"培养目标的逻辑起点是科学主义的知识，这种知识观过度注重知识的数字化和量化结果，导致了人类整个知识领域在这种数字化及专精化过程中的无形切割，形成了高深知识的单向度干瘪形态的发展，致使整个大学人才培养的扭曲，从而导致人类社会的批判和反思能力的无形骨折。如同在一幢危房内玩"搬家家"的游戏一样，现当代的高等教育只关注"玩"的规则，而疏忽了扶大厦之将倾的使命。

"绿色人"培养目标的提出就是大学在自身限度内，在注重"玩"的规则的同时，也要赋予自身以扶大厦之危重任的最好体现。

三　基于"绿色人"假设的教学改革

以"绿色人"为中心的大学教学过程是一个动态的发展过程。大学教学成立的前提是对高深知识的传授和研究，而绿色视阈中的知识观是确定性知识与不确定知识的结合、是主观知识与客观知识的结合，知识是一个动态演变发展的过程。教学的整个过程是教师与学生双向主动建构的过程。为了培养具有较高创新、批判能力的绿色人，必须进行教学的改革，教师与学生在教学过程中的地位也必须随之改变，教师将由以前的知识权威转变为知识的共享者；由以前的教学独奏者转变为学生知识发展的伴奏者；将由"知识仓库"转变为学生学习的促进者。教学方式上将改变工业经济时代那种只重"逻辑—演绎"推理方式的"传授—接受"式教学，引入体现知识实际发生发展的"历史—活动"式教学和培养学生创新能力和批判能力的"心理—认知"式教学；培养学生在一定的人类文化知识积淀的基础上主动建构知识的能力。

"三百年前夸美纽斯奠定了班级授课制的理论基础以期改变古代师徒授受模式的低效率，而这种以牺牲个别教学过程中师生互动的情趣和教学相长为代价的高效率的教学制度显然并不完全符合他的教育理想，因此他又提出了'把欢乐还给课堂'的教育口号。"[1] 这种适应了现代工业化大生产方式的班级授课制，发展演绎到现在，师生之间的关系变成了一种纯粹的"我—它"式功能性外在关系。

---

[1]　王正、黄秋明：《整合论——基于网络的信息技术观照下的学科教学理念改革》，《改革与战略》2005 年第 9 期，第 115—117 页。

（一）变"我—它"为"我—你"关系

在马丁·布伯的著作《我与你》中，他认为"个体同世界上各种存在物发生关系的方式有两种，分别由两个原初词'我—它'与'我—你'来表达。在'我—它'关系中，'它'（客体）只是'我'（主体）认识利用的对象。在这种对立而不是交融的关系中，'我'不能发现自身的意义；而'我—你'关系则是人类应有的真正的基本关系。当'我'与'你'相遇时，我以我的整个存在，我的本真自性来接近你，你不是我的经验物、利用物。"[1] 这种"我—你"强调的是一种关系性本体，而不是现代以来的实体性本体，它具有"直接性"、"交互性"与"相遇性"等特点。与我们所说的绿色视阈有一种不谋而合的旨趣。

现代工业社会以来，强调的是一种机械论的世界观，奉行的是一种二元对立的思维方式。这反映在大学的教学过程中，以教师为权威，以课程为跑道，采用的是一种典型的"我—它"型关系，将学生视为原子式的孤立个体。讲授的是所谓的客观的、永恒的真理。在这种教学方式下培养出来的大部分人是现代工业化生产的工具。布伯鲜明地指出："'我—你'源于自然的融合，'我—它'源于自然的分离。"[2] 现代社会以来，人类社会的方方面面奉行的都是这种"我—它"型的异化方式。反映在大学的教学过程之中不过是一种十分正常的现象。

以"绿色人"假设为中心的教学过程首先强调人是一个有机生成的生命有机体，他认为教师与学生的关系是一种"我—你"式的平等对话关系，而没有二元对立思维所强调的一方以另一方为主的观念。这里提到的对话不是人们日常所理解的一般意义上的交谈，20 世纪伟大的物理学家戴维·伯姆认为："对话作为一种教育原则，从简单的意义讲，强调师生平等交流和知识的共建。从深层意义上讲，它挑战我们关于师生关系、知识本质、学习本质等方面的思维成见与主观认定。"[3] 对话关系从动态看，其实就是布伯所谓的"相遇"关系，"相遇是相互性的

---

[1] 米靖：《马丁·布伯对话教学思想探析》，《外国教育研究》2003 年第 2 期，第 57—62页。

[2] ［德］马丁·布伯：《我与你》，陈维纲译，生活·读书·新知三联书店1986 年版，第17 页。

[3] ［英］戴维·伯姆著，［英］李·尼克编：《论对话》，教育科学出版社2004 年版，第10 页。

保障，是相互沟通的前提。相遇使主体摆脱自我主义，为对话创造条件。在相遇中，个体接受生命中所遇之物，形成无限的关系世界。"①这种平等式的对话关系，也就意味着一种平等的相互理解。当代著名哲学家伽达默尔在《真理与方法》中指出，不仅所谓的理解者是主体，理解的对象同样是对话的另一主体。在传统的认识论中以主客二分为前提的认识模式，在解释学中转变成了主体间的相互理解。大学的教学过程中，教师与学生之间的关系应是这种交互式主体的关系，是教师与学生在构建知识的共同基础上的相互理解过程。

（二）建构主义为导向的双向构建过程

"真正的教育不是传递事实，而是提供不断质疑和探究的机会。"②绿色理论强调人与人、人与社会、人与自然的整体有机、和谐共生和协同进化的关系性。"绿色人"与世界本身就具有一种原始的关联性，他是一个有机的生成过程，是一个富有生机、活力的生命体。而我们所面对的世界也是一个有机生成的、富有生命活力的有机体。人是发展进化的，世界同样也是发展进化的。人与世界是一种协同进化的关系。人对世界的认识是有限的，是人在不断超越自身限度的同时，对世界认识的加深和进步，所以科学是不断进步的。因而，人类的知识也是一个发展进步的过程，任何将知识固着为永恒真理的想法都是错误的，都将会把人类带入错误发展的境地，也有导致人类毁灭的可能性。现代世界以来所奉行的知识观，对现代以来的全球性危机的产生，也负有一定的不可推卸的责任。大学是传授和研究人类高深学问的场所，大学的教师和学生是研究和学习高深学问的主体。在现代性架构体系下建立和完备起来的现代大学制度，与现代的思维发展和文化发展是相契合的，因此，大学教学过程中将学生视为原子式的个体，视为一个被动接受的知识储存器也是顺应时代发展的大观念的。这种观念认为教师是权威，教师对学生是完全的主体对客体的关系，把教书与学生的关系视为一个外在的手段—目的的关系。学生只是现代知识的容器。再加上现代以来知识的客

---

① 米靖：《马丁·布伯对话教学思想探析》，《外国教育研究》2003 年第 2 期，第 57—62 页。

② Ricardo T. Fernandez, From Ivory Tower to Green Tower. In Patricia J. Thompson（ed.），Environmental Education for the 21th Century-International and Interdisciplinary Perspectives, New York：Peter Lang Publishing, 1997.

观性、永恒性等观念的影响，学生失去了主动构建知识的任何权利。虽然，现代大学自德国洪堡改革大学教学制度，提出"教学与科研"相结合的教育理念后，主张科研精神与教学相结合，促进人的创新能力和批判能力的发展，促进知识的不断进步。但是，在大学的现实操作过程中，不但科研没有促进教学的发展，科研与教学的矛盾反而在不断加深。这也就从另一个方面证实了，某些教师在教学的过程中，没有将学生视为个性发展的有生命的个体，而是将他们视为固定知识的存储器。

绿色理论认为人是一个与世界同步发展进化的有机生命体。学生对知识应是一个主动建构的过程，是在教师指导下的一个主动建构过程。学生是弹奏者，教师是伴奏者。大学教师应是知识的发展和创新者。创新知识、发展知识的过程就是研究的过程。在这个过程中，教师应将学生带入到知识发展过程的最前沿，让学生充分发挥自身的聪明才智，锻炼自身的反思、批判、创造的能力；了解掌握知识发展的整个脉络；明白人类自身的知识限度，这样才能彻底地理解当下的世界局面是由人类自身的发展限度所导致的。

杜威的"经验性学习理论"、皮亚杰的"认识发生论"、维果茨基的"智力发展理论"以及布鲁纳的"认知结构理论"等，都主张和提倡一种个体主动建构知识的过程。杜威强调个人经验的重要性，强调在经验中发现问题，以问题带动去探索知识。维果茨基强调历史及社会文化背景对个体学习的影响，他还强调已有知识与新知识之间的相互作用。皮亚杰的"发生认识论"是个体建构学习方面最为典型的理论，他的理论也是建构主义理论的经典。他认为，人的学习方式分为"同化"和"顺应"两种方式。"同化是指主体将其所遇到的外界信息直接纳入自己现有的认识结构中去的过程；顺应是指通过调节自己的认知结构，以使其与外界信息相适应的过程。"[①] 这是一种双向建构的过程。我们认为，建构主义理论与绿色视阈中的"绿色人"的培养有某种异曲同工之处。都承认人自身的内在价值，同时认为学习是一个主动的建构过程，人是一个螺旋式的主动上升的发展过程。人与世界也是同步发展进化的过程。

---

① 张红霞：《建构主义对科学教育理论的贡献与局限》，《教育研究》2003 年第 7 期，第 79—84 页。

　　只有承认了人与世界的原始关联性、整体有机性、和谐共生性、协同进化性，在培养人的过程中，将人的小生境视为一个有机的整体，才能在培养人的过程中，使人成为世界生态的调控者，绿色的人也才能调控出绿色的世界。

　　（三）过程为中心的教学

　　绿色理论首先强调人是一个世界性存在，其次它强调存在的世界整体性，同时也强调存在是一个活生生的生命演化过程。怀特海在他的名著《过程与实在》中说："自然、社会和思维乃至整个宇宙，都是活生生的、有生命的机体，处于永恒的创造和进化过程之中。构成宇宙的基本单位不是所谓原初的物质或物质实体，而是由性质和关系所构成的'有机体'。有机体的根本特征是活动，活动表现为过程，过程则是构成有机体的各元素之间具有内在联系的、持续的创造过程，它表明一个机体可以转化为另一个机体，因而整个宇宙表现为一个生生不息的活动过程。"① 这对于我们今天的大学教学的改革具有重要的指导作用。

　　与工业化革命相适应的现代大学制度在组织制度上强调科层制；实行与工业经济相对应的学科专业化，目的是提高经济发展的效率；在教学制度上将学生视为原子式的个体，主张知识的客观中立性，学生被视为知识的被动接受者；在培养目的上采用的是一种手段—目的型的工具理性价值观，培养学生的目的是促进经济发展的工具；在教学的过程中，采用的是二元对立的非此即彼的思维模式，仅将教师视为教学过程的主体，学生只是被支配的客体。这些思想与工业化革命以来的西方文化观的发展变化密切相关。但是在这种教学方式下培养出来的学生，只能是社会情境的被动适应者，更别说对社会发展的引导。因此，现代社会的发展在现代性思维方式的引导下进入了无法自拔的怪圈，高等教育培养的人才只是更好地适应了这个怪圈，而没有设法去解开这个怪圈形成之谜。

　　绿色视阈中的绿色人才培养，正是基于工业革命以来高等教育人才培养模式的这种终结性、一次性的弊病而提出来的。整个世界表现为一个生生不息的创造过程，人是这个活动过程的联结者和纽带。

---

　　① ［英］阿尔弗雷德·诺斯·怀特海：《过程与实在》，杨富斌译，中国城市出版社2003年版，第564页。

四　以"绿色人"为中心的课程整合

（一）整合与课程整合

整合这个概念的出现从本质上讲与人类整体观的发展变化有密切的关系，从某种程度上说它本身就反映着人类整体观的一个流变趋势。人类的整体观从原始的朴素论到近代的分析论再到当下的整体有机论，经历了从最初的朴素整体到分析再到现时的整合过程。整合作为普通词语，由来已久。作为术语首先被用到数学与物理学的匹配上，涉及部分与整体的关系。从现有的文献资料看，最早使用整合概念的是赫伯特·斯宾塞。他在《第一原理》中阐述了他的进化论哲学的主要原则，最著名的是其进化公式："进化是经过不断的整合与分化，是从不确定、不协调的单纯性（一译：同质性）到确定的、协调的繁杂性（一译：异质性）的变化。"① 他认为任何事物的发展都包括分化阶段和随后的整合阶段。整合与分化在他的哲学范畴里是一对相对的概念。他把这一对关系广泛地运用到生物学、社会学、心理学和哲学，奠定了整合在20世纪中叶之前主要是在这四个领域运用的基础。

中文原先没有整合一词，integration 一翻成"整合"就是术语。然而，它在英语及西语中，首先是一个普通词语，其词根是 integral。作为普通词语，integration 的主要含义是：综合、融合、集成、成为整体、一体化等；作为术语，integration、integral、integrative 先后被用在数学、物理学、生物学、人类学、社会学、心理学和哲学诸多学科中。② 关于哲学上的最一般意义上的整合是指：由系统的整体性及其系统核心的统摄、凝聚作用而导致的使若干相关部分或因素合成为一个新的统一整体的建构、序化过程。整合，也可以简约地顾名思义为：整体的综合统一。③

课程整合，译自英文 Curriculum Integration。在汉语中，也有人将其译为"课程统合"、"课程整合"或"课程一体化"，称谓不一。在中国教育界多将其译为"课程综合"，本书将其译为课程整合。课程整合顾

---

① ［英］斯宾塞：《第一原理》，1895 年英文版，第 380 页。转引自黄宏伟《整合概念及其哲学意蕴》，《学术月刊》1995 年第 9 期，第 12—17 页。

② 黄宏伟：《整合概念及其哲学意蕴》，《学术月刊》1995 年第 9 期，第 12—17 页。

③ 同上。

名思义是在课程领域内的综合、融合、集成、成为整体、一体化等。课程整合的直接基础是学科的分化，学科的分化造成了分析性知识以几何级数的方式增长。"没有学科的分化，没有分析性的知识在数量上的增长，综合化的大厦就无从盖起"。①

"严格说来，高校课程整合是20世纪50年代以来，欧美国家高等教育领域在现代高等教育观、科学发展观和认知心理学基础上所形成的一种新的课程理念和课程改革的潮流。"② 但事实上，这种萌芽可以追溯到19世纪的赫尔巴特的教学改革。西方社会经历了文艺复兴及启蒙运动后，科学得到了极大的发展，萌发于英国的工业革命鼓动着人们发展经济的积极热情。工业化的发展使分工深入到生产过程内部。与之相对应，为了提高高等教育教学的效率，同时为了适应大工业化机器生产的高效率，在学校里实行学科教学，学科课程占据支配地位。在这种教学方式的初期，确实提高了效率，为工业化经济发展提供了很多急需的人才。但是随着时间的推移，人们发现，这种学科的过细划分割裂了原本联系紧密的不同学科的知识连续体，知识、技能和能力的培养也被繁多的科目人为割裂了。人本身的认知与情感也在这种分裂的知识状态下被割裂，从而导致了人自身的精神分裂性。在这种分科性课程体系的引领下，人们对自然、世界的理解和看法完全是片面和孤立的，容易导致一些不可预见的问题。而此时大学则在学科分化和"职业化"的导引下，专业依学术分科和社会行业分类设置，以此肢解着知识整体。

在此背景下，赫尔巴特提出其著名的"统觉"原理；接着，斯宾塞在其著作《第一原理》中也指出：事物的进化是通过不断的综合与分化交替进行的。他认为任何事物的发展都包含着分化阶段和随后的综合阶段。而赫尔巴特的学生，以联想主义心理学为基础的另一代表人物齐勒则创造性地提出了以历史、文学和宗教为中心的"学科综合法"，并开创了课程综合化理论发展的历程。20世纪，特别是50年代以来，课程综合化理论的研究日益受到重视。

课程整合概念在高等教育领域内何时被引入使用已无从考证。但课

---

① 周川：《关于课程综合化问题的再探讨》，《教育评论》1993年第1期，第26—28页。
② 许建领：《高校课程综合化的渊源及其实质》，《深圳大学学报》（人文社会科学版）1999年第2期，第98—103页。

程整合思想的提出与高等教育领域内通才教育思想有着不可分解的思想渊源，并且它是通才教育得以实施的重要支撑。"通才教育"和"课程综合化"思想都与欧洲中世纪时期"自由教育"思想有着密切的联系，从某种程度上说，是欧洲中世纪自由教育思想的现代表现形式。纽曼的《大学的理念》详细而深刻地论述了这种思想。及至 20 世纪 30 年代，美国芝加哥大学的校长赫钦斯针对大学教育中分科过细和"职业化"倾向过分严重的时弊，提出了以"自由教育"思想为基础的"通才教育"模式。20 世纪 50 年代后，世界范围兴起的新技术革命浪潮使"通才教育"逐渐深化成为当代高等教育一种极为重要的人才培养模式。与之相对应，课程综合化亦成为高等教育课程改革的主要趋势之一。

在我国高等教育领域，课程整合思想可以追溯到"五四运动"的北大和清华建校时期。当时的北大校长蔡元培和清华大学校长梅贻琦都倡导实现"通才教育"的课程整合模式。1918 年蔡元培正式提出"融通文、理两科之界限：习文科各门者，不可不兼习理科中之某种（如习史学者，兼习地质学；习哲学者，兼习生物学各类）。习理科者，不可不兼习文科之某种（如哲学史、文明史之类）"① 1919 年，蔡元培在北大撤销文、理、法界限，全校设立 14 个学系。随后，清华大学校长梅贻琦也对清华大学进行了以课程整合为基础的改革。只是到了新中国成立后，我国教育完全模仿前苏联的模式，高等教育实行了前苏联的过于狭窄的专业教育模式，并且有过之而无不及。文、理、工分家，而且还是独立的专门学校，学科被人为地严重割裂。直到 20 世纪 80 年代改革开放后，才开始对此进行反思，并且开始顺应世界高等教育发展的趋势，开展高校课程的综合化改革。

（二）课程整合的必要性

整合概念的提出是对西方社会现代以来的分析还原方式的一种弥合。无论是在古代的西方还是东方，人类所崇尚的都是一种原始的朴素的整体有机的世界观念。及至欧洲中世纪后，经历了文艺复兴、基督教的宗教改革及启蒙运动的发展，人类不再崇尚自然的至高无上性，随之将自然降到了由物质组成的机器构成。世界开始被祛魅了。从那时起，分析还原的方式在世界的迅速发展中起到了以往任何文明所无法替代的

---

① 高平叔：《蔡元培文集》（第 3 卷），中华书局 1984 年版。

作用。人类崇拜这种思维方式对自然的征服力度达到了无以复加的程度。但是随着这种方式在社会方方面面的弊端的不断暴露，人们为了弥补这种方式的不足，进而提出了整合性的世界观，它是在分析还原基础上的综合。课程整合观念的提出就是在这样一种背景下被提出来的，它体现了时代发展的需要。

1. 原有高等教育课程体系所引发的弊端

在19世纪以前的西方世界，高校的课程体系基本上是对世界整体性的一种反映。这反映在古代西方文明的发源地古希腊的教育方式中。在古希腊的先哲无论是柏拉图还是亚里士多德的教育论著中，关于世界知识的整体性都有明确的论述。欧洲中世纪时的"自由教育"更是培养一种具有博雅理念的通才。只是到了19世纪后，由于科学领域内分析还原方式在人类社会各方面所取得的节节胜利，导致人类对分析还原方式的无限崇拜。这种思想观念自然地移植到了教育的课程领域内，形成分科教学的方式。基础教育中的第一个分科课程体系集中体现在斯宾塞的学科划分体系中；高等教育则集中表现在为适应社会经济发展而与社会的分工相一致的高等教育学科专业分化中，它是随着社会经济的发展逐渐形成的。这种学科分化式课程体系在建立之初，对社会经济的发展确实发挥了以往的任何课程体系所无法发挥的作用，尤其是为当时的工业化经济发展提供了无数的急需人才。但是，这种分割式互不联系的条块状课程体系在促进经济社会发展的同时，也导致了社会发展的无数危机。首先，它将原本是整体性的知识割裂为互不联系的部分，导致人类对世界认识的非完整性；其次，由于这种体系强调学科的严密逻辑性，从而排斥一些新知识的加入，导致知识的陈旧过时；再次，由于这种将认知与情感分离的课程形式，很容易导致人自身在获得知识过程中的异化；最后，这种课程体系导致了现代以来人们对自然环境的一种分割式无限制开采。

2. 现代教育思想观念的影响

由于分析还原式课程体系弊端的不断显露，自20世纪50年代以来，世界各国都开始对本国的课程体系进行了改革，其中，通才教育模式的采纳是对那种分析还原式课程体系的反叛和弥补。通才教育模式是在欧洲中世纪"自由教育"思想基础上的现代改版，它提倡高校课程体系在分析基础上的重新整合，它是课程整合的重要的理论思想来源。

从 20 世纪 70 年代以来，联合国教科文组织提出了终身教育思想，倡导人类的学习不只是在学校，而应贯穿于人的整个一生之中，当然，这种观念的提出是由于现代社会政治经济发展的需要。在我国则表现为素质教育的提出。

3. 现代科学认识论所表现出来的新特点

自现代以来，由于机械论世界观的发展，又由于这种世界观所采用的分析还原式方法论，导致了现代以来人类对世界的认识方式就是按照具体的学科进行分科研究，在教育领域则是根据科学发展所形成的不同方向而组成了不同学科专业，进行分科教学，目的是更好地掌握科学所带给人们的专精知识。同时，这种专门化的知识还有利于社会效率的提高。自现代工业革命以来，人类在各个领域里的革命与进步的目的都是提高人类征服自然的效率。然而，客观世界在事实上是一个相互联系的整体，只是由于现代以来人类认识能力的局限，不得不将科学按照具体的学科把它分解成一个个细小的局部加以研究，以便各个击破，逐渐扩大对客观世界的认识范围。又由于机械论观点的外在性，导致了本该具有内在有机联系的客观世界在人类的认识领域里，变成了只具备外在机械联系的祛魅的客观世界。学科分化直接导致了专业的产生，有力地促进了科学的发展和专门人才的培养。然而，学科的过度分化则导致了学术领域内两种文化的对立，以及现代世界以来的各种危机的出现。

"其实，对于科学分门别类条分缕析的性质，我们不仅不能看作是客观事物孤立性和分散性的表现，而恰恰应该看作是客观世界整体联系及其规律之丰富的证明。"① 科学的发展经历了"混沌的综合—机械分化—科学的有机综合"三个阶段。现代科学认识论认为，现代科学的发展是在高度分化基础上走向高度综合。现今科学上的任何重大发现都将是学科交叉研究的结果。美国未来学家阿尔温·托夫勒认为："第二次浪潮文明特别着重提高我们把问题分解成各个部分的能力，而对把各个部分重新综合的能力，却很少予以鼓励。多数人从受教育起，就善于分析，不善于综合……今天，我相信我们已处在一个新的综合时代的边缘。在所有的知识领域里，从严谨的自然科学到社会学、心理学，以及经济学特别是经济学——我们将看到广泛思考和全面理论的恢复，看到

---

① 周川：《关于课程综合化问题的再探讨》，《教育评论》1993 年第 1 期，第 26—28 页。

重新将各个部分的再度综合起来。"① 这主要体现在：首先，科学领域内一些横断科学的出现，如一般系统论，混沌学，自组织理论，耗散结构理论的出现等；其次，新兴的边缘学科以及交叉学科的出现；再次，以上的变革将导致传统学科的知识结构和研究方法的革命性变革，如若不然，传统学科就可能丧失生机，急速衰退。

4. 现代社会发展的需要

人类社会进入 20 世纪之后，特别是 20 世纪 50 年代之后，社会上所出现的一些重大问题都是单个的学科所无法解决的，必须将多学科联合起来才能有效地解决这些问题。最为典型的则是一般系统论等复杂性学科群的兴起。第二次世界大战时期，美国为了解决一些跨学科的重大的军事问题，将不同学科的科学家集结在一起，共同解决一些跨学科的交叉问题，一般系统论等复杂性科学从而诞生。从此以后，无论是经济学还是社会学领域，运用单个学科的力量都无法使该领域存在的问题得到解决，运用跨学科的综合性方法解决社会问题已经成为近年来的整体趋势。

5. 生态环境的需要

当今环境问题的产生有着各种各样的原因，但与现代世界以来的这种机械论的祛魅的世界观有着最为直接的关系，尤其是这种世界观所主导的分析还原式方法论所产生的学科分化的过度细化，直接导致了当今的全球性环境问题的出现和恶化。最为典型的例子就是在《罗马俱乐部》中提到的由于化学药剂的使用导致土壤的破坏；以及冰箱、空调的使用导致的大气臭氧层的破坏；还有汽车尾气的过度排放导致的"温室效应"等，都是由于近现代以来这种过度分化的学科专业化带来的后果。由于学科的过度分化，导致了人们研究问题或解决问题的方式是只见树木不见森林。只见事物的外在联系而忽略事物的内在联系，特别是对自然生态环境，只认为自然是由物质组成的，研究了事物的原子构成就能知道事物的总体结构与性质。殊不知，自然生态环境也是一个有着内在联系的有机整体，每一个部分都是宇宙世界的全息过程。因此，对生态环境问题的解决也要求人类由世界的机械分析方式走向整体的综合方式。

――――――――――

① ［美］约翰·托夫勒：《第三次浪潮》，生活·读书·新知三联书店 1984 年版。

（三）以"绿色人"为中心的课程整合

1. 人与人、人与社会、人与自然、人与宇宙苍生的原始关联性和整体有机性

"绿色人"是能够对宇宙世界进行正确认识，对自然生态系统、人类社会系统及人自身的小生境进行良好调控的人，是世界性存在的整体。因此，以"绿色人"培养为己任的大学课程整合，理应体现知识的整体性及知识与自然世界的原始关联性。课程的设置无论在古代的西方还是东方，都体现出人们对于自然认识的整体完整性，特别是在古希腊。到了现代，科学的快速发展，知识得到了迅猛的增长，由于人自身能力的限制，所以单个人很难掌握这种全面的知识；还由于启蒙运动及工业革命后，人类对效率的过度强调以及经济发展的部门化，导致了大学教育中课程设置的专业化分科制。由于这种方式对经济发展及科学发

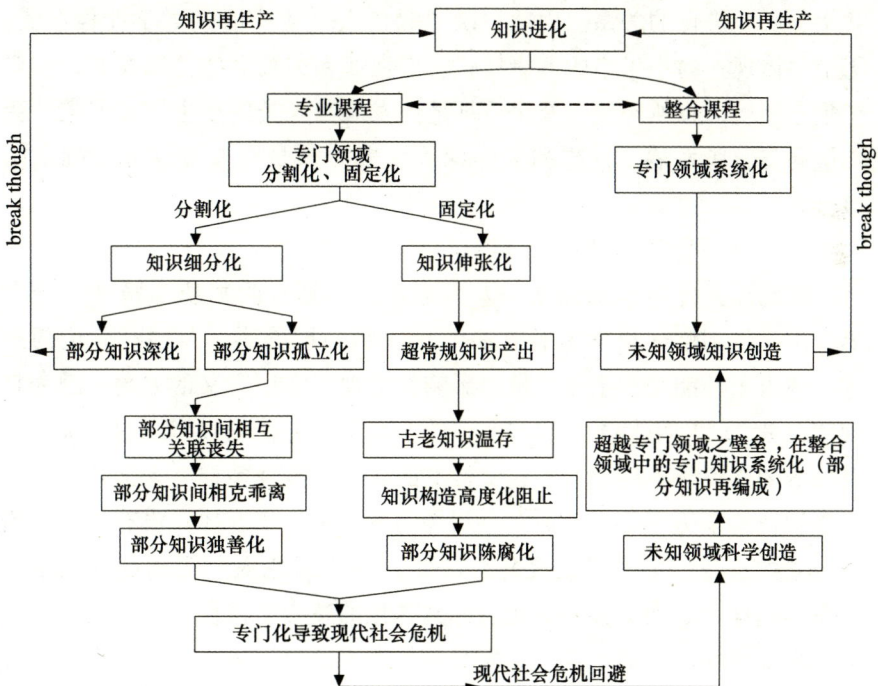

图 5-1　课程整合的必要性①

①　引自岸根卓郎《我的教育论》，何鉴译，南京大学出版社 1999 年版，第 264 页。

展的积极作用，结果人类进入了专业化分科时代，凡是分析的、专业化的都是正当的，人们认为凡是整体的就不能反映科学的真实内涵，也就是不科学的。当然，这种思想也是现代以来，笛卡尔机械式二元论在人类社会中的具体体现。这种专门化的学科分化，导致了现代以来的人自身世界的分裂，导致了人类社会的病态发展，同时还导致了人类对自然世界的盲目的无限制的开采。人类社会发展到今天确实取得了前所未有的进步，也得到了人类梦寐以求的物质生活的极度奢靡。但是，世界走到了今天，也有无数的迹象表明，分析还原式的机械论的认识方式已经到了尽头，如果人类不及时转换这种思维方式，那么人类只能自取灭亡。因此，在20世纪四五十年代后，无数的社会、经济问题以及科学发展的新迹象表明，整体的综合时代已经来临。体现在大学的课程设置方面就是大学专业化课程基础上的课程整合。"绿色人"是人自身的小生境、社会环境、生态环境、自然环境以及宇宙环境的整体有机、和谐共生、协同进化的关系。因此，以"绿色人"为中心的大学课程设置，①必须体现人的小生境的健康性；②要促使人类社会的健康发展；③要使生态环境、自然环境以及宇宙环境的发展与人类的小生境及人类社会环境同步健康发展。这样的大学课程设置必须是在专业发展基础上的整合。

2. 人还是物质与精神的合体，是真善美的集合

现代社会自笛卡尔以来，人为地将世界划分为物质与精神两个世界。由于伽利略的科学实验方法的无限制的被推崇，英国经验论的推动；还由于后期功利主义思想的影响，出现了实证主义的风潮。因为自现代以来，人们更信奉能够被实证的、度量化的精确知识，而人文等精神领域的知识是不能够达到这个标准的，致使涉及精神等人文社科领域的知识被科学边缘化。然而，人却是物质与精神的合体。没有人文等精神因素的支撑，人和动物无异。因此，以"绿色人"为核心的大学课程整合同样也是为了科学文化与人文文化的整合与协调发展。现代以来的许多世界性问题的产生，其实与现代世界的只注重科学，忽视人文等精神性学科有很大的关系，这就是人们熟知的科学主义。人为了对自然界进行正确的认识需要真——也就是科学，同时，人还是地球上仅有的具有精神性的动物，他还需要善和美的知识，只有这样，他才能引领整个世界向一个完美的、健康的方向发展。

3. 课程的整合应该体现人类的上述典型特征

　　首先，基于绿色视角的课程整合要考虑人自身小生境的健康发展，而围绕人的小生境健康发展的课程又分为身体与精神两个方面。①身体方面，要进行体育锻炼，因此，大学的体育课是必修课，而不是可有可无的课程。中国由于近年来过分重视考试中的智育成绩，从而忽略了体育课在学生身心健康发展中的重要作用，以至于近年来很多大学生的体质很差，其中也包括高校教师的体质。有些教师不堪教学任务，竟然病倒甚至累死在讲课台上。②精神方面，要进行最为重要的心理学课程的教导，近年高校由于心理疾病而导致的大学生自杀现象频繁出现。③音乐知识的学习，以达到能自由欣赏古今音乐为目的。音乐在保持人的精神健康、愉悦发展方面起到了其他任何课程所无法替代的作用。这一点在古希腊亚里士多德的课程中就有体现，在中国古代大教育家孔子的教学中同样也占有很大的分量。④中西古典文学名著的欣赏、中外绘画艺术的欣赏等。

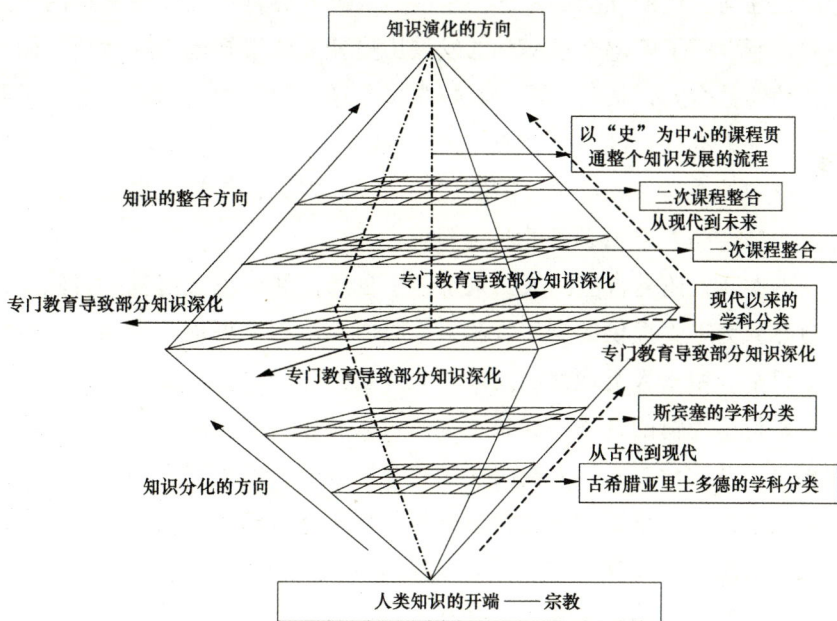

图5-2　以"绿色人"为中心的课程整合图

　　其次，人还是群居动物。马克思说"人的本质是社会关系的总和"，就说明人还是社会中的人，离开了社会，单个的人是无法存活的。作为社会的人，人要学会在这个社会中如何更好地生活，那就是学习进入社会生活所必需的知识。因此，①学习哲学史，是因为哲学是人类知识之母，是人类知识发展的起点，在学习哲学的过程中，就能比较好地了解现代学科专业发展的脉络，为以后的课程综合学习打下良好的基础。②学习科学史。在学习了哲学史的基础上就能了解科学的发展是一个历史的范畴，而不是"与史俱来的"。科学的真正发展是人类特定历史条件下的特定产物。但是，它却给人类社会的发展带来前所未有的辉煌业绩。从科学史的学习中，能够了解高等教育学科发展的整个脉络。基本上能够了解高等教育的每门学科发展的起点及后来发展的脉络。为以后专业学习打好基础，同时也为在专业化学习基础上的课程综合奠定基础。③是社会学史，这样才能了解人类社会的形成及内在的构成要素，以及它们之间的关系。④经济学史，人类社会发展到今天，之所以比以往任何时代的社会都发达，是因为人类社会自现代以来经济的飞速发展。所以不了解整个经济学的发展历史就无法很好地进入社会，做一个成功的社会人；最后，要学好数学史，现代社会的人们都知道数学是工具，是人类社会经济发展的最强大的工具，如果没有现代科学、发达、精密的数学，人类不可能发展到今天。因此，数学史也是每一个准备进入社会的大学生必备的基础知识。

　　再次，人还是自然的人，人来之于自然，最后也必将复归自然。没有自然界为人类提供的自然资源，人类将无法存活哪怕一个小时。现代社会以来，由于人类理性的发展，人类已然忘记了自身的自然之根，对自然进行了无情的开采，导致了现时代人类生存的困境。如果再不改变这种生产及生活方式，人类将无法再在这颗蓝色的星球上活下去。而这种状况的出现，是因为人类自身的过度自信导致的，也是人类自现代以来无视自然的存在导致的。因此，作为自然产物的人，在自然的孕育之下发展成熟后的第一个要务就是在人类的看护下，如何让自然更加健康地发展，为人类及所有地球上的生灵提供一个更加美好的家园。为着这样的目的，我们应该学习自然科学知识，包括现代科学发展的所有的学科专业所包含的知识。

第二节　大学绿色建设的基础:绿色组织结构

大学组织结构在大学的运作发展过程中,起到举足轻重的作用。尤其是现代以来,随着社会经济的发展,大学起到社会发展"动力机"的作用。大学越来越步入社会发展的中心,成为社会发展的强大助力器。而大学要想发展,组织结构就必须与周围的社会环境进行良好的互动,只有这样,大学才能发挥更好地促进社会发展的作用。但是,目前的大学组织结构却存在着科层化严重,与社会发展不相协调以及僵硬化等问题。因此,对大学组织结构的变革,以利于更好地发挥大学的社会"动力机"作用,显得尤为重要。

在绿色视阈中反观大学组织结构的变革,能更好地审视大学组织结构目前存在的问题,并且能为问题的解决寻求一个更好的路径。

组织结构的变革首先体现了人的观念的变化,体现出人对自身及外在环境变化的一种深层次的解读。绿色视阈中的大学组织结构,应有利于人自身的发展,同时要适应社会、生态、自然环境发展的动态变化,是动态适应型组织结构。

一　有限科层制

随着中国的改革开放,计划经济向市场经济的转变,中国无论从经济领域还是科技领域,无论是自然科学还是人文思想都取得了长足的进步和发展。但是,中国总体来说还是一个发展中国家,尤其是制度及思想观念方面与现代化的、高度发达的文明国家相比还有一定的差距。尤其是,由于历史的原因,中国是一个没有经过市场经济高度发展,从封建社会直接进入社会主义社会的国家,一些现代化社会所必备的制度架构还不是十分健全。又由于,中国几千年的封建社会主要依靠的是人治,法制观念非常薄弱。因此,在中国的大学组织结构变革的过程中,适度的科层制还是有其历史及现实的必要性的。

中国大学的组织结构,在新中国成立之前,主要是模仿欧美;新中国成立之后,又全套照搬苏联模式。都没有形成具有中国特色的适应中国发展的大学组织结构。绿色视阈中的中国大学组织结构,应根据中国自身的国家特色,建立具有中国特色的适应中国经济、社会发展以及与中国生态环境、自然环境协同进步的大学组织结构。这种组织结构就是有限科层制组织结构。是在法制基础之上的人治；工具理性与价值理性的统一；外在价值与内在价值的协调。是既有利于组织中人的发展，同时又有利于促进环境健康发展的大学组织结构。

二　多样化形式

　　绿色视阈中的大学组织结构是与外部环境进行不断的物质与能量交流的组织结构，这种组织结构应适应外部环境的变化，从而使大学的组织结构呈现多样化的形式。特别是中国从计划经济向市场经济转轨的过程中，为适应市场经济的发展，大学组织结构更应根据不同大学所处的人文社会背景及自然地理位置，实行多样化的管理方式。从高等教育体系内部来看，中国高校分为研究型大学、教学型高校、研究教学性大学；从宏观的角度来看，根据中国区域经济的不同划分，又分为东部、中部、西部地区；根据城市发展的规模不同，又分为大、中、小城市。处于这些地域的大学为适应当地不同的社会、生态及自然环境的需要，应采用不同的组织结构形式，以适应当地环境的需要。

　　从高等教育内部分类来看，研究型大学应采用重心下移，权力下放到院系级的有限科层制结构。组织结构采用扁平化、柔性化的结构形式，这样的组织结构形式有利于研究成果的转化，同时有利于研究型大学内部的学术自由、教授治校。教学研究型大学应采用直线职能制与矩阵式结构交叉融合的方式，在科研项目上采用矩阵式结构，在教学为主的情况下采用直线职能制结构，有利于效率的提高。在教学型高校采用完全的科层制结构，以有利于教学任务的有序完成。

　　从高等教育区域分布情况来看，东部地区的大学处于中国最发达地区，经济发展速度快，自然环境相对其他地区有相对的优势。因此东部地区的大学组织结构要具有一定的扁平化、柔性的结构性质，才能更好地适应外部环境的变化。中部地区的经济发展速度相对于东部地区要慢得多，中部地区的大学更适应科层制与矩阵式交叉组合式高校组织结构；西部地区，经济发展相对落后，教育程度相对较低，人们的文化程度相对不高，比较适应直线职能制的组织结构形式。当然这种形式的划分也是相对的，具体的划分要视具体的环境情况而定。

三　柔性化结构

绿色视阈中的组织结构与外在的环境是协同进化的过程，与外在的社会、生态及自然环境进行着不断的物质与能量的交换。同时，绿色视阈中的组织结构更有利于人自身的发展，使人与自然浑然一体。因此，绿色视阈中的大学组织结构更应是柔性化的组织结构。如果说在计划经济条件下，大学的直线制组织结构对于完成政府的指令性任务发挥积极的作用的话，那么，在市场经济条件下，情况发生了变化；随着知识经济的初见端倪，知识管理已越来越重要；市场经济意味着更多的创新、更多的变化、更多的挑战，要求高等教育的多样化、灵活性；现代科技的高度分化与高度综合的统一趋势，使教育工作者的个体劳动向团队工作的转化，要发挥整体的优势；在组织的结构中，组织正逐渐转化为扁平化的、柔性组织。与传统的工业社会相适应的组织结构形式是直线制组织结构，中国大学目前是典型的官僚制的科层制组织结构。随着中国市场经济体制改革的深入，知识经济的初见端倪，大学越来越走入社会的中心，处于社会中心的大学必须与社会的发展相适应，现代社会给大学提出了太多的要求，随着知识的经济功能变得越来越重要，来自大学外部的压力和影响越来越严重地冲击着大学组织的结构性保护与传统的自由。安东尼·史密斯和弗兰克·韦伯斯特在以《正在发生变革的大学理想》为题的著文中指出：在后工业社会，作为理性和价值中立的模式的学者共同体已经陷入致命的学术派系之争中，政治机构要求大学直接解决社会问题，学生要求大学尊重他们作为消费者的利益，而社会的产业组织则希望大学为其培养大量的民主管理精英和科学家，以满足其应对全球经济竞争的需要。这一切都要求现代大学进行组织结构的变革，将原有的官僚的科层制组织结构演变为一种柔性的、扁平化的、网络状的组织结构，才能满足现代社会不同层次的需求。现代的网络化的、扁平式的柔性组织是集权与分权、稳定与变化、一元性与多元性的统一。

第三节　大学绿色建设的灵魂：绿色校园文化

校园文化是一所大学存在和发展的灵魂，对大学的发展起着无形的引导及渗透作用。随着现代机械工业文明的发展，中世纪大学中那种纯粹知识研究，大学对崇高精神的仰慕逐渐为现代的功利性文化所吞噬，以至于现代大学在发展过程中的实利化及功利性；再加上大众文化的冲击，有导致大学精神现代性迷失的危险。东方文化中的整体性思维以及西方古老文明中的有机性世界观，也许能为当今校园文化危机的缓解提供某种有益的启示；同时现代的科技文明只有与古代的道德理性相结合，也才能更好地解决现代以来科技过度发展带来的文化异变。因此，绿色视角下的校园文化应是整体视阈中的文化融合。

一　冲突与整合：整体视阈中的文化和谐

绿色理论崇尚世界的整体性、有机性、和谐共生性和谐同进化性。绿色视阈中的校园文化倡导传统文化与现代文化、东方文化与西方文化、物质文化与精神文化、科学文化与人文文化的和谐统一。只有互补的相互支撑发展的文化才能从根本上弥补现代社会以来人的精神世界与物质世界的割裂；人类社会中的那种"异在"现象；同时，从根本上改变人与自然的那种异化关系，遏制人类生存环境的现代危机。这种文化融合的价值取向与后现代学者所倡导的多元文化的共存有着不谋而合的意向。

（一）传统文化与现代文化

按对中国目前社会影响的大小来分，传统文化又分中国传统文化和西方的传统文化。西方传统文化主要由古希腊及欧洲基督教统治时期的文化组成。中国传统文化主要指在清朝末期以前的还没有受到西方现代思想影响的文化。这个时期的传统文化，无论是中国还是西方，在高等教育领域的主要体现都是对德性的提倡和张扬。这一点也集中体现在中国儒家和道家的学说，以及西方古希腊三贤：苏格拉底、柏拉图及亚里士多德的言论及著作中。

中国的传统文化是中华文明演化、汇集而成的一种反映民族特质的文化，是中国古圣先贤几千年经验、智慧的结晶。

西方传统文化中以古希腊文化与后来的基督教文化为发展的主流。古希腊文化以古希腊三杰最为有名：苏格拉底的名言"知识即德性"，强调知识对人们德行的化育作用；柏拉图把世界分为现象和理念世界，现象世界是物质的杂多，只有理念的世界才是真实可靠的，他认为理念世界的最高者即为"善"；亚里士多德是古希腊的百科全书式人物，他的著作《尼各马克伦理学》中对道德有很细致的描述。及至欧洲基督教时期，大学的主要作用是培养传教士，对道德教育强调程度更高，达到了一种无以复加的程度，因此出现了道德异化现象。

现代以来，科学的发展本应强调的是科学精神本身，但是，大工业化机器生产需要效率，需要经济的发展，由于科学在各个领域的应用及取得的巨大成功，人们更加相信科学的实用性和功利化作用，真正的科学精神却没有得到有力的贯彻和发扬。功利主义的文化及提倡消费、促进商业化发展的大众文化（文化工业，阿德诺语）得到了超常的繁衍。西方世界的高等教育首当其冲地受到了侵蚀，我国高等教育也是在改革开放后的近几十年受到了此种功利性文化和大众文化的冲击和影响，但是发展趋势迅猛。

传统文化的主流是强调高等教育对人的德性的培养，而现代文化所着重强调的则是对实用技术的应用，对功利性和效率的推崇，两种文化都割裂了人的统一性。这就导致了传统文化与现代文化在某种意义上的强烈冲突与矛盾。这种矛盾和冲突的主要原因还是现代二元对立思想下的单面主体性。其实传统文化与现代文化之间的关系是互补的一种关系。过度强调哪一方都必然导致人的异化。传统文化更注重德性的养成，人文精神的熏陶，终极关怀的给予；而现代文化更注重科学精神的培养，实用技术的彰显。只有将它们更好地结合在一起的大学校园文化，才能培养出新一代的绿色大学人。

（二）东方文化与西方文化

东方文化是一种大陆文化，主要以中国为主。西方文化是一种海洋文化，主要以古希腊为主。古希腊的文化经过欧洲中世纪基督教的发扬光大，被现代科学所继承，成为现代主要的文化形式。但历史发展到了今天，也日益看到了这种文化形式的局限性——全球性的生态环境危机是它的外在表现，人自身的病态和异化是它内在的症结。这种情况的出现主要是因为东西方思维方式的不同。

文化的核心是思维方式，不同的思维方式导致不同的文化形态。西方文化崇尚一种分析的思维方式，而且这种思维方式经过现代科学的发扬光大，已经成为了整个人类社会的主流观念。这种分析的思维方式，首先是把人视为一个个的原子个体，在分析发现了人本身的工作机能的同时将一个本是整体有机联系的富有生命的个体完全物质化了，现代医学的发展就是一个很好的例证，同时这种思维方式在研究人类心理时也采用了同样的方式，将人本身无论是从外在的物理结构到内在的心理发展统统都视为一架可以拆卸的机器，导致人的生理及心理的不正常发展。在这种思维方式的指导下，由人组成的社会倾向于个人本位的一种社会价值取向，无视集体与社会，在现代功利主义思想的诱导下，社会层面出现了更多的为了个人自身利益的自私自利行为，这是社会异化的另一种形式。最为明显的是，在这种思维方式的引导下，人与自然的关系是一种外在的客观关系。人与自然是外在对立的。西方社会从古希腊普罗泰格拉的名言"人是万物的尺度"到基督教的"世界"是上帝的造物，人是上帝派来治理世界的观念，再到现代世界最为典型的自然是架机器的观念，都能看出西方文化中人与自然之间的征服与被征服的关系。如果说在古代和中世纪，由于科学发展的限度，这种观念对自然的破坏有限的话，那么这种思维方式在现代科学的推动下，获得了长足的发展，而且已经变成人类征服自然世界实现自身贪婪理想的工具。结果是产生了当今全球性的人类生态及环境危机。这种危机的产生已经使人类的发展达到了寸步难行的地步。当然在这个过程中，高等教育也对这种文化的传播发展起到了推波助澜的作用，成为一种单向度的大学校园文化——西方分析文化的亚文化分支。

而东方文化从一开始就是一种整体的综合思维方式的文化，这一点尤其体现在古代中国的文化之中。无论古代中国的儒家学说还是道家学说，无不提倡一种"天人合一"的思维方式。"阴阳五行"说和"气"理学说也从自然与人的内在关联性方面说明人与自然的血肉关系。科学内部复杂性科学群的兴起，从科学的层面证明了东方文化的这种整体综合型思维方式的科学合理性。有人说21世纪是东方的世纪，也不是没有科学道理。我国著名的东方学家季羡林说："我的认为是西方形而上学的分析已快走到尽头，而东方的寻求整体的综合必将取而代之。以分析为基础的西方文化也将随之衰微，代之而起的必然是以综合为基础的东方文化。'取代'不是'消灭'，而是在过去几百年来西方文化所达到的水平的基础上，用东方的整体着眼和普遍联系的综合思维方式，以东方文化为主导，吸收西方文化中的精华，把人类文化的发展推向更高的阶段。""21世纪，东方文化的时代，这是不以人们的主观愿望为转移的客观规律。"①

东方文化，特别是我国古典文化，无论是本体论，方法论抑或是认识论，都蕴含着"抑独立，扬中和"的整体有机观。主张主体与客体之间、人与人之间、人自身的心灵内部，是一个以气相通的有机整体。这在道家、儒家及佛家都有深刻的体现。道家主张"天人一体"、儒家看重"天人合德"，佛家注重"自身和谐"。虽然这种理想的人类生活方式在当时的条件下是难以实现的，带有更多的寄托式意向性虚体。但这其中却包含着一种不同于西方"主客分离、天人对立"的思想，为中西互补后形成新的思维方式奠定了文化基础。

东方文化与西方文化是从不同的时空来划分的，有人说，东方属于黄色的大陆文化，而西方是属于蓝色的海洋文化，黄色与蓝色的融合，必将属于充满生机与活力的绿色文化——它将是 21 世纪人类发展的新文明。大学校园文化是时代发展的精神升华，对人类社会的发展起到了一种指引的作用，对人类社会应该担负起一种它本身所应担负起的历史责任——那就是对人类社会文化发展具有推动与引导的义务与责任。

（三）物质文化与精神文化整合

"现代人征服了空间、征服了大地、征服了疾病、征服了愚昧，但是所有这些伟大的胜利，都只不过在精神的熔炉中化为一滴泪水。"②

哲学家海德格尔说：新时代的本质是由非神化、由上帝和神灵从世上消失所决定，地球变成了一颗"迷失的星球"，而人则被"从大地上连根拔起"，丢失了自己的"精神家园"③

心理学家弗洛姆说："20 世纪尽管拥有物质的繁荣、政治与经济的自由，可是在精神上 20 世纪比 19 世纪病得更严重。"④

神学家阿尔贝特·史怀泽说："我们的灾难在于：它的物质发展过分地超过了它的精神发展。它们之间的平衡被破坏了"，"在不可缺少

---

① 谢龙编：《中西哲学与文化比较新论——北京大学名教授演讲录》，人民出版社 1995 年版，第 23 页。

② ［爱］詹姆斯·乔伊斯：《文艺复兴运动文学的普遍意义》，《外国文学报道》1985 年第 6 期。

③ ［德］冈特·绍伊博尔德：《海德格尔分析新时代的科技》，宋祖良译，中国社会科学出版社 1993 年版，第 195 页。

④ Erich Fromm, The Some Society, New York, 1955.

强有力的精神文化的地方，我们则荒废了它。"①

系统论的创始人、生物学家贝塔朗菲则更直截了当地说："简而言之，我们已经征服了世界，但是却在征途中的某个地方失去了灵魂"。②

正式提出"精神污染"这一概念的，却是比利时生态学教授 P. 迪维诺，早在 20 世纪 70 年代初，他在他的《生态学概论》中的最后一章中就明确指出：存在着一种"精神污染"。在现代社会中，精神污染成了越来越严重的问题……人们的生活越来越活跃，运输工具越来越迅速，交通越来越频繁；人们生活在越来越容易气愤和污染越来越严重的环境之内。这些情况使人们好像成了被追捕的野兽；人们成了文明病的受害者。于是高血压患者出现了；而社会心理的紧张则导致人们的不满，并引起了强盗行为、自杀和吸毒。迪维诺所指的精神污染是现代社会中科技的高度发展对人本身的挤压，对人健康心态的污染；物质化社会的潮流壅塞了人的心灵沟通；商品经济大潮腐蚀了人的情感。这种"精神污染"是随着现代工业化大机器生产的全球化蔓延而同步产生的，是在当今的大众文化及功利性文化的发展中不可避免的。

鲁枢元在《猞猁言说：关于文学、精神、生态的思考》中，就人类生态系统的同心圈的划分，明确地指出：地球上除了物理圈、生物圈、科学圈、社会圈之外，还存在着一个精神圈。他认为，在地球之上，在人类社会的政治经济生活的上空，还悬浮着一个以人的信念、信仰、理想、想象、感悟、追求、憧憬为内涵的"圈"。这个悬浮的圈就是地球的精神圈。法国社会学家戴哈尔特·德·夏尔丹曾经明确地使用过"精神圈"这个概念。他说，地球上除了"生物圈"之外，还存在着一个"通过综合产生意识的精神圈"，"精神圈"的产生是"从普通的物质到精神之金"的变化结果，是通过"信仰"攀登上的"人类发展的巅峰"，它体现为"对世界的信仰、对世界中精神的信仰，对世界中精神不朽的信仰和对世界中不断增长的人格的信仰"。著名的人类学家卡西尔认为人本身即为符号的动物，从这个层面上看，人本身除了自然界所赋予的动物性本质外，更属于精神的动物。著名的系统论创始人贝塔朗

----

① ［法］阿尔贝特·史怀泽：《敬畏生命》，陈泽环译，上海社会科学院出版社 1995 年版，第 44、55 页。

② ［奥］冯·贝塔朗菲：《人的系统观》，张志伟译，华夏出版社 1989 年版，第 19 页。

菲认为人类是地球上的具有特殊作用的生物圈，在人类这个特殊的生物圈中，"符号"起到了很大的作用。"只有有了符号，经验才变成了有组织的'宇宙'"，"符号系统使这个宇宙变得稳固了：'在悬浮的现象中飘忽不定的东西，在思想中安定了下来'"。① 这个悬浮着的"符号宇宙"即是人类发展的精神圈。而且，按照他的说法，"人类社会中的许多麻烦、许多失控、许多灾难、许多困境，很少与人的'天性'有关，更多地则是由于人类'符号系统'的迷狂与紊乱引发的，也就是说，是由精神层面的故障引发的。"②

人来自于自然，最终又要复归于自然，但人又与一般的生物不同，人是符号的动物，他具有一般动物所不具有的灵性与精神。因此，人不仅具有自然性，具有社会性，而且还具有精神性。现代世界的发展，过分地强调了物质文化的发展，而忽略了精神文化的同步性，因而导致了现代世界的诸多病变。"如果生命的价值、生存的意义、生活的理想和信仰都已经衰竭，那么，无论是原子能发电站或是电子计算机也都搭救不了我们。"③ 汤因比在与池田大作的对话中谈到，解救现代人类困境的路径是"人们首先应该从进一步探讨构成自己行动准则的价值观念本身着手"，"只能依靠来自人的内心世界的精神革命"，"其实质就是人性本身的革命"，"唯一有效的治愈方法最终还是精神上的"。④

现代世界物质过度发展所导致的精神领域的贫瘠是现代问题产生的主要原因之一。而大学作为现代社会发展的动力机，在这个过程之中，也同样受到了现代物质世界的功利化趋势影响，过度重视物质文化的建设与发展，而忽略了校园精神文化的建设，这也是校园内功利性文化与大众文化毫无阻隔、长驱直入的原因之一。而单独强调精神文化，忽视物质文化的建设和发展也是同样不可取的。这个方面最好的例子就是黑暗的欧洲中世纪。

因此，大学校园文化的建设应是物质文化与精神文化的辩证统一。

---

　　① ［奥］冯·贝塔朗菲：《人的系统观》，张志伟译，华夏出版社1989年版，第85、91页。

　　② 鲁枢元：《猞猁言说——关于文学、精神、生态的思考》，社会科学文献出版社2001年版，第255页。

　　③ 同上。

　　④ ［英］汤因比、［日］池田大作：《展望21世纪——汤因比与池田大作对话录》，荀春生等译，国际文化出版公司1985年版，第149页。

过分地强调哪一方都有可能在现实中造成不必要的偏离。使人自身的小生境发展变异，导致人本身不正常的发展。人的不正常发展必然波及人类社会，人类社会的不正常发展必然投射到自然环境之中。导致整个同心圈发展的变异。

（四）科学文化与人文文化的整合

科学文化与人文文化并不是从古代沿用下来的两个文化概念，而是现代以来，随着现代科学的发展，科学与人文的分野越来越巨大，从而让人们认为存在着科学文化与人文文化之分。

两种文化概念的提出，是20世纪50年代英国著名学者斯诺在《两种文化》一书中指出的：当今社会存在着"相互对立的两种文化，一种是人文文化，一种是科学文化"，并认为两种文化截然区别，互不相干，互不理解。由此，才真正拉开了两种文化的争论。

其实，科学文化也不是与生俱来的，它是在文艺复兴时期，随着人文文化的发展而出现的。人文是科学发展的母体，科学在人文的孕育中产生。在欧洲文艺复兴时期，一批科学巨匠在古老的人文文化的熏陶下，打着恢复人性，以人性替代神性的口号，发展了现代科学。当时的很多艺术家也是科学家。列奥纳多·达·芬奇，他既是画家也是生理学家还是数学家等，他通晓当时最为先进的透视学，同时熟悉人体的黄金分割。还有米开朗琪罗等。只是到了后来，科学的发展越来越显示出它在征服自然、开采自然、提高人类活动效率方面所具有的威力，人们越来越崇尚科学，甚至可以说是崇拜科学。科学的发展导致人们对世界研究的数学化及度量化。人文也在自然数学化的过程中被逐步淘汰出局，成为了科学发展的附庸，被科学排除在"科学"的大门之外。脱离了人文母体的科学变成了没有人文关怀的跛脚科学。

人文文化是古已有之的文化，所谓的人文文化就是对人类自身生存关怀的文化。包括人的道德情操、理想信念、价值理性、精神境界的价值观念体系等。如果说科学文化是求真的文化，那么人文文化则是求善求美的文化。人文文化与人类的发展是同步进行的，而且是人类存在的本体需要。没有人文文化，人类将不能存在于世，因为人类是需要精神价值的，这也是人类与地球上其他生物的最主要区别。

在古代社会，人类社会只有关注人类自身精神价值的人文文化，因此，无论是西方文明起点的古希腊还是东方文化起点的中国，它们所关注的重点和中心是人之为人的德性。但是由于当时的科学不发达，人类只能依靠自然生存，人类生存的层次只能是出于服从自然的地步。

人是真、善、美的合体。只拥有人文文化的古代社会不是人类想要的社会，同样地，只拥有科学文化的现代社会也不是人类想要的，它可能导致人类在地球上的消失，导致人类的彻底毁灭。只有将人文文化与科学文化适度结合的文化才是新的绿色世纪所需要的文化，也只有在绿色文化的指引下，人类也才能真正走向人类社会所梦寐以求的"大同社会"。

二　绿色校园文化的实施路径

本书所指的绿色校园文化，并不仅仅指当前时下最时兴的所谓"绿色文化"，这种"绿色文化"特指将环保思想"灌输到"或者"植入到"日常的校园文化之中，称之为"校园绿色文化"。本书的绿色校园文化指科学文化与人文化、东方文化与西方文化、古代文化与现代文化、物质文化与精神文化的融合，同时，在文化的实施过程中，也能将环境保护思想融合于其中的文化。这种文化是为从根本上消除环境问题的出现和产生而提出的，为新时代人类社会的绿色发展提供文化上的支撑。

（一）隐性教育和显性教育协同发展绿色校园文化

隐性教育是指那些在校园中，对大学生的常规教育不起主要作用的，没有明显的教育指向的教育。在大学中能明显的起到隐性教育作用的有校园的外在布局、校园的建筑、学校的校训、教师无形的教育理念等。这些隐性教育方式往往在无形之中对学生价值观的取向、道德观的养成以及人生观的形成起到了巨大的作用。显性教育是指在学生的课堂学习过程中，能够看得见、听得到的教育。这包括课本、考试、教师在课堂之中灌输给学生的知识等等。显性教育是大学生主要的教育方式。

绿色校园文化的隐性教育方式最主要的就包括校园外在环境的绿色化。其中包括校园建筑的节能节水，校园建筑的绿化；也包括校园景观布局的人文化程度以及与校园整体布局及校园自身教育理念的适切程度。这种教育方式还包括教职员工对于绿色校园文化的理解程度以及在日常行为中的践行程度，还有在校园社会服务过程中将这种无形的绿色思想融入社区活动的程度。一所大学的校训是激励这所大学所有学人的座右铭，因此，大学的校训是一所高校最为重要的、最具影响的隐性教育，校园的社团活动以及野外考察活动都能在无形中起到良好的教育作用。

显性的教育方式就包括在通识教育课中的古今中外名著的选读。还包括课堂教学中教师对于学生的直接讲授；图书馆中关于古今中外文化典籍的拥有量以及学校在举办公开讲座的过程中对这些文化的重视程度；还包括学校在日常的规章制度的制定中，对于这方面文化的重视程度。也可以直接举办一些环境保护方面的讲座或者是开办一些环境保护的正式的课程。显性教育和隐性教育都是实施绿色校园文化的有力措施，对于目前风行于校园"不绿色"的大众文化以及校园功利性文化能起到很好的遏制作用，是我们建设绿色校园文化最应当提倡的。

（二）硬件和软件建设以促进绿色校园文化

人们一般将文化分为三种形式，第一种是物质文化，第二种是精神文化，第三种是制度文化。硬件就是指看得见、摸得着的物质文化，而软件则是起着无形作用的精神文化和制度文化。绿色校园文化的实施首先要有物质文化的支撑，没有物质文化，精神文化和制度文化就没有依托。但是只有物质文化而没有精神和制度文化作为精髓，物质文化也不能从根本上得到贯彻执行。物质文化对于绿色校园文化的执行是非常重要的，一个是外在的物质构成；另一个是内部的资金运用。其实从根本上还是资金的正确运用，因为外在的物质构成也是大学运用资金的结果。因此，如何构建一个绿色的校园环境，校园资金的运用是否绿色化，是一所大学首先要考虑的。而精神文化和制度文化是实施绿色校园文化的灵魂。没有精神文化和制度文化的贯彻，外在的物质文化做得再好也只能起到一个表面的作用，不能转化为人们真正的自觉行动。

因此，软件和硬件的建设应该协同进行，共同对绿色校园文化的实施起良好的促进作用。

（三）对内与对外相结合，共同促进绿色校园文化建设

大学服务于社会是大学的基本职能之一。每一所大学在有意或无意之中都会对社会产生一定的影响，尤其是到了现代之后，大学已经不是中世纪时期人们俗称的"象牙塔"，而是正在逐渐转化为大学城、巨型大学、无围墙大学、虚拟大学等。大学对社会的服务功能越来越成为大学的重要功能。具有绿色理念的大学在服务社会的过程中，就能够不知

不觉地将大学本身所具有的这种绿色理念潜移默化地传递给社会。在一些理工类大学的科研活动过程中，就会在将科研成果转化为社会所需的现实可用的技术的同时，也将科研活动中的绿色思维传入社会；人文类大学所肩负的这种绿色使命的影响范围就更加的广阔，在一些名师名家的讲座中，如果将人类的绿色思想在无形之中灌输到听讲座的每一个人心中，那么讲座所起到的无形作用将是任何一种强制性政策所无法起到的。

如果说一所大学的外在社会服务对大学的绿色发展起到了无形的示范作用，那么一所大学内在的绿色建设则是大学绿色发展的根基。大学内部的绿色发展包括软环境和硬环境两个部分。软环境绿色化既包括课程的整合化也包括教学方式的革新，还包括适应绿色新时代的学科发展；在软环境绿色化的同时，大学硬环境的建设也同样需要绿色化。现在时兴的新校区，大面积，大范围，每一个校园的建设都是花园洋房，其实这样的大兴土木的新校区并不见得就是绿色的。只有科学合理地使用土地、校园建筑节材节能、整个校园的景观符合人文理念、植物的栽培种类搭配合理、草坪的栽植科学，绿化的面积适量，既没有浪费土地资源也没有造成绿色面积减少的外在环境才是绿色化的硬环境。软环境与硬环境同时向绿色化方向发展，才能使校园内在的环境绿色化，也才能在此基础上实现对外服务的绿色化。

第四节　大学绿色建设的先导：绿色科研

"绿色科技的发展，科技体系的变革，必然会影响到教育和人才培养的内容和模式，同时，绿色科技的发展和应用也需要教育的支持、人才的支持和公众素质的支持"。[①] 人才培养和科研是高等教育功能不可分割的两个部分。从 19 世纪德国洪堡提倡的"教学与科研相统一"以来，科研就一直作为大学人才培养的一个重要条件而发展。及至后工业化信息文明初露端倪的今天，科技、知识、人力资本已经成为社会发展的最主要的先决条件，大学也因此成为社会发展的动力机。大学要发展，科研要先行，也成为大学发展的重要支撑条件之一。

---

① 陈昌曙：《哲学视野中的可持续发展》，中国社会科学出版社 2000 年版，第 224 页。

"绿色科技，简单地说，就是适应于可持续发展要求的科学和技术，或称可持续科技。"① 它主要包含两个方面的含义，一是指科技要为可持续发展服务，为生态环境服务；二是科技在考虑经济目标的同时，兼顾环境目标。本书的绿色科研特指超越了现代以来的简单性科学范式，在新的复杂性科学的基础上的，以人与自然和谐共生、协同进化为目的的科学研究。它不仅考虑人的外在价值和内在价值，同时也考虑自然的内在价值和外在价值，从而达到人类社会与自然都能实现可持续发展的科学研究。

一　绿色科研的先决条件：自由的学术氛围

科研的发展需要自由的学术氛围。自由的学术氛围从中世纪大学诞生时就已经注定了是大学存在和发展的前提。学术自由是科研权利的有力保证。

学术自由的重要，早在蔡元培、梅贻琦那个时代就已经被反复阐述了。自由的思维和宽松自由的学术环境是科技创新和繁荣发展的必要条件。绿色科研发展的前提是人的健康发展，是科研环境的良性化，因此，宽松的科研环境显得尤为重要。"尤其是当前，我们不要小看了学术自由对自然科学工作者的影响。有人认为强调学术自由对自然科学研究意义不大，这是有失偏颇的。学术自由在根本上讲是一种精神气质，对一个国家和民族来说，如果没有学术自由这样一种宽松环境，没有一种追求自由的精神气质，在自然科学研究领域，你也是没有无限想象力和创新精神的。就会产生盲从思想，不敢向学术权威挑战，就会受制于陈见而缺少创新。自然科学研究与人文社会科学研究，同是学术研究，同是精神性劳动，都要求有学术自由、追求真理的精神气质。"②

何谓学术自由？"学术自由是大学一以贯之的精神追求。学术自由是学者们在特定高等教育机构或者学术社团之内思考和行动的自由。"③ "按照美国促进教学会主席理内斯特·博耶教授的看法，大体上是指对

---

① 陈昌曙：《哲学视野中的可持续发展》，中国社会科学出版社 2000 年版，第 215 页。

② 张应强：《大学教师的社会角色及责任与使命》，《清华大学教育研究》2009 年第 30 期第 1 卷，第 8—16 页。

③ 滕亚薇、王东菊：《再看洪堡原则——学术自由内涵新探》，《科教文汇》（上旬）2009 年第 4 期，第 26 页。

知识本身的自由探究，也包括某种为学术而学术的非功利心态。"① 美国研究学术自由的著名学者麦基弗从对学术自由进行广义和狭义区分的基础上，将学术自由视为机构自由和个体自由的统一，但他更强调后者即个体自由的真实性和重要意义。② 机构自由并不代表个体自由，但机构自由能保障个体自由的顺利实现。因此，相对于机构自由，个体自由更重要。

学术自由也是有前提条件的，不存在不加限制的绝对自由。学术自由不仅仅是指自由，在获得自由的同时，它还肩负有许多的学术责任。如果说学术自由是大学存在的前提，那么学术责任则是大学存在的意义。现代大学的存在和发展就更体现了大学对人类及社会所肩负的历史使命与责任。大学的使命和责任就是促进知识的增长，促进个体人的发展，促进人类社会的和谐进步。在未来的绿色社会，它还肩负有促进自然与人类社会协同发展的使命与责任。

二　绿色科研的表现

现代社会以来的科研技术在把人类社会带入物质极端发展的同时，也给人类生活带来了极强的负面影响。当今全球性生态环境的大面积污染和破坏都与现代以来简单性科学技术的发展有着极为密切的关系。这种情况之所以出现，是现代以来的简单性科学的价值取向导致的。现代以来的科学把自然当成没有任何内在价值的物质堆砌，启蒙运动时期的一批科学家，发展科学的目的就是征服和开采自然，因此，当前的全球生态环境危机是现代科学发展的必然结果。科学领域内复杂性科学群的兴起就是对简单性科学范式的继承式发展，是未来绿色文明的科学基础。绿色文明是人类新文明的路标，科学技术的绿色发展趋势已经初露端倪。

（一）树立绿色的科学价值观

现代以来的简单性科学，以一种机械论的方式解释世界，在人与自然之间，信奉的是人与自然对立的二元论，这种二元论方式，赋予了人

---

① 曹志药、白利鹏：《学术自由：构建创新型学术环境的核心向度》，《云南农业大学学报》（哲社版）2009 年第 6 期，第 72—76 页。

② Robert M Maciver, Academic Freedom in Our Time, New York：Columbia University Press, 1955.

前所未有的地位，人成了世界的主宰，人类可以自由的驾驭自然，并对自然可以进行肆意的践踏和开采。这种科学观所形成的基础是伽利略、培根的科学方法，牛顿—拉普拉斯式的宇宙体系，笛卡尔所建构的"主—客"二分的世界观。它强调了人与自然的主客之分，导致了科学技术的简单性发展，在促使人类世界物质丰富的同时，也导致了大面积的生态环境的破坏。这从另一个侧面说明了现代以来，科学以"人类中心主义"为取向的"灰色"价值观导致了科学的异化发展，埋下了生态环境危机的祸根。

绿色的科学价值观以复杂性科学为基础，它超越了现代科学的纯粹简单性，是对简单性科学的继承式发展。它强调在某些简单性领域中，简单性科学是对的。但是在一些复杂性领域，还存在有简单性科学所无法解决的问题。这种价值观首先承认自然的内在价值，而不仅仅认为自然只有外在价值没有内在价值。它强调整体有机性，认为人、社会、自然是一个有机联系的整体。人与自然存在原始的关联性。如果将它们割裂开来，认为人是世界的主体，自然是人可以任意驾驭的物质仓库，那么必然导致人与自然的对立。绿色价值观倡导人与自然的整体有机性，从人与自然有机联系的角度看世界。它将人与自然的原始关联性视为世界的本原，人类发展科技的目的是在促进人类社会发展的同时，也促进自然环境的改善，是人与自然和谐共生、协同进化的过程。

因此，科学技术的发展应以维护人与自然和谐发展为目的和宗旨。凡是有利于人与自然和谐发展的科学技术，我们都要大力发展，凡是不利于人与自然和谐发展的技术，我们都要禁止。科学技术的正负效应，并不是说科学技术本身存在这种双向性，而是人类在利用科学技术的过程中，由于人类本身价值取向的偏颇，导致了科学技术在应用过程中产生了负面的效应。绿色的科学价值观要体现科学发展的正面作用，尽量抵消科学发展的负向影响。绿色科技要为解决生态环境的危机贡献力量，在具体的应用过程中，就是要发展有利于环境保护的绿色技术，对于那些不利于资源高效利用，有可能对环境产生不利影响的，污染严重的科研技术要坚决制止，即使这种技术能产生很高的经济效益。

（二）发展绿色科技

1. 低碳技术的发展

在全球性生态环境十大问题中，其中酸雨污染、温室效应（或全球变暖)、臭氧层破坏占据前三位,而这前三位问题的出现都与现代社会以来碳经济的发展有关。随着现代工业经济的发展、人口的增多、人类欲望的无节制增长和工业生产方式的异化,二氧化碳的排放量越来越多,世界气候面临越来越严重的问题,地球臭氧层正面临着危机,这些问题的出现已经危及到人类社会的生存。而工业经济发展的主要支撑力就是以煤炭为能源的经济发展。

绿色科技发展的第一步就是低碳技术的发展。低碳,顾名思义,意指较低(更低)的温室气体即二氧化碳的排放。即是以较低的能源消耗、较低的环境污染、较低的污染排放为基础的技术模式。从古至今,文明范式的转换都是与重大的技术革新有关,工业文明的发展是与碳经济或者是碳技术的发展相关。同样的,低碳经济(或者低碳技术)的应用和发展预示着人类文明的新范式——绿色文明的到来。因此,低碳技术的出现,是人类社会继农业文明、工业文明之后的又一次重大进步。

2. 绿色能源技术

绿色能源指那些对自然环境很少或者是没有污染的能源。例如风能、水能、太阳能、地热能、天然气等能源。这些对地球环境几乎没有污染的新型绿色能源的开发和利用,代表着未来绿色社会能源发展的新趋势。因而,绿色科技也应该朝向有利于这些能源开采利用的方向发展。

3. 清洁生产技术

"清洁生产是20世纪80年代由联合国环境规划署首先提出的,它是由生产过程的末端治理转向生产全过程控制与管理。清洁生产包括清洁的产品和清洁的技术两个方面。"[①] 清洁生产是资源能量的最大化利用,环境污染的最小化释放,是工业文明走向绿色文明的技术过渡。

4. 提高资源能量利用效率的技术

指在生产活动及生活过程中,要着重开发利用一些有利于回收利用的技术产品,从而使生产废弃物及生活垃圾可以被自然吸收,或者可以重新回收利用,降低对自然环境污染和减少资源能量的浪费,从而使废

---

① 郭艳华:《走向绿色文明:文明的变革与创新》,中国社会科学出版社2004年版,第244页。

弃物资源化、减量化和无害化。例如开发垃圾发电技术，使废弃物重新回收利用等。

（三）实现绿色科研的途径

1. 建立良好的绿色科研运行机制

绿色科研的发展，首先要有良好的绿色科研运行机制。19 世纪德国洪堡所提出的"教学与科研相统一"，其最终的目的是将大学的人才培养功能与科研功能结合起来，以教学促科研发展，以科研带动能跟上时代发展步伐的教学，以利于知识的更新和进步。但是，随着现代社会功利性校园文化的蔓延，以至于形成了科研与教学的深度矛盾。绿色文明时代的大学，不仅要培养人与自然和谐共生、协同发展的绿色人才，而且也是以促进人与自然协调发展的绿色科技研发中心为目的。并在绿色科研发展的过程中，真正带动绿色人才的培养，以绿色人才促进绿色科研的进步。这种科研机制能避免现代大学所形成的教学与科研的深度矛盾，将教学与科研真正结合起来。达到以人才促科研，以科研带动教学的大学培养目的。

2. 制定促进绿色科研发展的规章制度

应制定有利于绿色科研发展的规章制度，鼓励有利于环境保护及减少环境污染的科研项目的发展。并制定适当的政策鼓励这方面项目的申请和实施。对于那些有可能对环境产生污染的项目实行重罚、问责制度。将环境责任具体到每一个项目的主要负责人身上，实行终身责任制。

3. 建立绿色科研申请项目的合理审批程序，保证绿色项目申请通道的顺畅

在大学的科研发展过程中，要将绿色科技的意识贯穿到项目的申请、项目的立项以及项目的实施和评定的整个过程之中，并且把对环境是否造成污染作为项目申请及审批的一个前提条件，不承担和不参加对环境有可能产生污染的项目。在项目实施的过程中，注重监督机制的运行，以保证环保意识的彻底灌输和实行。项目完成后，要对项目进行严格的绿色评价，并将评价结果作为成果鉴定和奖励的必要评定条件。

4. 灌输绿色科研价值取向，保证科研工作者工作方法的绿色化

科研工作的发展和每一个科研工作者头脑中的价值取向有着密切的关系。因此绿色科研的发展，需要每一个科研工作者价值取向的绿色

化，这样才能保证科研方法的绿色化发展，也才能保证科研成果的绿色化。

本章小结

以绿色理论为指导的大学软环境构建。首先，大学的逻辑起点——知识超越了现代机械论知识的永恒性和统一性，而具备了发展性、情景性和地域性。这种知识属性要求大学的教学过程是一个主动建构的过程，人与人之间的关系是布伯所倡导的"我—你"关系。在这种教学方式下的课程，超越了现代以来的专业过度细分的缺陷，以一种整合的方式改革课程。其次，"绿色人"教育理念的提出，表明大学培养的是一个自身小生境健康发展的人，这样的人不再以人与自然的二维割裂方式对待自然，把人与自然的原始关联性作为发展经济、发展人类社会的出发点。现代以来"教学与科研相统一"已经成为大学发展的宗旨，以教学促科研，以科研带动教学，绿色科研的发展对于"绿色人"教育理念的实施能起到先导的作用。以"绿色人"培养为中心的大学组织管理是大学人才培养得以实施的组织保障，绿色视角下的大学组织结构是有限制科层、多样化的形式和柔性化的结构。校园文化是大学的灵魂，绿色视角下的校园文化是整体视阈中的文化和谐，这种文化超越了现代以来所倡导的功利性文化的弊端，是缓解大众文化对校园文化冲击的一剂良药。

第六章　基于绿色视角的大学硬环境建设

　　硬环境，是指人类活动所需要的物质条件之和而形成的环境。校园硬环境指由看得见摸得着的校园物质因素构成的环境。本书从物质分类不同的角度，将大学的硬环境分为校园建筑、校园资源能量和校园的绿化美化等几大部分。大学的硬环境与大学的软环境是一对相辅相成的、不可分割的两个方面。正如中国古代经典著作《周易》中的八卦太极图一样，它们是一个事物内部能够相互转化的两个方面，没有阳极就没有阴极，同样的没有阴极也就没有阳极。现代大学的软环境依靠硬环境来支撑，硬环境能够体现软环境内在的思想和精神价值。而硬环境的设计和建设也要靠软环境内在理念和精神的指导。如果大学没有软环境等内在理念及精神的指导，那么大学硬环境的设计和建设就是一些没有灵魂的物质堆砌。纵观历史，无论是国外还是中国，每一个历史发展阶段的大学硬环境建设都与当时大学软环境所倡导的教育理念和精神价值密切相关。例如古希腊三贤人之一的柏拉图所创建的学园；中国古代明清时的书院等都与他们当时的教育理念、精神导向息息相关。现代以来的大学硬环境的建设就更是与现代以来大学所倡导的教育理念及精神价值导向息息相关了。因为一个大学外在的硬环境本身就内在的散发出一个大学本身的育人理念和精神导向。正如斯坦福大学第一任校长乔丹（Jordan）在他的开学献辞中所说的："长长的连廊和庄重的列柱也将是对学生教育的一部分"，"四方院中每块石头都能教导人们要知道体面和诚实。"。

第一节　教育理念与校园模式

　　大学从它诞生的那一天起，它的校园模式与教育理念就是浑然一体的。因为无论是古代的大学还是现代的大学都需要用外在物质环境作为教育理念的支撑。并且外在的物质环境对于教育理念的深入贯彻起到了良好的启示与外在的提示作用。同时它还能对外部的世界起到一个良好的宣传作用。能让一个大学的教育理念和精神在外在物质景观的渲染下，更加的深入人心。正如北京大学的未名湖、清华大学的水清木华一样。

一　国外古代大学校园模式与教育理念

大学 University 一词，在西方中古世纪称 Stadium General，意指"接纳来自世界各地的学生的地方"。而中古时 University 一词指"一群老师宿儒或一群学生所组成的学术性的'社团'或'行会'"。①

西方高等教育最早始于古希腊的三贤人。他们分别是苏格拉底、柏拉图和亚里士多德。而创办有地点的并与自身教育理念相融合的高等教育，最早始于公元前387年的古希腊哲学家及教育家柏拉图。他在雅典创办的阿加德米是最早的进行系统的高等教育的地点。他主张知识的获得是通过辩论的方式获得的，这种方式可以在任何的地点进行。他的教学方式非常的灵活，常在橄榄树丛中或在住所中进行。因此，他的学园的地点选在绿树丛林，鸟语花香之中，而且居住与学习的地点共在一处。这样更便于学生与教师的交流沟通，更利于启发学生思维，更利于他的"辩论式"教学方法的进行。

亚里士多德是柏拉图的学生。也是古希腊三贤人之一，史称"百科全书"式人物。他建立了最早的学科体系，并不断归纳学科范畴，发展了子学科，基本形成了我们现代高校中的学科体系。他在雅典阿波罗神庙之旁设立一所学园，外观样式模仿体育馆和带遮篷的花园小径。亚里士多德无论是教学还是自己思考问题，都喜欢漫步于花园，他的学生也喜欢在花园的散步过程中与他讨论问题，历史上称之为"逍遥派"。他的学园建立在环境优美的花园中也是他教育方式的一种外在的表现。这样的环境更有利于他思考问题，更有利启发学生的创造性思维。

综上所述可知，柏拉图和亚里士多德的教育理念可以概括为：以培养擅长思辨，对抽象思维特别是哲学思维有灵感，并具备德性的人才。

---

① 金耀基：《大学之理念》，生活·读书·新知三联书店2001年版，第1页。

他们一般崇尚的是对宇宙人生等宏观问题的思考，对世界一般规律的总结和认识。他们的教育方式更崇尚因时因地、灵活多样及辩论式。因此，他们学园模式也是开放式的、融于自然环境之中的一种模式。橄榄树丛、花园小径、居住教学统一等，非常注重外在良好环境对教育的作用。

在17世纪之前，由于是欧洲的封建基督教统治时期，与这一时期基督教的大学教育理念相适应，大学校园模式基本上是修道院式。其典型特征是封闭集中的，校园与社会完全隔绝的模式。往往是在一个围合的方院建筑里包括了教师与学生生活的所有内容。其中设有讲堂、教堂、食堂以及教师与学生的宿舍，这与当时时兴的教师与学生共同生活的理念是一致的。这种校园模式既有利于师生的共同生活，也便于对学生进行管理。这种封闭的宗教色彩浓厚的校园建筑一般都建在城市中，各个学院彼此封闭独立，学校与社会也很少有接触，校内的宗教气氛很浓。这种建筑模式对当时的大学有着深远的影响。很多早期的大学都是模仿这种模式建立的。

二　中国古代校园模式与教育理念

中国古代的校园模式与当时的教育理念是密切结合的。中国古代最早的大学始于西周时期。据文献记载和考古发现，西周时期已有大学的建制。那时实行"学在官府"管理体制。学校设在官府中，官师不分，教育机构与行政机构不分。[①]

到了春秋战国时期，高等教育出现了由官办到"私学"的"学术下移"。私学与官学分离，私学大师不享有官宦的特权。这一时期的私学在我国历史上取得了辉煌的成就，建立了各家学派，出现了百家争鸣的现象，提出了各种哲学、政治、社会和文化学说，培养了众多的杰出人才。

封建社会较正式的大学始于汉代，公元前124年汉武帝正式建立太学。自秦至清中叶，中国基本上是一个统一的中央集权的专制主义的封建国家。封建时代的高等教育，一般可以归纳为四种形式：以培养国家官吏为主的中央官学；以训练专门人才为主的中央专科学校；以学术探讨为主的书院；私塾。

① 范国睿：《多元与融合：多维视野中的学校发展》，教育科学出版社2002年版，第6页。

官学一般采用统一的模式。统一的训练规格，统一的教材，统一的教学方法，统一的考试方法，统一的考核标准。其目的是为统治者培养合格人员，这种合格人员必须统一思想，不允许离经叛道、不允许与统治者思想发生冲突，以维护和巩固封建统治。

私学在中国教育史上历来占有很重要的地位。中国古代的大部分文化经典是靠私学的传递才能绵延至今的。私学一般由个人传授，多为灵活的家庭授课方式。

书院始于五代而盛行于宋、明时期，一直延续到清朝末年。作为一种与官方不同的高等教育模式，其教育理念以推崇道家循世思想，追求返璞归真，重在养性修行。它的培养目标是如何做人，而不是为官之道。一般是自由讲学，自主择师；提倡学术交流，"以文会友"。

中国古代的高等教育由于层次的不同，不同层次具有不同的教育理念。与这种教育理念相应的各个层次的校园模式也是不同的。太学、国子监位于京城或王府，府学设于地方首府，学校的地址与各地方的孔庙相联系，借以加强儒家思想的钳制与教化作用。书院的建筑形式大部分与当时当地的自然相融合，这是与书院崇尚道家回归自然的教育理念有着密切的关系。所以当时的书院一般都设在山林名胜之地，有山林之趣而没有一定的建筑标准与等级规定，比较符合当时书院的教育方针与价值取向。这些书院除了讲学、读书外，还是修书、藏书的场所。私学就是当时的民居，没有专门的教学地点。

虽然封建社会的官学、私学、书院有不同的校园形式，由于在同一时期的文化影响之下，因此又有着共同的建筑特点：校园整体规划采用中国典型的院落式空间结构，一般为四合院或三合院；轴线对称式布局，以纵轴为主，横轴为辅，主体建筑放在后部。表现了封建社会教育所追求的封闭、安静及与世俗社会隔绝，强调与自然融合，"天人合一"，在自然环境中修身养性的封建社会教育理念。我国的这种校园风格一致延续到鸦片战争后西方文明的传入。

三　近现代校园模式与教育理念

（一）欧美近现代校园模式与教育理念

时间过渡到 17、18 世纪，这使得欧洲大学的教育理念呈现出传统与现代交替的二元观。以当时的牛津和剑桥为代表的保守派，他们的教育理念仍然是为教会和政府培养有教养的公民。而以"德国新大学运动"为代表的新派则主张大学要注重实用知识及生活技能的传授，倡导通过独立研究，进而创造出新的知识。以牛津、剑桥为代表的传统派的校园模式仍旧沿用中轴线对称布置的传统模式，建筑群体是封闭式院落组合。强调宗教信仰所具备的庄严、神圣对学生的钳制力和威慑力。而以德国为代表的新派校园模式则是在沿用中轴线的基础上，为适应"教学与科研相统一"的理念，增加了不少物理、化学、医学等实验室与教室。其建筑模式也有了些微的变化与不同。

自然科学从12、13世纪出现萌芽，经过了16、17世纪的发展，到了19世纪上半叶，已经分化发展到了相当精细的程度。与此相适应，高等教育也发生了巨大的变革。许多高校出现了分科制。与这种分科制高等教育相适应的校园建筑模式也开始出现。这种分系科的专业化教育使校园开始由综合的、封闭的庭院空间向专业化强的、各个学科独立的、开放的庭院空间组合转变。各系开始独立设置教学楼，并通过中间的中轴线相互联系。这时的大学校园建筑已经基本具备了现代大学校园的建筑模式。

总体上看，现代以来欧美大学的教育理念为：大学要为工业化生产发展培养应用型实用科技人才和工业化社会所需要的人才。与社会专业化发展相适应，大学必须进行分系科的专业化教育，这是时代发展的要求。大学由远离社会向接近社会甚至走向社会靠拢；由最初的"精英教育"向"大众化教育"迈进；由单一性教育走向多样化教育。大学的职能在这一时期也发生了重大的变化。基本上有了现代的三大职能。与这一时期的教育理念相适应，这一时期的校园模式也有了很大的变化。

（二）中国近现代的校园模式与教育理念

中国近代的大学校园模式主要是借鉴欧美等国家的近代大学学院派的模式，在此基础上吸收了中国传统建筑布局的特点而形成的。这一时期典型的代表是清华大学、燕京大学等。由于当时特殊的历史情况，还有一部分大学沿用了旧书院或者是官府衙门、王公府第作为学校的用址，典型的如北京大学，就曾沿用北京祖家街清端王府作为校园。

新中国成立后，中国的高等教育不论是教育理念还是校园模式都向前苏联看齐。高校的学科建设倾向于理工等国家建设急缺的学科，为中国社会主义社会的发展提供了很多有用的人才。但是这种学科过分细分，偏重于理工科的教育理念也存在着一定的弊端。这一时期的校园建设模式也是以模仿前苏联模式为主。以一个含教学、科研、办公、管理等多种功能为一体的巨大建筑为主，两侧配有以教学为主的侧楼，形成了严谨对称的轴线布局。全国高校校园规划形成一些固定格局，彼此大同小异，缺乏个性，更缺乏不同高校的特色。

四 绿色视角下校园模式的特征

"理念"实际上就是我们对某种事物的观点、看法和信念。绿色理论体现了人与人、人与社会、人与自然的原始关联性、整体有机性、协同进化性和和谐共生性的特点。绿色理论就是新时代的绿色教育理念。绿色教育理念是相对于现代社会以来的为工业社会培养"经济人"的灰色教育理念而言的。在绿色教育理念下，大学校园硬环境的建设具有其他时代的大学校园所不可替代的特征和特色。

（一）整体性

首先，绿色视角下的校园模式是与校园外在环境相和谐一致的。校园的外在环境又分为三个层次：第一个层次是外在的社区环境，它主要是指大学校园的小生境，一般是该大学所处的小范围的环境，既包括社会小环境，也包括半人工半自然的环境；第二个层次是大学所在的大的自然环境，包括大学所在城市所处的自然环境；第三个是大的社会环境，即大学所处的整体的社会环境。绿色视角下的校园模式，首先，要考虑的是校园所处的社区的环境，与所处的社会环境相融合。其次，要考虑的是大范围的自然环境，一所大学的校园模式要是不能与当地的自然环境相融合，那么该校的教师和学生的生活和学习就会因为一些自然条件而被经常打断，或者是容易导致教师和学生的身体状况不好，影响他们的学习和科研。再次，要考虑的是要与当地的社会条件相适应，当然这种适应也不是完全的被动的适应，也包括大学对当地社会发展的引领作用。校园模式与当地的社会条件相适应，这在剑桥、牛津大学的发展史中就能很好地看出来，德国柏林大学的发展也是与当时的社会条件相适应。尤其是中世纪的大学校园模式，就更是与当时的社会条件相适应的。

因此，绿色视角下的大学校园模式是与本地的小环境相适应的，同时也是与大学所在地的自然环境与社会环境相适应的。

其次，绿色视角下的大学校园模式应与一所大学的学校特色相适应。绿色视角下的大学校园模式要与校园内在环境相适应的。中国的清华大学和北京大学的校园模式就与它们各自内在教育理念、价值取向、校训紧密结合，之所以它们能够成为中国著名的现代大学，不只是因为这两所高校具有良好的教育软环境建设，而且还因为这两所高校的硬环境建设无时无刻不在向世人昭示着它们的内在精神气质和教育价值取向。世界上的一些著名大学无不是如此。在形成具有自身特色的精神气质的同时，它们的校园模式也在彰显着它们不同于其他大学的这种内在精神。因此，绿色视角下的大学校园模式不仅仅要与外在的环境相适应，更是外在环境与内在环境的良好结合。

绿色视角下的大学校园模式要与该校园本身所具备的文化氛围相适应的。一所良好的大学必然具备自身所特有的，与其他大学不同的校园文化氛围。一所大学校园的建筑模式首先要体现它本身的特色，要与它所具有的校园文化风味相适应。例如校园的整体布局，校园建筑的式样，校园景观的布置以及校园空间与建筑、植被和整个校园布局的搭配等无不要体现这所大学本身所具备的特色文化氛围。如果所有高校的校园模式都是整齐划一的，那么整个大学就会陷入一种死气沉沉的文化氛围，不会有鲜活的人文气息。中国在新中国成立初期就出现过一批这样的校园模式，千篇一律，千人一面。

绿色视角下的大学校园模式是与该校的校园历史传统相适应。历史上每所超过百年的大学都有自身特有的历史文化性。同样是古老的大学，牛津与剑桥不同。从历史的角度看，美国是一个年轻的国家，但是美国的大学却是现代大学的楷模。在美国常春藤联盟学校中，每所大学都有不同于其他大学的历史发展轨迹和历史传统。而每所大学的校园模式也与其他大学不同。只有能够体现自身历史传统的大学，才能永远立于不败之地，成为具有特色的大学。

（二）发展性

绿色视角下的大学校园模式的发展性，强调一所大学的校园的建设要有未来的眼光，不能只满足现在的需要，过不了几年就不能适应这所大学的发展需要，而不得不另行选址。虽然新校园的建设能够给一所大学带来新鲜的空气，但是，这种时常搬家的大学很难保持一所大学的历史特色及有教育意义的人文景观。牛津和剑桥两所大学自建立以来就没有搬迁过地址，经历了几百年的历史风霜，一些出身于本校的著名科学家和哲学家等的学习和生活的地方本身就已经成为激励下一代学子的潜在教育工具。因此，校园建设的发展对一所大学本身的精神、文化及历史传统有着非常重要的现实意义。

（三）开放性

现代大学应是开放性的大学，这是由时代发展的特色决定的。在中世纪现代大学雏形刚刚出现的时候，人们把大学比喻为"象牙塔"，是因为那时大学基本上是与世隔绝的。历史发展到今天，大学已经走进社会，而且已经成为了社会发展的轴心机构，中世纪的"象牙之塔"已不复存在。弗莱克斯纳所说的巨型大学是大学未来的发展方向。这方面最为典型的例子就是由斯坦福大学带动起来的"硅谷"科技园，还有我国由清华大学等大学带动的科技一条街——北京的中关村科技城。大学校园的模式再也不能是中世纪时封闭的庭院模式，而应是开放性的，与外在的自然、社会、社区环境融为一体的融合性校园模式。

（四）适宜性

绿色视角下的大学校园模式要体现人本性。中国古代的亭台楼榭之所以那么的有名，不仅仅是因为那些建筑的典雅和美丽，还因为它有很高的人文适应性。著名的苏州园林，不仅依地形而建，而且还因为适宜人的居住而闻名于世。大学作为培养人才的专门机构，所有活动的中心都离不开对人才的培养，校园建筑就更是以适合学子的居住、适合学子的学习和研究而设。校园的园林景观、空间布局以及所有校内的建设都是围绕人为中心的。因此，大学校园的建筑模式应考虑适宜性。只有适合教职工学习生活的校园环境才能为社会和国家培养更多有用的人才。

第二节 绿色视角下大学校园的建筑与公共空间

一 绿色视角下大学校园的建筑

（一）与自然环境的协调

由于近现代以来社会观念的影响，大学的校园建筑极少考虑到与自然环境的融合。特别是中国高校在建设过程中，强烈地表现出单一化的建筑风格。在过去几十年的发展中，几乎每个高校的建筑都是钢筋水泥混凝土的灰色结构及外在装饰。体现出现代灰色文明的典型特征。

　　自然环境是指自然界中原有的山川、河流、地形、地貌、植被及一切生物所构成的地域空间。这种地域空间也往往和该地域的气候有着极为密切的关联。不同的地域有着不同的自然环境。而不同的自然环境必然要求要有与之适应的生活及生存方式。

　　建筑存在于一定的自然空间之中，无论是城市还是乡村。古代社会由于人类发展的限度，无论是古代西方社会还是东方社会，也无论是民居还是皇宫的建筑都是依照当地的自然条件而建设，这在古代的中国尤其突出。只是到了现代以后，由于人类科学的发展，人类有能力和条件建设一些能与自然环境抗衡的建筑，因此，就出现了建筑方式的反自然性，不再受自然地理环境的制约。但是，无论人类科学如何发展，人还是来自于自然，最后也必将复归自然，适应自然规律是人类发展的永恒定律。一个城镇，一个乡村的整体建设都要与它们所处的自然地理环境相适应，只有这样，这所城市才能健康长远地发展，如果违背了这个规律，这所城镇或乡村必将走向灭亡。美丽的楼兰古城就是这样湮灭的。同样的道理，存在于社会环境之中的大学就更不能例外。因此，考虑建筑的自然环境融合性也是大学绿色发展必要条件。

　　人类社会的建筑都存在于一定的自然环境之中，和当地的自然环境进行着物质与能量的交换，并且要适应当地的自然环境，与当地的气候地理环境关系尤为密切。每一所建筑其所在地域的自然环境与社会环境经过长期的相互影响，已经形成了特定的文化，并且这种文化深刻地影响了当地的建筑形态，大学校园建筑也不例外，校园建筑应该自觉地反映这种地域特征，形成独特的个性。

　　（二）与校园文化环境的整合

　　每一类建筑都具有自己的文化类同风格，以便于让人们从外观就能很明确地区分出自己与众不同的特色，以此作为标志区别于其他类别的建筑。作为传播人类文化与文明的主要场所——大学校园建筑的这种共同特征就是其文化性。一般这种文化性主要体现于外在的建筑形象上。

　　体现校园的特色，造型简洁，色彩淡雅，材质力求朴实，同时也能从建筑的外在意蕴中体现一所学校的办学宗旨，真正按学校的需要设计校园建筑。最为主要的是能体现一所学校的理念，将校园育人的无形氛围烘托起来，以体现一所学校内在的文化育人性。

　　这么做的目的是从另一方面反映出校园建筑应该是学校文化育人宗

旨的物质载体。每所学校从建立到发展至今，都有自身特殊的发展历程及历史文化背景，校园建筑应该是这种历史文化背景的外在积淀，应成为校园文化不可分割的一部分，从而形成自身独一无二的文化个性。

（三）建筑形态的意象构思

所谓"意象"就是形象（建筑的）具有某种"意义"，但它又不一定是具体的"什么意思"，只是形的某种感觉倾向。[①]"'意'是意义、情意，是不可见的精神内容；'象'是形象，是可见的物质内容。意象就是主观情意和外在物象的结合。建筑的'意'是每个建筑师梦寐以求的境界，而'构思'是设计的灵魂。任何一件杰出的艺术作品的创作，均取决于艺术家的匠心独运。"[②]

"意象构思通常由意象选择、意象组合、意象传递三部分组成。意象选择一方面受到设计任务的约束；另一方面也取决于建筑师的主观倾向和意志。意象组合是在意念构思的调节下进行的一种有目的有方向的要素组合，组合的结果是新意象的建立。它不是一成不变的，具有动态性特征。意象传递即是一种草图操作的过程，将想象的形象用视觉符号固定并记录下来。在建筑创作中，可以通过象征符号、暗示、隐喻、抽象等手法来实现。"[③]

校园建筑的意象构思应该清晰明确地反映一所大学校园的建筑文化，而校园的建筑文化又是该校园文化的组成部分，能够在无意之中反映出该大学的精神气质和文化特色，烘托出该校特有的大学育人氛围，并衬托出高等学府所应具备的权威、文雅、端庄的氛围。一所大学所特有的建筑风格应是和大学的整体文化不可分离的有机体，是在不知不觉之中能对师生的品格涵养和文化修为起到无形影响的潜在因素。典型的校园建筑风格，能使人一踏进校园就可以明显地感觉到它的影响和品质，生活在其中能被它那无形的精神气质所感染，并且能清楚地体验到该所大学所具备的氛围、所特有的使命，甚至是该所大学所特有的价值取向和精神气质。

（四）校园建筑的个性塑造

---

① 沈福煦：《建筑设计手法》，同济大学出版社1999年版，第119页。

② 宋晟：《大学校园建筑及环境的适应性设计研究》，湖南大学建筑系2005届硕士论文。

③ 同上。

　　每一个校园都有自身的特色与校园精神。校园的建筑如何更好地体现一个大学的校训、学科特色、专业背景，是校园建筑个性化塑造的关键，同时，也只有具有个性化建筑的校园才能向学子们及世人昭示学校教育的独特精神。例如清华大学的校训是："自强不息，厚德载物"；北京大学的校训是："爱国进步、民主、科学"；牛津大学的校训是："主照亮我"；剑桥大学的校训是："剑桥——求知学习的理想之地"；哈佛大学的校训是："让真理与你为友"；斯坦福大学校训是："愿学术自由之风劲吹"；哥伦比亚大学校训是："在上帝的神灵中我们寻求知识"；加州大学伯克利分校校训是："愿知识之光普照大地"。"我国的清华大学校园，以其独特的清水砖墙和大面积绿色草坪的风格形成了自己独特的校园风貌，北京大学自墨菲首次结合中国古典建筑和园林艺术进行规划以来，就一直保持了一种浓厚的中国传统建筑艺术格调，体现着高校独特的中华文化特色。美国斯坦福大学的创始人勒兰·斯坦福自建校一开始，就在学术水平和校园建筑上都提出了最高的标准。著名建筑师库里芝（Coolidge）作了第一期建筑设计，从而为这个百年校园建设定下了基调。由于加州在早期是西班牙开拓者和传教士活动的范围，因而校园建筑带有西班牙的建筑传统。这种以拱廊连成整体的建筑群形成了在全美乃至世界的大学校园中都是非常有特色的校园环境"。①

　　（五）校园建筑的节材、节能和节水

　　现代社会以来，由于科学的高度发展，使人类确信人类自身的造物要高于自然的造物，因此，建筑行业大发展。古代社会的茅草屋，以及利用天然材料而进行建筑的观念逐渐地被人类创造的材料所取代，其中最为典型的是建筑行业中利用水泥建造高楼的出现。现代以来的城市及乡村，凡是稍微沾染点现代气息的村落在建筑房屋的时候，首先选用的建材是钢筋水泥混凝土。这种建材最大的缺陷是对环境的污染，主要是在建材的制造过程中对外在环境的污染。"建筑花费大量的资源，而且产生大量的弃物和污染，按照世界观察机构，每年从地球上抽出的原材

---

　　① 冯刚：《中国当代大学校园规划设计分析——兼论组团式大学校园规划》，天津大学建筑学院 2005 届博士论文。

料的 40%转变为建筑原料，估计建筑花费全球能量的 40%。"①

同时，现代以来的建筑设计大部分都没有考虑到节能的必要性，很多建筑的设计浪费了水资源、电资源，有些建筑的暖气设备的设计也没有考虑到节能的需要。"气候学家告诫我们，除非我们减少化石燃料燃烧和二氧化碳的放出，不然这个世纪末全球的气温可能升高 8—10 度。"②

绿色建筑的出现是时代发展的需要，也是人类为了自身长时间、可持续生存的需要。绿色建筑设计是一个全盘的、整体的和协作的过程。绿色建筑设计包括以下特征：

建筑的选址要避开现在正在使用的肥沃土地，应选址在褐色的土地上建筑。

尽量就地选材，避免长距离的运输，这样容易产生大气中的二氧化碳污染，而且劳民伤财，造成资源的浪费，同时，还极有可能，建筑的用材并不能很好地适应当地的气候。

在建筑设计过程中，要尽量考虑到能量的合理应用和使用，尽量地节约能量和能源，并且要考虑到以后新能量使用时，设备设施的可更替性，并且尽量减少资源的浪费。

尽量在建筑物中使用可以更新的、再生的新能源。例如加热可以使用太阳能、制冷也可以利用太阳能；照明和发电可以使用太阳能，也可以使用沼气，有条件的地方还可以利用水能和风能照明和发电。这些能量都是可以更新，且不会给环境造成污染的能量。

更有效地使用原料。在建筑的过程中要有效地使用材料。现代以来，由于在人们的观念里，自然资源是取之不尽、用之不完的，因此，在建筑材料的使用过程中，存在着严重的浪费现象也就不足为奇了。绿色建材强调，地尽其能、物尽其用，避免出现任何的浪费现象。

现在随着科技的发展，人们已经意识到有些建材的环境污染性，逐渐地开采了一些环境友好的建材，但是这些建材相对于那些对环境有污染的建材来说，造价要高些。一些建筑商为了获取高额利润，就会选用那些便宜的建材。而那些便宜的建材对环境及人体的危害是很大的。因

---

① 王民主：《绿色大学与可持续发展教育》，地质出版社 2006 年版，第 53 页。
② 同上。

此，在建筑的过程中坚持选择环境友好的建筑材料很重要。

绿色的建筑对水资源的利用是最佳的。因此，如何在一个绿色的建筑中更好地保存和利用水是非常必要和必需的。并且如何设计循环使用水的工艺也是衡量绿色建筑的一个重要标准。

创造一个健康的户内环境是绿色建筑最为重要的条件。户内环境包括使用建材的环保性，户内空间布局的合理性，室内空气的流通性，室内外绿色化的科学性等。

二　绿色视角下大学校园的空间

（一）校园空间应体现校园的人文内涵

大学校园的历史、文化、精神和场所是大学的宝贵财富，是一所大学多年人文意蕴的积淀。这种多年的人文积淀已经在无形之中对那些进入该大学的莘莘学子产生了潜在的影响，甚至在没有进入该大学之前就已经成为学子一心向往的理想圣地。例如清华大学的"清华园"、北京大学的"未名湖"等，这些名校的公共空间不仅让学子们向往，就是一般的游人来到这座城市也是以一睹这些风景为快。

大学的精神和大学校园的文化是由众多学子在这所大学的日常生活和学习的过程积淀而成，这也包括这所大学所倡导的精神及道德价值的取向。一所大学的精神及独特的校园文化正是通过该所学校成员的共同努力，在日常的实践活动中经历历史的积淀、选择、提炼、凝聚发展而成。一所大学的公共空间之所以具有如此大的魅力，是因为对历史的尊重和重视，对悠久校园传统的延续，能够体现校园文化的本质特征，而校园的公共空间是体现一所大学这些特征的最好表现形式。如同一所城市因为城市广场而备受世人瞩目一样，大学的公共空间建设得如何，也同样能为这所大学的文化与精神内涵做到无形的渲染。校园公共空间的独特魅力正是由于校园的公共空间能够体现一所大学所具备的独特的人文内涵，并能表现出其背后的诗意人生。

（二）校园空间应表达校园的外在形象

一所大学的公共空间的布局构成了整所大学的基本框架，校园建筑、人文景观及绿化成为整个空间的点缀。"凯文·林奇提出城市意象的五要素：道路、边界、区域、节点和标志物，五要素共同构成城市环境特色，同样，校园环境意象的形成，脱离不了类似的意象因素，其中大学校园的区域（中心区、学术区、生活区等），建筑边界（人口处），标志物（建筑、环境）等常常是校园空间环境的公共场所、重心。"①校园景观应成为一座城市人文景观的一部分。好的校园景观应能成为一个城市的具有代表性的潜在旅游资源。

很多大学校园景观的独特性取决于校园公共空间的独特性，独特性的校园景观与独特性的校园公共空间遥相呼应，共同组成了一所大学所具备的独特的外在形象。通过这种独特的外在形象，向世人述说着一所大学本身所具备的独特的人文内涵和独特的教育理念。世界著名的大学普林斯顿大学以它著名的环境优雅、建筑独特而著称。美国独立战争时，华盛顿总统留下了对普林斯顿大学的准确评价："没有一所学校能比它（普林斯顿大学）产生更好的学者和给人以更值得尊重的教养。"

（三）校园空间应组织校园的整体结构

校园公共空间是整个校园环境的中介，一所大学的公共空间对整个大学校园的整体环境起到收放自如的控制作用。一个好的公共空间能使整个校园的整体布局呈现出符合生态环境、体现校园特色的良好作用；如果校园的公共空间设计不好，则整个校园的整体就会呈现出一种病态的状况，同时，不能起到激励精神、良好示范的作用，就不能起到与该所大学的软环境共同的教育和激励作用。

"校园空间的整体性能、连续性在于空间结构的有机性，公共空间网络的形成可以促成这种有机性的实现，而公共空间是校园空间组织结构中的关键点。"②当我们进入一所大学，你会发现校园公共空间在整个校园环境中的重要位置，好的景观都属于公共空间的范围。同时，公共空间的分布、大小决定着校园空间系统的布局。现代大学的学院式设计在整体布局上是分散的，因为现代的学科发展导致了各个学院的分离性。但是，现代的很多著名大学之所以给人一种整体相连的感觉，是因为这些大学的公共空间起到了良好的中介和桥梁作用。它们的公共空间能将散落在整个校园之中的各个学院连接起来，而且是有机地连接起来，使整个校园的整体建筑成为一体，同时还能与校园的外在环境成为有机的整体。

---

① 王福魁：《大学校园公共空间设计研究》，天津大学建筑学院 2008 届硕士论文。
② 同上。

第三节　绿色视角下大学校园的用能

一　绿色视角下大学校园的用水

众所周知，我国是一个水资源急缺的国家。部分省市的缺水问题已经达到了非常急迫的程度。高校是一个人口相对来说比较集中的地方，而且用水量相对来说也比较集中。如何做好一所大学的节水工作，在节水的同时，如何搞好宣传，让学生自觉地进行节水用水，不仅仅是在一个大学内节水的问题，这些天之骄子们进入社会后，对于节水理念的宣传及做出的实际行动，能起到其他的规章条例所无法实现的社会效应。

（一）高校用水现状

1. 水资源浪费情况严重

我国高校自 1999 年扩招以来，用水量骤增。"仅以冲厕和淋浴为例，全国大学生每年至少有 1.62 亿吨的排水未加以回收利用，据粗估，全国高校用水量每年至少 1.62 亿吨（含洗、浴、冲厕、炊事等）的排水未加以回收，按全国平均水平年降雨水量 800 毫米、平均校园占地 1500 亩计，全国 1500 所高校所承受的年降雨量约为 1.2 亿吨未加以收集利用，若将雨水和排水两项均加以收集利用，全国高校每年约有 2.82 亿吨的水可供收集利用。"① 还有一些情况是，不但没有将可以利用的水加以回收利用，而且中国目前大部分高校存在着严重的水资源浪费情况。很多大学生还没有形成自觉地节约用水的习惯，在日常用水过程过程中，随意浪费水的情况很正常，也没有人认为那是不正确的。以目前高校发展的情势看，恐怕目前高校用水的节约利用问题更加紧迫。

2. 领导不够重视

我国高校自扩招以来，人数在不断地增加，虽然国家在节水方面出台过很多的条例、规定，但是由于高校原有设施的陈旧落后，还由于大部分高校，特别是东部地区一些水资源并不欠缺的高校，并没有把本校的节水措施真正地落实，大部分的校领导都会认为自己学校的主要任务是培养人才，为国家和社会输送高精尖的、社会急需的人才上，把学校工作的重点放在了学校软环境的建设上，并不认为节水节能等问题的解

---

① 陈洋：《论中国高校生态可持续校园模式》，西安建筑科技大学 2004 届博士论文。

决与他们有什么关系。

3. 缺乏固定的规章条例

目前我国大部分高校还没有制定详细的节约用水的规章条例，在节约用水的宣传教育中，也只是做了一些很表面的文章。把节约用水的宣传教育作为一项任务来完成。

4. 高校科研本身也没有重视这方面的研究

大学有三项基本职能，其中一项就是科研。现代社会发展的很多最前沿的、高端的科技都出自大学的科研。但是，目前的大学科研几乎都把任务放在了国家重视的、能给本校带来巨大声誉和巨大科研经费的项目上，而对于本校的节水等问题，极少有人过问，原因是即使对这方面有了新的创新，得到的科研经费也是很少的，有些人甚至认为，这和科研没有关系，和人们日常的行为习惯有更多的关系。笔者认为，校园节水问题的解决与人们日常的行为习惯有很大的关系。但是，一项新的科研对水资源的节约利用是任何的节水行为无法替代的。

（二）对策及措施

首先，加强宣传教育。在学校的日常活动中，加强对节约用水的宣传力度。同时，加强生态环保思想的宣传教育，使校园中的每个人都具备可持续发展校园的理念。组织一些学生的课外实践活动，让学生认清我国目前的用水、缺水的实际状况；同时还可让学生参加一些节水的科研项目，让学生亲身体验到科研对节水利用的巨大作用。

其次，制定规章条例。一所大学的节水利用的成功与否与这所大学领导的对这个问题的重视程度有着极为紧密的关系。学校重视该问题的最为主要的表现形式就是对该问题的解决形成正式的规章条例，并且要有硬性的赏罚规定。我国目前各个高校虽然也很重视自身的节约用水，但是真正形成规章条例的还很少，大部分都是在学校的道路旁，图书馆边，或者是在某个什么节水日大张旗鼓地做一下宣传，很少有作为学校管理的正式任务来抓。还要有详细的规定，对于节水器具的使用。现在有很多高校已经意识到了节水器具使用的重要性，但是大部分高校却没有严格执行。此外，通过使用节水器具、刷卡用水等措施，加强对学生宿舍、教学楼、浴室等校园建筑中的用水管理，可大大提高节水效益。

最后，合理使用先进的绿色节水措施，做好雨水收集和中水处理的综合利用，也是目前高校节水环节中极为重要的一项。一是屋顶绿化。

"绿化屋顶上蓄积的雨水不仅可以为屋顶绿化的植物提供水分补给，还可通过水分蒸发改善建筑的小环境。在多雨地区，屋顶绿化可以与蓄水池相结合，大雨后覆土吸水饱和，多余水积蓄起来，不使流失。当土壤干燥时，可以使用积存水浇灌。在一些易受洪水影响的地区，绿化屋顶通过其蓄积雨水的能力可以控制暴雨雨水流量的70%—100%"；① 二是采取措施利用雨水渗漏技术，将雨水经过一定的处理后让其渗入地下，有利于地下水的形成；三是中水利用。中水利用，顾名思义，就是污水的再生利用，指经过净化处理的污水可以作为一种再生的水资源而被重新利用。中水利用是节约、合理利用水资源的最有效和直接的途径。

二 绿色视角下大学校园的用能

（一）高校用能现状

据调查，中国高校现行的能源大部分仍为不可再生能源，这种能源的污染性高，不安全性大，且对大气的污染严重。主要是煤、气和一些其他的污染性能源。这些能源用于学校的发电以及冬季供暖所需的原料。而且随着我国高校逐年的扩招，生源的增加，用能需求的扩大，对于能量的需求逐年在增加。这种污染性能源的使用量在逐年增量，对环境及大气的污染也在增加。污染源和污染量日渐扩大，校园环境污染日益严重。且这种常规能源的使用容易导致学校的不安全事故的时有发生。污染源主要来自煤、气（液化气、煤气……）、油、污水、垃圾等。

（二）对策及措施

绿色大学倡导一种对环境没有任何副作用的能源使用，并且致力于开发和利用这种新的可持续、能循环再利用的新能源，这种新能源包括太阳能利用新技术、沼气利用、利用水力发电、利用校园垃圾产生发电。校园垃圾重新利用，不但可以减低垃圾对环境的污染，而且还可以产生新的电能，是一举两得的好办法。

国外在这方面做得非常好，这也可能是因为国外工业化过程要早于中国，已经对工业化过程中所用的那些常规能源所产生的污染和弊病有

---

① 刘滨谊、万静：《屋顶绿化在城市雨水利用中的作用》，http：//www.chinacitywater. org/rdzt/shuihj/bjzhm/20850. shtml。

很深的了解，并在多年的实践中获得了一定的实际经验，所以国外在这方面相对来说比我国做得要好些。"网站 Greenopia 在 2009 年对全美最大的 100 所大学做了环境影响评价，评价内容包括：绿色建筑设计、可再生能源的利用、绿色食品供应、废弃物处理、清洁能源汽车、水资源保护以及学校对自身环境检讨报告。其中对于新能源的利用——即对环境及大气没有污染或者是污染很少，且可以循环再利用的能源的大学有：俄勒冈大学，排名第三，因可再生能源的使用而获得高分。该校通过购买可再生能源积点（RECs）支持可再生能源，还有出色的水资源保护和堆肥计划；科罗拉多州立大学排名第五，它是在所有学校中对绿色建筑的要求最高，校方规定所有校园新建建筑都必须通过 LEED（作者注：绿色能源与环境设计先锋）认证。学校购买可再生能源的电力，校园设施广泛运用太阳能；斯坦福大学排行第六，学校拥有上百辆的电动车辆，并正积极研发太阳汽车。宾夕法尼亚州立大学，这个大学在节能方面的主要特点是加置灯开关罩，及时提醒学生按时关灯。还有加州大学圣迭戈分校，该校 15% 的能源来自再生能源。"[1]

　　由于中国的现代化进度要晚于国外，目前正在现代化的进程中，因此这方面的经验没有国外的那么丰富，并且正在积极寻找措施如何在实现工业化并计入后工业化的过程中，能够避免出现国外的那种先污染后治理的弊端。在这个方面率先做出表率作用应该是大学。在中国目前的经济发展速度高、环境污染严重、节能任务重的情况下，大学如何做好表率作用在我国当前的节能环保形势严峻的情况下，显得非常重要。当前我国高校要采取的节能方针仍是"开源节流"。开源即使利用新的科学技术发展新的能源，例如太阳能、风能、沼气等；节流即是在目前我国绿色科技发展有限的情况下，初级阶段尽量降低常规能源的消耗；第二个阶段即随着绿色科技的发展，逐步以新的、可循环利用的能源来取代。清华大学在这方面做得非常具有代表性和典型性。"清华大学食堂自 1993 年以来不断采取新技术、新设备、新点子等举措节约成本，形成了相对成熟的节约机制。据统计，学校食堂的水、电、气消耗占营业额的比例在 5.6% 左右，远低于北京市标准化食堂资源消耗不超过 10—

　　① Lori Bongiorno, Top 10 greenest universities, http：//green. yahoo. com/blog/greenpicks/252/top-10-greenest-universities. html.

15%的标准，也低于北京高校餐饮行业11%—12%的平均水平，而节约一个百分点就可节省130多万元，这意味着，相对于北京市的平均标准仅食堂一项清华大学每年就可节约500万元以上。清华大学校园共有路灯4000多盏，学校将部分100瓦的水银灯换成45瓦或60瓦的节能灯；改造路灯控制系统，采用先进的智能光控技术，按照每天日升日落时间自动调节路灯的开关时间；另外，学校将90%的变压器都更换成节能型变压器，电力损耗下降了40%。这些措施全年可节电约36.5万度。在供暖方面，改造了供暖的电力控制系统，对具备条件的部分换热站安装了水泵变频控制系统，在学校供暖面积不断扩大的情况下，上一供暖季总耗电量同比减少约150万度。2006年，清华大学供暖管网节能控制系统工程改造开始启动，现已进入最后的调试阶段，该系统全面投入运行后，可以在供暖过程中初步实现按需供暖，分时供暖，预计综合节能率可达到5%，一个供暖季就可节约100万元以上。在教学楼，全面改装节能灯具，将光亮度由原来的强光变成柔光，既避免了强光对眼部造成的光污染，又降低了能耗；将夏季保洁时间由夜间调整到清晨，利用自然光作业，每天节电15%"。①

第四节　绿色视角下大学校园的净化

一　绿色视角下大学校园的垃圾处理

（一）高校校园垃圾现状

高校校园内除了那些不可再生能源产生的污染外，就是高校校园日常生活所产生的垃圾以及实验室有害物体产生的污染。由于高校人口相对的集中，一所高校所产生的污染也是不容忽视的。但是，目前中国几乎所有的高校对本身产生的垃圾并未做任何的处理，就连最为简单的垃圾分类处理也基本没有做到，而只是做到了表面上有可以回收利用的垃圾桶，至于在实际的行动中是否落实，并没有人深究，也没有专门的机构来管理，而是作为城市垃圾的一部分加以排放。这种情形加剧了全国垃圾污染的严重性，并且浪费了不少的资源和能源。

---

① 《清华大学建设节约型校园，多项措施并举 节约效果可观》，http：//www.100jn.com/TradeNew/200735/1297.html。

我国每年生产的生活垃圾无数，而垃圾无害处理率与垃圾的排放率不成正比，大部分城市的生活垃圾只能运往城市郊外露天堆放。很多城市陷入垃圾的包围之中。一些大城市日产生活垃圾 3000 余吨左右，大部分是实行地下掩埋或焚烧，循环利用的几乎没有。就是一些发展比较快的超大城市，生活垃圾的利用率也不足 5%。

"据部分高校垃圾年排放量调查，粗估高校每日垃圾量为 2.5 千克/人次，例如清华大学年垃圾量约 28800 吨，西安交大年垃圾量约 25200 吨，其中有机垃圾约占 1/2。全国高校按 600 万人粗估，每天垃圾排放总量约 15000 吨，每年垃圾排放总量约 450 万吨，其中有机垃圾约 225 万吨。这些垃圾并未被有效利用，只是被压缩运走。"[①]

而这些垃圾中大部分是可以回收利用的。一是有些垃圾还可以回收利用，如纸张、塑料和部分家电等。二是部分垃圾可以作为产生沼气的原料。三是发电。根据我国最新技术成果，每吨垃圾可发电 200 度。四是可以进行垃圾堆肥，肥料可以用于校园花草树木的种植，这样既节约了资金又使校园的环境得到了净化，是一举两得的好办法。

（二）措施及对策

垃圾的分类处理很重要，因此，首先，要搞好宣传教育工作，让校园内的师生自觉地将垃圾放在分类垃圾桶内。这个方面一是在学校的宣传教育栏内宣传垃圾分类回收作用和重要意义，再有就是一定在宣传栏内说明垃圾可以回收再用垃圾对于节约资源和能源的重要性。二是利用大学生的社团活动来宣传日常行为中注意垃圾分类回收对于节约能源、保护环境的重要性。三是可以让大学生参加一些这方面的实践活动，用事实说明垃圾也可以变废为宝，为学校节约能源，并且能为学校创收，还可以使校园的空气更加洁净。

其次，制定合理的校园政策规定，制订详细的执行计划及奖惩措施。在这方面美国的大学做得非常好。网站 Greenopia 在 2009 年对全美最大的 100 所学校的评比中，评选出 10 所最环保的大学，其中由于垃圾的处理而获排名的有华盛顿州立大学，它有很好的废物回收和堆肥计划，有最积极的保护措施；校园内还因使用清洁能源汽车和绿色建筑而高居首位。加州大学圣巴巴拉分校，该校的废物回收率高达 62%，而

---

① 陈洋：《论中国高校生态可持续校园模式》，西安建筑科技大学 2004 届博士论文。

居全美废物回收率的榜首，学校的目标是 2020 年实现零废物的排放；加州大学戴维斯分校，良好的垃圾回收率，一揽子的堆肥计划。通过学生实习垃圾分类，使得垃圾回收率不断提高。

再次，回收利用，回收可以保存有价值的资源。例如回收纸可以减少对树的砍伐和节约森林资源，回收金属、塑料和玻璃减少原料的提取和采矿和冶炼对生态系统的损坏。回收可以保存能源：用回收的东西来生产新的产品比从初始原料生产产品花费更少的能量。例如，制造一个新的铝关头，回收的铝比原始材料制造的铝要节约 95% 的能量。回收可以减少空气和水污染：回收减少了采矿和冶炼造成的空气和水的污染。

最后，利用先进的科学技术将垃圾转化为有用物质。例如上文所提到得利用垃圾产生沼气，可以为校园节约能源，而且这种能源是无污染的绿色能源。

二　绿色视角下大学校园实验室废弃物、有害物质的处理

（一）绿色视角下我国大学校园实验室废弃物、有害物的管理现状

在解放初期，我国学习前苏联的高等教育模式，实行学科比较单一的专门类高校；改革开放后，对一批专门类高校进行了合并，为了培养综合性人才而以综合类学校为主。随着新一批高校的升格，我国综合类学校大有遍地开花的趋势，单一性专门学校已经很少。而综合性高校的学科范围比较齐全，一般都包括理工类。一般人们总认为，高校的实验室在高校中只占很少的分量，很少关注到实验室废弃物及有害物质对环境的污染及影响。因此，实验室的管理成为高校绿色建设的重点。在去年全国两会上，还有人大代表提出，针对某高校的调查表明，该校 16个院系中有 12 个院系下属实验室存在污染物排放，比例为 75%；其中危险废物占国家危险废物名录所认定的 47 大类中的 28 类，比例高达 59.6%。

"2008 年，教育部教学仪器研究所成立了'学校化学教学实验废液问题的研究'课题组，选取北京大学、湖南大学、首都师范大学的化学实验教学中心以及分布在各地的 10 所普通高中为代表，进行了废液量的调查。"

"这项研究还对 1000 多名来自 16 所'211 工程'大学的化学教师、

实验员、做化学实验的本科生以及 600 多名来自 130 所中学的化学教师进行了问卷调查。研究者还走访调查了国内若干所大学。"

"结果表明，我国高校和高中化学教学实验所产生的废液，绝大部分是需要回收处理的危险废液。就危险废液量（不包括洗涤液）而言，根据统计结果估算，各高校化学实验教学中心的危险废液规模大约在每年几百至几千升；普通高中学校校均危险废液产量大约为每年 100—600 升。废液以重金属、不含卤有机废液、废酸为主。根据这一研究结果，再考虑我国的学校数量，仅来自学校实验室的废液总量已经不容忽视。而且该研究尚未包括科研实验的废液数据。"

"彭实等人的这项研究还指出：2005 年国家环保总局和教育部联合发布《关于加强高等学校实验室排污管理的通知》以后，一些高校开始重视相关工作。但是，多数高校还是没有建立健全完备的废液管理机制，也缺少专项经费支持。而且由于整个社会处理危险废物的设施不完备，使得废液回收渠道不够畅通。师生们对废液的识别、分类以及处理方法等相关知识缺乏全面系统的了解，监管不够严格，少数师生的环保意识和责任意识不强。这些原因导致了废液的回收和处理还很不完全。而且，总的来说，高校交给专业处理公司处理的绝大多数是废弃化学试剂，真正意义上的实验废液并不多。"[1]

可以说，目前对高校实验废液的处理还有如下问题：

第一，没有明确的处理规定。一般的实验室很少关注废弃物处理及有害物质的处理，通常的情况下是和普通垃圾一样处理。这样的处理方式一是造成了高校实验室普遍存在的浪费现象，二是一些试验过程中使用的有害物质对环境造成极大地危害，特别是有些有害物质通过下水管道进入地表，极容易对人体造成危害。而我国高校一般对于这些垃圾的处理都没有明确的处理规定和严格的规章。造成了高校实验室废弃毒物质处理得不当。这也是高校目前环境污染的一个潜在来源。

第二，没有清醒的意识。由于这方面宣传教育的有限性，大部分实验人员没有清醒地意识到对于这些废弃毒物质正当处理的重要性。很多人在实验做完之后，把这些废弃物质就当一般的垃圾随意扔掉了。即使

---

① 彭实：《实验室废物处理须建立有效机制》，http：//www.cas.cn/xw/zjsd/201001/t20100129_ 2737874. Shtml。

对有害物质处理，也一般是填埋或者是通过水管冲洗，让有害物质随下水道排放。这样处理的害处一是造成环境污染，二是对人体有害。填埋污染土地，水冲污染水质。

第三，浪费严重。一些实验使用过的废弃物物质其实还可以回收再利用，这样不但可以节约资金，而且还可以减少对环境的污染。但是，目前大部分高校对于实验室废弃物的回收极不重视，造成了大量浪费现象的存在。

（二）措施及对策

1. 制定明确的管理规章

目前高校实验室存在的这种废弃物质、有害物质随意处理的现象大部分是因为各个高校对于实验室污染物质没有明确的管理规章，导致在处理的时候，随意性很大，没有人重视，一般都把那些有毒有害的物质当成了一般的废弃物质的方式处理。这样处理的后果是对空气、土地及人体造成的潜在危害很大。因此，各个高校针对这一情况应做出明确的管理规章，对于不同的有害物质如何处理应写出明确的处理方法及明确的赏罚规定，对于不按规定处理的试验单位，实行重罚；再次，对于可循环利用的废弃物质，要有关于循环使用的详细说明。总之，对于实验室目前的随意处理有害物质及废弃物质的现象，首先要从管理规章抓起，这样才能做到有法可依，有章可循。

2. 搞好宣传教育

很多人并不了解实验室有害物质通过下水道冲洗之后对于土地及当地水质以及人体危害的程度有多大，因此，在这方面应加大宣传的力度。建议在凡是有实验室的地方都有一个对外的公开的宣传教育栏，说明实验室有害物质随意丢弃的危害性，使人人都能受都监督，在实验的过程中自觉遵守规章。

3. 明确责任义务

要明确在实验室工作的每一个人的责任义务。对于他们的每一项工作所实验的步骤都要有详细的记录，对于每一项实验所丢弃的有害物质的处理结果，都要有详细的记录。对于那些因本科生实习需要而进行的实验，需要每个代课教师负责试验后有害物质的处理。这样便于监督控制，也有利于每个实验人员明确自身的责任义务。

4. 实行回收利用

在实验室中不仅仅是有害物质，还有很多废弃物质，这些物质中的大部分是可以加以回收利用的物质。因此，在试验后，加大回收利用的力度，不只是节约了资金，对于环境的绿化和保护也是很有好处的。

第五节 绿色视角下大学校园的绿化

一 绿色视角下大学校园的绿化

（一）绿化的作用

众所周知，绿化对地球，特别是对地球上人类的生存具有很大作用。绿化可以净化空气，绿化在光合作用下，吸收二氧化碳，并放出氧，是消除大气温室效应的有力措施。每公顷绿化面积在阳光下产氧量除供植物自身呼吸外，对外可提供氧50千克/小时，同时吸收二氧化碳75千克。从有关资料来看，世界上除极少数国家外，人均绿化面积严重短缺，尤其我国更是如此。

人类目前对地球的破坏，除了由于工业的发展，过量排放二氧化碳造成大气污染，影响气候之外，最为严重的就是对于地球上绿地及森林的破坏，都称森林是地球的"肺"，是因为绿化还可以减轻地球上人类所排放的二氧化碳对地球的破坏作用。绿化能够吸收二氧化碳，减轻地球上的温室效应。目前地球人类的活动正在加剧地球上的这种大气温室效应带来得危机。由于植物的绿化作用，如果地球上的绿化面积超过一定的数量，则能减轻大气的这种温室效应，从而改善地球的气候环境和居住环境。

不仅如此，绿化还可以过滤尘埃、杀灭细菌、消除噪声、改善环境。而目前，我国由于工业发展和人口的增加，大部分耕地被城市发展占用，更别说绿化面积了。特别是城市人口密集、大气和噪声污染严重、城市热岛效应对气候的影响突出，最为主要的是城市绿地奇缺。很多的原始森林已经成为草原，而有些草原也在逐步地沙漠化。因此，加大绿化的步伐在我国显得特别的重要。

绿化还可以阻止水土流失，避免土质的沙漠化。长江流域由于绿色植被的破坏，专家称长江有可能成为第二个黄河。1998年长江流域的洪水和我们破坏植被、乱伐森林的行为有很大的内在关系。由于植被破坏而沙漠化，历史上楼兰古国的湮灭就是典型。现在内蒙古草原的某些部分也因为过度的放牧而有逐步沙漠化的危险。

从以上叙述中，我们足以见得绿化对地球保护的作用。众所周知，绿化不仅具有如此好的吸收二氧化碳、减轻城市热岛效应、供氧、调温作用，还具有良好的调湿、除尘、降噪、吸收有害气体、保持水土、为生物提供自然生存环境、调节人的视觉、心理等诸多生态功能。因此，我们必须十分重视校园绿化。

（二）中国目前校园绿化的现状

1. 没有长远的绿化规划，校园绿化工作随意性大

我国高校绿化比较突出的问题是随意性比较大，一个原因是重视的程度不够，认为只要是绿色就行了；还有就是绿化只是陪衬，如果校园面积大，则绿化可以多点，如果校园面积小，则绿化就少点，没有长期的固定的规划，在现实中表现的随意性很大；另一个原因我国现行的高校之中很多都有两个或以上多校区合并的学校，由于领导的更替，导致校园绿化工作的随意性。即使没有合并的高校，由于近年高校不断地扩招，生源量的增加，大部分高校也已经增建了新校区。在新校区的建设过程中，虽然有比较正式的规划，但由于这样那样的原因，抑或是科室人员的调动和调整，也导致了现实中绿化的随意性存在。

2. 只顾表面文章，对校园绿化美化工作的认识不到位

高校是以培养人才为目的，相对于培养人才，高校一般不会将重点放在校园的绿化美化上，这样就导致了校园的绿化不受重视，一般都会认为只是为了让校园变的更好看些，抑或是为了完成上面交给的任务，或者是硬性的完成绿化得要求。

3. 新老校区的绿化工作不均衡，校园绿化工作缺乏科学性

由于近年高校不断地扩招，为了适应不断增加的在校人数，老校区也在一直不停地扩建，一般的情况下，老校区都在城市的闹市区。即使当初没有建在市区，由于高校人数不断增加，也带动周边市场的发展，从而使不在市区的老校区成为了市区的一部分，这也是市场经济发展的必然。扩招后老校区的扩建工作在老校区无望向外发展的情况下，只有占用校园绿色的空间来改建成教学楼或者是学生的宿舍楼，这样发展的后果必然是老校区绿化面积的减少。有些大学的老校区已经看不见成片的绿地，只能看见马路边的一些树木。放眼望去，全部是钢筋混凝土结构的灰色。

　　在老校区的发展仍然赶不上生源数增加的步伐的时候，我国当前的大多数高校都已经改迁到新校区了，但老校区仍然保留。在新校区绿化的过程中也存在着绿化的很多问题，一是认为绿化就是大面积的草坪，致使由于绿化而占用大面积的土地；二是在绿化的过程中植物种类单一，对于植物树种的多样搭配种植不够重视。认为绿化就是绿树成荫就行了。三是不合理利用当地的植物品种，而是花费巨资到外地运输一些贵重树木种类，没有考虑外地植物很难在当地成活，造成资金的浪费。四是在绿化的过程中，只考虑平面的绿化作用，没有考虑立体绿化的环保及节能作用。我国目前大部分高校都只是占用大面积的地面作为绿化的主要的用地，没有考虑在楼体及楼顶上的绿化。没有形成地面绿化与高建筑绿化的遥相呼应。在校园绿化的过程中，要么像新校区那样，占用大面积的地面土地作为绿化的成本，要么像老校区那样没有绿化，走向了两个极端。大面积的绿地浪费了太多宝贵的土地资源，而建筑楼体夏日暴露在烈日之下，每年都需要大量的能源来给楼体降温，浪费了大量的资源、能源，同时造成了校园内热岛效应的增加。而国外一些高校所采用的墙体绿化或是高层建筑屋顶的绿色对于节约能源及校园立体绿化都起到了很好的作用。这样立体绿化的结果还有利于人的居住及工作环境的改善。

　　（三）校园绿化的对策及措施

　　在老校区增加建筑体的绿化，也就是加强老校区的立体绿化。一般的大学都会认为老校区由于扩招学生人数的增加，地表的面积越来越少，已经没有足够的地表面积来进行绿化，因此，增加老校区的绿化面积是不可能的。没有考虑到除了地表的绿化之外，也可以增加建筑顶部或者是建筑墙体的绿化，例如在屋顶种植植物或者是草坪。有很多高校在建筑的墙体上种植能够爬行的植物也很成功。在墙体种植植物，夏天不仅可以降温，减少阳光对墙体的直射，而且由于墙体植物的降温作用还可以节约用以制冷的电能。冬季由于墙外植物的蔓藤可以使得向室外对流散热减少，因而具有较好的保温作用。通过对建筑屋顶及建筑墙体的绿化，再和地表绿化的呼应，可以形成上中下的立体绿化，这样一些高校老校区的绿化问题就能得到很好的解决。做好建筑绿化不仅可消除大气温室效应，还可调节微气候，带来节能以及环保方面的综合效益。国外的高校在这方面有很多成功的例子，国内有些高校在这方面也做得非常好。

在新校区绿化面积加大的现实情况下，增加建筑的立体绿化，使地面的平面绿化与建筑的立体绿化遥相呼应，形成上中下呼应的绿色校园。

增加不同的适宜本地自然生态环境的树种和草种。在实现校园绿色率的同时，增加景观的人文效果。同时，让不同的植物景观交互作用，达到最好的绿化和清洁空气的效果。

二　绿色视角下大学校园景观的建设

（一）我国校园景观存在的问题

1. 校园主要景观的特色不明显，有一定的趋同性

近年来，在高校建设中，园林景观是很重要的一个建设方面。园林景观是集美学、生态学及文化学等多种学科以及经济发展的综合工程。但是在目前高校的建设过程中，老校区的景观过于陈旧，通常没有和新的建筑群相融合，呈现了当时的时代特点，与大学扩招后建设的新建筑有一定的时代差距。老校区的景观一般都是随着学校初期的建立而设计建造的，而那一批学校一般都是在新中国刚刚成立的五六十年代，那时的校园建设的趋同性很高。几乎每所学校的建设都是相同的，就连校园主楼前的雕塑也是相同的，大门的景观就更是千人一面了，就更谈不上特色了。新一批的新校区正在建设热潮中，校园景观的建设似乎有了些许不同，但是在主要的景观建设上还是存在特色不明显，具有一定的趋同性等缺陷。

2. 体现的人性关怀不够

一般老校区建筑的人文关怀都较欠缺，这是由于时代因素造成的，突出了景观的时代性特色。在新一批高校新校区的扩建过程中，在追求景观的宏大、壮观的同时，却同样地忽略了人性关怀。出现了"见物不见人"的景象。在有些学校的新校区中，操场足够大，但是由于整日暴露在炎炎烈日下，而导致没有人前去锻炼。在有些学校的亭台楼阁的建设中，由于地点选在远离教学区和宿舍区的地方，平常很少看见有人前去学习和休息，成了真正的名副其实的景点，只可看不可用。这些只重景观而不重人性化的问题也是当前我国新一轮高校扩建过程中景观建设的主要问题。

3. 与校园的特色文化结合不紧密

每一所高校都有自身的特色，都有自身的历史文化积淀，都应该显现自身的大学精神。在校园景观建设的过程中，最应该体现的就是大学的这些文化特色。因为通过大学景观的特色塑造，能够激励在校的学子们为了校园的精神去奋斗，去激扬人生。但是，目前的新校园扩建后所塑造的景观几乎已经将一所高校在老校区那么多的历史文化底蕴遗忘殆尽，在景观的建设过程中，只讲究景观的漂亮性、时髦型、可观赏性，而遗忘了与本校文化特色及校园精神的结合。

4. 与当地的自然地理环境的融合度不够

一所好的大学校园建筑应是与当地的自然地理环境密切结合的。校园内景观的塑造也同样应与当时当地的自然地理条件相适应。但是，在当前的校园建设中，却很少考虑到与这些自然地理环境的融合性。导致了出了校园是一种景色，进入校园是另一番风景，互不相关，没有交叉性，就更谈不上融合性了。

（二）绿色视角下大学校园景观的建设

1. 根据地域特色营造景观

中国校园分布在东西、南北不同地域中。众所周知，我国的南北、东西地域的气候条件、风土人情、建筑式样的差别很大。在不同地域中的植被种类的差别也是很大的。因此不同地域的校园，他们的气候条件、文化背景、生活习惯、行为方式、建筑形式、乡土材料均不尽相同，这在我国古代校园的建筑及园林景观的塑造过程就已经体现出来了，只是到了解放后的某个特殊的历史条件下，才出现了我国校园规划模式的趋同性，在景观塑造方面也不例外，也出现了某些趋同性。改革开放后，我国校园景观的塑造已经出现了地域特色性，特别是在高校新校区的建设过程中。

不同的气候条件的校园，表现出适应不同气候条件的建筑、水体和植物景观。同时位于不同地域的文化背景也是不同的。北方和南方的文化就截然不同。北方文化表现粗犷，而南方文化表现细腻而婉约。因此，处于不同地域的校园模式，不仅应根据地域特色营造而且还要根据当地不同的地域文化来建造景观。这样才能凸显出校园的地域特色和特征，让当地的风土人情在校园的建筑中体现出来。只有这样也才能让处于某个地域的高校校园健康发展。

2. 根据大学特色营造景观

不同的大学具有不同的特色。例如理工科类的校园模式与文科类的校园模式绝对不同。理工科类的校园崇尚理性，讲究严格的线条对称，建筑模式一般也是方方正正而不凸显随意性；而文科类的校园一般人文气息比较浓，建筑体的式样要随意和浪漫一些。再比如艺术学院的建筑模式和理工科类的可以说是完全相对，艺术学院的建筑模式讲究完全的浪漫化和艺术造型，因为这样更有利于启发学生的艺术思维，整个校园弥漫的是一种浪漫而随意的气息，因此，校园景观就会比较艺术化和浪漫化。

因此，在校园景观的营造过程中，不同类型的大学要注意根据自身的特色营造适合自身特色的校园景观。只是在营造的过程中，不要过于拘泥于这种特色，而使校园景观出现呆板的特色。当前，中国理工类校园的建设就有这方面的缺陷。由于过度强调理工类的理性特色，过于强调中轴线和对称的布局，从而是校园缺乏人文气息，容易给人造成一种死气沉沉的景象。

3. 结合校园历史文化营造景观

某一个历史时期的高校具备一些共同的文化要素，但是在同一个历史时期的不同的高校同时也具备自身不同的校园文化。因此，校园景观的营造应体现校园的历史文化。在目前高校新一轮的扩建及改建过程中，新建校园在景观营造的过程中，对于本校历史文化的传承方面考虑得不够，很多高校在新校园营建过程中，与老校区的风格已经截然不同，看不到有什么相似的地方。一所高校之所以具有人文气息，是因为这所高校在它本身的历史发展过程中，所承载的一些具有特色的历史文化性，例如这所学校培养人才的某种风格，抑或是从这所高校中走出的某个伟人，或者是学校为彰显某种特色而营造的某种校园文化氛围等等，都是这所学校无形文化氛围。如果在景观的营造过程将这些遗失，那将是一所学校最大的损失。因此，在校园景观的营造过程中，无论是老校区景观的改造还是新校园景观的建设，都应考虑到一所学校本身的校园历史文化特色。

4. 合理配置植物营造景观

在当前中国校园景观的营造过程中，大部分是假山石及人工雕塑，很少利用植物营造景观。植物营造景观有两大好处，一是可以在校园绿化的同时给人以美感；二是可以增加立体的绿化面积。在植物营造景观的过程中要注意植物种类的搭配，同时注意不同植物的生长地点。目前在我国新校区的扩建过程中，很多高校在注意校园绿化的同时，也将某些错误的绿化理念植入其中。例如某些高校不惜花重金，引入外地的某些珍贵稀有树种，加大了养殖的费用，而且还极有可能产生极大的浪费，有些植物因不适宜地域气候而死亡。因此，在合理搭配植物种类的同时，要注意植物地域性的生长特点。

第六节　绿色视角下大学校园的智能化

一　绿色视角下大学校园信息网络数字化的建设

21 世纪的社会是信息网络化社会，讲究社会发展的关系性，整个地球越来越成为一个互相联系的紧密的关系体。这种新文明范式下生活的人类，减少了空间对人类活动的限制性，关系性是它最为主要的特征。同时，这种文明范式的转型也为未来人类生活的"绿色化"发展奠定了基础。"软技术"的出现、无纸化办公、网上购物、新的无污染的可再生能源的利用等，都与新世纪迅速发展的信息技术密切相关。

高校校园信息网络数字化是指利用计算机网络将校园的各项日常工作连接起来，利用计算机数字处理程序高效、快速处理校园日常工作的一种现代的高度发达的技术。它的核心部分就是数字校园。"数字校园是在传统校园的基础上，将现实校园的各项资源数字化，从而形成一个数字空间，它使得现实校园在时间和空间上延伸开来。是以网络为基础，从环境（包括设备、教室等）、资源（如图书、讲义、课件等）、到活动（包括教学、管理、服务、办公等）全部数字化，在传统校园的基础上构建一个数字空间以拓展现实校园的时间和空间维度，从而提升了传统校园的效率，扩展了传统校园的功能，最终实现教育过程的全面信息化。"[1]

（一）校园信息网络数字化发展的必要性

1. 时代发展的需要

我们的时代是一个信息化的时代，人类走到今天又到了一个时代转

---

[1]　陈洋：《论中国高校生态可持续校园模式》，西安建筑科技大学 2004 届博士论文。

化的关键时刻。如果说文艺复兴以来，人类进入了工业化发展的时代，那么21世纪的时代是信息化社会，是一个重拾整体性、有机性、关系性、过程性的时代。这个时代的来临不是凭空产生的，而是科学发展的必然结果。新时代的来临在20世纪的四五十年代就已经初见端倪。科学领域出现了重大的转折——复杂性科学群兴起，这个科学群的很多问题的解决是靠计算机的发明；人文社会领域也出现了新的思想新文化，代表了新时代的发展前景——绿色文化的出现。这些重要的转折的出现都与现代信息技术的快速发展有着极为密切的关系。经济全球化趋势的发展，人类"地球村"时代的到来，无不与信息化时代信息技术的高速、高效发展有关。大学是一个时代发展的先锋，既对时代的发展有适用的作用，同时也对时代的发展有推动作用，而推动的作用是其主要的作用。当今是信息时代高速发展的时代，必然要求高校的发展融入时代的发展中，同时对时代的发展起推动作用。因此，高校发展的信息网络数字化也是时代发展的必然要求。

2. 高校发展信息网络数字化教育是现代化教育的重要手段

由于信息技术的快速发展，多媒体教学已经成为高校教学的主要方式，这种方式不但可以将教师从粉笔灰的污染下解放出来，而且还具有信息量大、图像立体感强、教学生动活泼，能更形象地将教学内容呈现给学生等特点。新的信息化技术在教学方式上的应用，意味着教育体制、教学模式、课程设置和教学方法等的革新，也意味着整个教育方式正在面临着静悄悄的革命。

信息技术支撑下的教育变革，正如工业革命初期的教育变革一样，是划时代的。工业革命的结果是现代班级授课制的诞生。绿色信息文明的来临，将意味着虚拟大学、无围墙大学的开始。同时这种教育方式还将改变工业化社会以来那种外在的师生关系，使得教育者与被教育者的关系发生本质性的改变；将取代现代教育传播知识的功能，知识越来越趋向于地域性、创造性与发展性；在教学手段上，信息技术作支撑的教学手段将更加丰富多样，扩展了受教育的范围。"无纸化"教学和"无纸化"学习成为可能，顺应了能量节约的潮流。应对了技术革命意味着能源革命那句话。从某种意义上说，校园信息网络化发展的程度将标志着一所高校教育发展的程度，也是高校实现跨越式发展的重要前提条件。校园的信息网络化是校园文化的重要组成部分。信息化社会的来临，互联网时代的到来，网上购物、网上冲浪等成为每个人生活的一部分。而且网络化时代的最大优势则是学习资源的快速浏览。以前查找资料如大海捞针，文献搜索需要的时间周期很长，耗费了大量的人力物力及时间。互联网时代下的资料搜索也许只要一个按键就可以迅速浏览到你所需要的资料。信息化社会的文化也正在这种信息爆炸的时代中，逐渐地发生变化，即时通讯程序（QQ）、论坛（BBS）、游戏、视听、网购等文化方式逐渐地成为时代发展的主流，校园文化也在这种潮流中悄然发生变化。在浸染着这种方式的缺陷的同时，也给大学校园带来了新的文化生机。同时学子们学习知识的方式也在这种文化氛围中发生改变。主动学习成为一种必然，发挥了学生学习的积极主动性。教师与学生的主体角色再也不是工业化社会以来的权威与被动适应的角色，而是主体与主体的沟通，主体间性成为一种新的师生关系。

（二）高校校园信息网络数字化建设的主要内容

1. 构建网络基础

信息的快速传递需要网络，网络是信息数字化的基础。没有相应的网络基础设施，数字就不能流动，没有流动的数字空间，信息化就不可能。基本的网络建设服务是数字空间得以成立的软件基础。包括信息化平台、电子邮件、文件传输、信息发布等。网络化也是校园"无纸化"办公的基础条件。

2. 建设科学合理的应用支撑及信息服务系统

每一所高校都应该建有适合本校的合理的用户使用界面。包括办公自动化、数字图书馆、管理信息系统、网络教学系统、网络报名系统。信息服务系统包括后勤服务、信息查询、电子商务、校园一卡通等。虽然中国高校的信息化水平没有国外发达国家的那么高，但是到目前为止，国内每所高校也都建有自己学校的用户使用界面。但是不同高校之间的用户使用界却存在很大的差异性。这种差异性导致了不同高校之间的无纸化办公程度的差异，工作效率的差异，对外信息索取程度的差异等一系列的差异。因此，合理地建立一个适合本校的科学的、高端的用户界面也是当前每所高校最应重视问题之一。

3. 实现网络功能的扩展化

数字化校园利用计算机和网络技术对教学、科研、管理、后勤服务、生活服务等校园信息的收集、处理、传输和应用，使校园资源能够得到充分优化利用的一种虚拟教育环境，它可以使校园的功能突破围墙的限制，实现无疆域大学。一所好的数字化及信息化大学可以实现从包括设备设施到资源到应用等的全部数字化，从而达到管理水平的提高和资源能量及办公、学习的绿色化。如何实现这种网络功能的扩展化，也是下一步每所高校信息化建设过程所应考虑的重点问题之一。

二 绿色视角下大学校园的智能化

（一）什么是大学校园的智能化

数字化校园的进一步发展就是智能化校园。信息处理由模拟化发展到智能化是现代信息社会发展的最终方向。网络化是数字化信息处理的最佳基础，而数字网络化信息又是智能化发展的基础。数字网络化只有依靠智能化运行管理，才能实现资源的最高效利用。智能化校园首先应该是一个智能小区。

（二）大学校园智能化的特征

1. 资源数字化

智能化校园的基础是数字化。首先要将员工、学生、资产、财务、设备设施、图书等各种各样的管理和教学资源信息实现数字化。资源数字化是智能化建设的内容和基础。

2. 校园资源实行自动化和智能化集中管理

网络系统是信息流转的平台，智能化校园就是以网络为依托，实现信息流转网络化。校园管理能够通过计算机对各子系统进行实时监测、控制和记录，能充分地为校园师生提供最便捷和快速的服务。同时，通过这种计算化管理，能将校园资源能量达到最大化利用。也为管理者提供更为高效快捷的管理信息，以便及时调节管理手段，以利于高校健康发展。

3. 办公自动化

建立人事、财务、教务教学、招生、就业、后勤、资产、资源能量等电子管理信息系统和以公文流转为中心的办公自动化系统，实现教学、科研、管理和生活的智能化，实现电子校务。

（三）智能化是大学校园适应信息化社会发展的必然趋势

未来社会的典型特征是信息化。绿色文明是信息文明与生态文明的合体。大学作为社会发展的轴心机构，智能化发展是其必然的趋势。信息化发展就是"网络化＋数字化＋智能化"发展。

信息化校园是未来大学校园发展的必然趋势。信息化校园的建立可以集学习、研究与教学一体化。可以使校园信息和校外信息得到最高效和快速的利用；并能使校园的管理达到高效、节能、安全和智能化的程度；使学习者在有限的时间能达到资源的最佳利用和获取，实现学习的最优化目标。

第七节　绿色视角下大学多校园区的交通运输及资源利用

一　绿色视角下大学多校园区的资源利用

中国新一轮的高校合并及高校扩招后，致使我国目前的高校大部分都存在着同一个城市的两个或两个以上的校园区。对于存在于同一个城市不同的区域的校园如何实现资源共享，是目前我国很多高校比较急需解决的问题之一。

高校的资源一般分为人力资源、物力资源和文化资源等三个大的部分。就像上文所述及的，高校的信息网络数字化能够使高校的教学系统、办公系统等实现共享，在智能化的基础上还可以实现更高层次的教学和办公，提高高校的效率。在实现这些最为基本职能的同时，校园信息网络数字化和智能化也使目前高校存在的多校区资源共享问题得到很好的解决。实现信息网络化后，教学和选课等一些基本的日常教学活动都可以在网上实现，这样的情况下资源自觉地就实现了高校利用和共享，这种高度信息化的校园网络，可以解决因空间的差距而带来的不便。由于当前中国的现实国情，一下子达到国外发达国家的校园信息网络化和智能化的程度也是不可能及不现实的，在我国目前的现实情况下，当前应做的第一步是实现校园信息网络数字化，在这个基础之上再逐步实现智能化。当然，按照我国目前的现实情况，对于高校的信息网络数字化也不是一蹴而就的，而是一个逐步发展的过程。

二　绿色视角下大学多校园区的交通运输

多校区校园资源共享的另一个重要方面即是交通运输的问题。在很多高校存在着多校区校园交通运输的不方便，由于交通运输的不便利，而影响了高校的效率。很多高校因为多校区交通的不便利，无法按时授课，学生无法按时听课。有的学校由于校车不能按时和及时输送教职员工，致使很多人在等车的过程中无形地浪费了很多的宝贵时间。而在有的学校中，由于交通的不便利，新老校区之间跑一次，要浪费半天的时间，有的甚至是一天的时间。这种情况给教职员工及学生的生活及学习和工作带了诸多不便。因此，在考虑到物力财力资源更好共享的同时，如何让多校园区大学的人力资源更好地共享也是目前多校区大学需要注重的问题之一。

高校多校园区资源如何实现最佳共享是一个值得深入研究的问题。由于本书的篇幅所限，在这里的论述只起到一个抛砖引玉的作用。在以后的研究生涯里，笔者准备作一深入细致研究，以期和大家共同探讨。

本章小结

大学硬环境建设与大学软环境建设是一个事物的两个方面，纵观古往今来的大学硬环境建设，都从始至终贯穿着大学的精神与大学的理念。绿色理念下的大学硬环境建设表现出整体性、发展性、适宜性、开放性等特征。在这一理念指导下的大学硬环境建设要体现出人与人、人与社会、人与自然的原始关联、整体有机、协同进化和和谐共生思想。

本章从物质分类不同的角度，把硬环境划分为校园建筑、资源能量、绿化美化、多校园区的交通和资源利用等四个方面。绿色建筑首先要节材、节能和节水，要与校园所在的自然环境相切合，同时要与当地的社区环境融合。目前大学普遍存在校园资源能量的浪费情况，要利用新的洁净能源，减少校园环境污染。当前校园的绿化美化存在盲目扩大面积，土地浪费严重的情况，今后要向科学合理的绿化美化方向发展，立体绿化，植物种类合理搭配，营造良好的绿化美化校园。智能化是未来绿色文明社会的核心技术，大学的智能化发展是大学发展的必然趋势。随着新一轮高校合并浪潮的到来，高效的多校园区交通运输及合理的多校园区资源利用成为中国目前大学发展的核心问题之一。

第七章 基于绿色视角的大学建设评价

第一节 基于绿色视角的大学建设
评价目的和意义

一 基于绿色视角的大学建设评价目的

基于绿色视角的大学建设评价目的是促进以"绿色人"为中心的大学软环境的改革和发展，同时在目前的绿色大学建设的基础上，建立一整套与软环境的改革相配套的硬环境建设。在大学校园的建设过程中，真正做到软环境建设与硬环境建设的整体协同发展、和谐共生。使自然环境与校园人工环境、人自身的小生境与大的社会环境、外在的自然环境真正做到"天人合一"，达到人促进自然环境发展，自然环境为人的发展提供资源的良性发展目的。

本书中，最直接的评价对象是基于绿色视角的大学软环境和大学硬环境建设。具体地说是大学在培养绿色人才方面所具备的软、硬环境的程度。这包括两个维度的综合内容，以及通过指标体系划分的各个阶段与环节。

评价所要达到的预期结果可以分为三部分加以分析：

其一，不同大学之间的比较。通过两所或多所大学的比较，找出大学中表现优异的，作为榜样供大家学习。发现表现欠缺的大学，指出其有待改进提高的不足之处。

其二，达标评价。可以设定一定的标准，然后以此标准衡量各个大学是否能够合乎要求，从而促进大学绿色发展的综合建设。

其三，发展评价。可以是一所大学，也可以是对所有大学的绿色发展情况分阶段进行评价，以了解大学绿色发展的进步状况。

二　基于绿色视角的大学建设评价意义

21 世纪是信息化的时代，也是人与自然和谐共生发展的时代。每一个时代的发展都离不开对时代发展起推动作用的人才。特别是现代社会以来，人才特别是高级人才是社会发展的最为主要的动力。未来社会是绿色文明的社会，信息技术是绿色文明社会的技术核心。当前的高等教育正面临着新一轮的转型，如何改革大学，如何使大学更好地适应即将来临的信息化绿色文明社会，是当前无论国外高等教育还是中国高等教育都不得不考虑的重大问题。大学应该培养什么样的人才，是每一所大学都应该考虑的基本哲学命题，也是一所大学生存与发展的基石。工业化时代的"经济人"教育理念显然已经不能适应时代发展的需要了，未来的社会需要的是与自然、社会和谐共生、协同进化的"天人合一"式发展的"绿色人"。基于绿色视角的大学建设评价对于促进这种以"绿色人"为中心的大学建设具有重要的意义。

当前，新一轮的绿色大学建设正在如火如荼的进行中，笔者认为这种以校园绿化为重点的绿色大学建设对于提醒大学环境保护的重要性方面确实有一定的积极意义。虽然绿色大学建设也有环境课程的介入，但是，就中国目前高校发展的现状来看，这种以校园绿化及在原有课程的基础上单纯加入环保方面课程的方式，已经不能承担起解决国家经济发展与环境保护之间矛盾的任务。只有人才培养模式的转变、科研范式的转换以及与之配套的校园硬环境建设理念的改革才能培养出具有绿色理念，并能将这种绿色理念贯彻到以后的社会生活中去的绿色人才。因此，对于绿色大学的健康发展具有一定的意义。

第二节　基于绿色视角的大学建设评价
指标体系的构建

一　基于绿色视角的大学建设评价指标体系构建的指导思想

基于绿色视角的大学建设评价指标体系的构建首要的是遵循原始关联性、整体有机性、协同进化性、和谐共生性的绿色原理。本书从大学的软环境和硬环境作为一个协同进化、和谐共生的有机整体来评价一所大学的绿色度。想说明绿色大学的建设更为主要和重要的是现代的、先进的大学理念的转换，以及在这种现代的、先进理念指导下的大学软环境及硬环境的构建。软环境的构建是核心，外在物质环境的绿色化是软环境绿色化的有力支撑。没有软环境的绿色化，硬环境的绿色化只能是表面的，不能从根本上解决环境问题，尤其是在我国。只有整个高等教育模式、人才培养理念的转变才能使人们的观念得到转变，也才能从根本上使环境问题得到缓解。

二　基于绿色视角的大学建设评价指标体系构建的原则

第一，整体—全面性原则。即要求所选的指标能够作为一个有机整体在其相互配合中比较全面、科学、准确地涵盖为达到评价目的所需的基本内容。如有遗漏，评价结果就可能出现偏差。但要做到事无巨细都能涵盖在评价的范围之内，也是不可能的。在具体的评价过程中，要求每个指标从不同的侧面反映了评价对象的主要特点，并具有代表性。

第二，导向—激励性原则。即确保被选择的指标具有持续性、导向性功能。如基于绿色视角的大学建设评价的目的不是单纯评出名次及优劣的程度，更重要的是引导和激励大学在今后的发展过程中，向着有利于社会和经济绿色化的方向和目标前进。因此，评价指标应体现并发挥对大学的导向—激励功能。

第三，差异—可操作性原则。同时在评价的过程中，要考虑指标之间的差异，对大学绿色度的考核做到数量与质量、定性与定量相结合，并赋予相应的权重，全方位评价绿色大学建设的情况，以达到差异性与可操作性相结合的目的。

第四，动态—发展性原则。大学建设是一个不断发展的过程。一是大学在自身的建设过程中要求发展；二是大学不可能脱离社会而存在，时代的发展要求大学与时代同步。

因此，动态—发展性原则包括三层含义：一层是基于绿色视角的大学建设评价旨在促进大内部软环境与硬环境的协同进化与和谐共生；二层是基于绿色视角的大学建设评价旨在促进大学与外在环境的协同进化与和谐发展；三是基于绿色视角的大学建设评价旨在促进大学充分发挥社会发展动力机的作用。

第五，客观性原则。在基于绿色视角的大学建设评价过程中，要采取实事求是的态度，从客观实际出发，尽量获取最真实的材料，抓住大学建设过程中最具有代表性的东西进行分析。因此，评价的指标和标准不能主观臆造，一定要根据客观实践进行客观实际的评价。

第六，可接受原则。可接受原则包括两层含义：一是指标的获取要符合我国大学的建设及发展规律，不能盲目照搬国外的标准，一定要立足于我国大学建设的实际；二是可行性。即有足够的信息可资利用；有足够的人力物力；评价方法的选取恰当可用。

三　基于绿色视角的大学建设评价指标体系的构建程序

（一）基于绿色视角的大学建设评价指标体系的初步建立

初步建立阶段主要是分解、细化学校战略发展目标，提出详尽的初拟指标。通过以下几种方法制定绿色大学建设评价初拟指标：一是咨询法。可通过调查问卷等方式咨询相关专业人员如大学管理部门人员的意见、一线教学人员意见或教务处人员、学生等的意见。本书采用的是360度调查法，对相关人员进行咨询；二是德尔斐法。通过召集有关专家、教师共同讨论，初步得出绿色大学评价的初拟指标；三是从工作实践中的经验总结、理论研究的成果等梳理出初拟指标；四是从现有的关于绿色大学建设的资料中，借鉴前人的关于绿色大学评价指标的优势和长处，得到初步的评价指标。

初拟的指标应围绕学校整体发展战略目标力求完备，尽量避免缺漏，建立绿色大学建设评价指标体系。根据评价目标的复杂程度不同，以及彼此间的相关联程度，在指标体系中列出若干个一级指标、二级指标、三级指标，这些不同层次的指标则构成了最初始的基于绿色视角的大学建设评价指标体系。

（二）基于绿色视角的大学建设评价指标的筛选

筛选阶段是对初始指标进行分析、整理，避免指标的重复和无效性。主要通过归并和筛选的方式精简、调整指标，体现评价的价值导向，突出评价的重点，使评价具有更强的可操作性和导向性。本研究在初选指标的基础上，征求了从事绿色大学评价研究以及大学中从事管理工作的有经验的学者等人员的意见和建议，在遵循评价指导思想和指导原则的基础上，进行了评价指标的二次筛选。

（三）基于绿色视角的大学评价指标的拟订

在经过筛选阶段对初始指标的归并和筛选之后，还应制定相应的评价标准。评价指标体系和评价标准确立后，为使评价更具可操作性，应选择适当规模的评价对象进行小范围的试验，并根据试验结果对评价指标体系和评价标准进行修订调整，初次调整后的评价指标体系要进行第二轮的小范围的测试，然后再根据测试结果调整评价指标体系。这样反复几次后，就得到本文拟用的评价指标体系表。见表7－1。

表7－1　　"基于绿色视角的大学建设评价"指标体系的拟定

一级指标	二级指标	三级指标
校园软环境	人才培养 C_1（5）	培养目标 e_{11}
		师资力量 e_{12}
		教学管理 e_{13}
		课程改革 e_{14}
		学科建设 e_{15}
	组织管理 C_2（8）	明确愿景与使命 e_{21}
		高效运转 e_{22}
		塑造形象 e_{23}
		创建环境 e_{24}
		团队协作 e_{25}
		实施控制 e_{26}
		提升能力 e_{27}
		社会责任 e_{28}
	科学研究 C_3（3）	科研活动 e_{31}
		科研手段 e_{32}
		科研成果 e_{33}
	校园文化 C_4（4）	学术气氛 e_{41}
		文化融合 e_{42}
		实践活动 e_{43}
		宣传教育 e_{44}

一级指标	二级指标	三级指标
校园硬环境	校园建筑 C_5（3）	建筑融合度 e_{51}
		布局合理度 e_{52}
		人文理念度 e_{53}
	校园资源能量 C_6（4）	水资源管理 e_{61}
		废弃物处理 e_{62}
		电能的管理 e_{63}
		设备设施的管理 e_{64}
	校园绿化美化 C_7（4）	生态园林景观 e_{71}
		绿化美化工程 e_{72}
		植物种类的搭配 e_{73}
		空间与草坪的比率 e_{74}
	多校园区的管理 C_8（2）	运输交通 e_{81}
		资源利用 e_{82}

四　基于绿色视角的大学建设评价指标体系的解释

根据表 7-1 的指标体系，本研究将具体的指标体系界定如下：

（一）软环境

人才培养

培养目标：①人自身的生理与心理协调发展；②人与社会的协调发展；③人与自然的协调发展；④知识与能力协调发展；⑤物质与精神协调发展；⑥内在与外在协调发展。

师资力量：①具有"绿色人"的教育理念；②具备本学科丰富的知识底蕴；③具备与本学科相关的知识；④具备基本的自然环保知识。

教学管理：①绿色思想的重视程度；②在教学中贯彻绿色思想的实施程度；③对课堂学生自主学习的重视程度；④启发式教学的重视程度。

课程改革：①课程整合的程度；②将绿色知识灌输到课堂的程度；③生态知识与其他课程融合的程度；④学生跨学科自由选课的程度；⑤学生自由选专业的程度。

学科建设：①本校具有绿色理念的特色学科的建设情况；②学科交

叉整合的建设情况；③与环保、生态学科交叉学科的建设情况。

组织管理

明确远景与使命：①制定有详细的校园节约与绿色发展的规划和办学目标与计划；②能够随着绿色理念的不断发展和完善更新办学思想观念；③重视本校的绿色可持续发展。

高效运转：①组织机构的设立与本校所在地区的经济发展相适应；②学校本身的组织结构层次设立科学合理，有利于命令与文件迅速地上通下达；③成立矩阵式组织小组，专门负责校园资源能量的节约利用；④与校外人员联合成立专门的培训机构，促进校园的绿色化发展。

塑造形象：①积极参加学校所在社区的环境保护活动；②积极参加学校所在城市的环境保护及生态保护活动；③积极地响应国家的环境及生态保护政策。

创建环境：①为学生的环保社团活动积极提供资金；②为社区的环保活动提供人力及物力支援；③积极响应高校间的环保社团联合行动；④开设专门的绿色知识讲座。

团队协作：①成立以环测学院为中心的联合小组；②成立以生态学或生物学为中心的联合小组；③成立以联合小组人员为中心的管理部门，协调小组行动。

实施控制：①制定明确的赏罚规定；②设立专门的监督人员；③建立专门的评价机构。

提升能力：①积极参加国家的环保行动计划；②申请有利于环保的科研项目；③积极学习国外环保建设先进经验；④与国内其他高校进行经验交流，互助互学。

社会责任：①制订明确的社区行动计划，为本校所在社区的环境保护尽心尽力；②积极参加社会的环境保护行动，为社会的环保行动提供决策支持；③利用本校的学科优势，为社会的环保行动提供技术上的支援。

科学研究

科研活动：①从事环境污染治理技术研究；②从事环境质量持续改进技术的研究；③从事太阳能、水能等洁净能源的开发和利用；④积极申请环境科学及软环境科学类的科研项目；⑤积极研发科研和技术开发过程中对环境无污染的技术。

科研手段：①科研工作者具有绿色科研理念；②尽量采用对环境无污染的科研方式。

科研成果：①高质量学术论文的发表；②太阳能、水能等新能源的利用；③明显改进环保质量的新技术和科研成果。

校园文化

学术气氛：①学术氛围自由宽松；②学术沟通顺畅；③有较多的学术交流机会。

文化融合：①举办古今中外经典名著讲座的次数；②中国古老文化典籍的拥有量；③通识课中对西方文化典籍的开课程度。

实践活动：①环保社团活动情况；②大学生艺术活动中，经典文化活动与大众文化活动的比率；③大学生野外考察活动的情况。

宣传教育：①宣传栏中环保知识所占份额的多少；②宿舍区和教学区对环保教育的宣传情况；③大学生社团活动。

（二）硬环境

校园建筑

建筑融合度：①与校园历史文化的融合度；②与所在大学特色精神的融合度；③与校园所在社区的融合度；④与校园所在自然环境的融合度。

布局合理度：①空间布局的合理度；②建筑与景观布局的合理度；③教学区、生活区、管理区域的布局合理度。

人文理念度：①建筑的人文化程度；②室内布局的宜人程度；③建筑外在景观的美观度。

校园资源能量

水资源管理：①校园水资源的节约利用；②中水处理；③雨水的利用。

废弃物处理：①校园垃圾的处理；②实验室废弃物的处理；③校园二氧化碳等汽车尾气的净化。

电能的管理：①照明灯具的节能；②太阳能的使用情况。

设备设施的管理：①设施设备的利用率；②无纸化办公的使用情况。

校园绿化美化

生态园林景观：①园林景观与校园建设的融合度；②园林景观与校

园文化的适切度；③园林景观与外在自然的融合度。

绿化美化工程：①绿化面积的合理度；②绿化的科学性；③立体绿化的面积。

植物种类的搭配：①植物与当地自然条件的适应性；②植物种类搭配的科学性。

空间与草坪的比率：①校园空地与草坪的比率；②校园整体面积与草坪的比率。

多校园区的管理

交通运输：①多校区交通时间安排的合理度；②多校区交通的便利度。

资源利用：①多校区资源共享的程度；②多校区资源利用率。

第三节　基于绿色视角的大学建设评价指标的权重

相对于某种评价目的来说，各评价指标间的相对重要性是不同的，评价指标之间的这种相对重要性大小，可用权重系数来刻画。对评价结果越重要的指标应赋予较大的权数，反之，赋予较小的权数。在统计综合评价中，权重系数的确定是一个重要的步骤，它关系到综合评价结果的可信程度。

指标权数的确定方法有两大类：主观赋权法和客观赋权法。前者主要是利用专家群的知识和经验来确定各指标的权数，后者则是从客观的统计数据出发，根据各指标所提供的信息量大小来确定权数。

由于本书数据的获取有一定的难度，因此，本书采取的是主观赋权法。

一　网络层次分析法

指标权重确定方法有定性的德尔菲（Delphi）法，定性定量相结合的层次分析法（AHP），以及网络层次分析法（ANP）。德尔菲（Delphi）法有费时、费事、受应答者的随意性影响较大等缺点。本书重点考虑定性定量相结合的层次分析法（AHP）以及网络层次分析法（ANP）[1]

---

[1]　陈建业：《AHP 和 ANP 在 PHRM 中的应用》，同济大学经济与管理学院 2004 届论文。

层次分析法与网络层次分析法面对的都是无结构和半结构的决策问题，面对的都是社会经济科技系统无法用数学模型进行精确描述的复杂性问题，而这种类型的决策又是决策问题的绝大部分。这是层次分析法与网络层次分析法的共同特点。网络层次分析法的理论支撑是层次分析法，是由层次分析法发展而来，层次分析法可以说是网络层次分析法的一个特例。①

网络层次分析法的网络层次结构相对于层次分析法递阶层次结构来讲更为复杂，既存在递阶层次结构，又存在内部循环相互支配的层次结构，而且层次结构内部还存在依赖性和反馈性。网络层次分析法将系统元素划分为两大部分，第一部分称为控制元素层，包括问题目标及决策准则，所有的决策准则均被认为是彼此独立的，且只受目标元素的支配；控制元素层中可以没有决策准则，但至少有一个目标，控制层次就是一个典型层次分析法递阶层次结构，所有的准则彼此独立，且一个准则只受上一个准则支配，每个准则的权重均可用传统的层次分析法获得。第二部分为网络层，它是由所有受控制层支配的元素组成的，元素之间相互依存、相互支配，元素和层次间内部不独立，递阶层次结构中的每个准则支配的不是一个简单的内部独立的元素，而是一个相互依存、反馈的网络结构。②

本书建立的基于绿色视角的大学建设评价指标体系，其一级指标软环境和硬环境就是一个相互依存、相互影响的反馈网络。鉴于本书模型的需要，本书只就二级指标及三级指标作网络层次的分析。

基于绿色视角的大学建设评价指标体系，其一级指标软环境下辖的二级指标中的人才培养、组织管理、科学研究、校园文化，它们是一个互相依存的反馈网络结构。

同样的，一级指标硬环境下辖的二级指标中的校园建筑、资源能量、绿化美化、多校园区也是一个相互依存的反馈网络。其中资源能量是中心。资源能量的使用影响到校园的建筑、校园的绿化美化和多校园区的交通及资源使用。同样的其他三个二级指标也会影响到资源能量的

---

① 王莲芬：《网络层次分析法（ANP）的理论与算法》，《系统工程理论与实践》2001 年第 3 期，第 44—50 页。

② 王莲芬：《层次分析法中排序权数的计算方法》，《系统工程理论与实践》1987 年第 2 期，第 31—37 页。

节约和利用。

由此可见，基于绿色视角的大学建设评价模型的二级指标之间是一个相互依存、反馈的网络结构。它们之间的关系如图 7 - 1 所示。

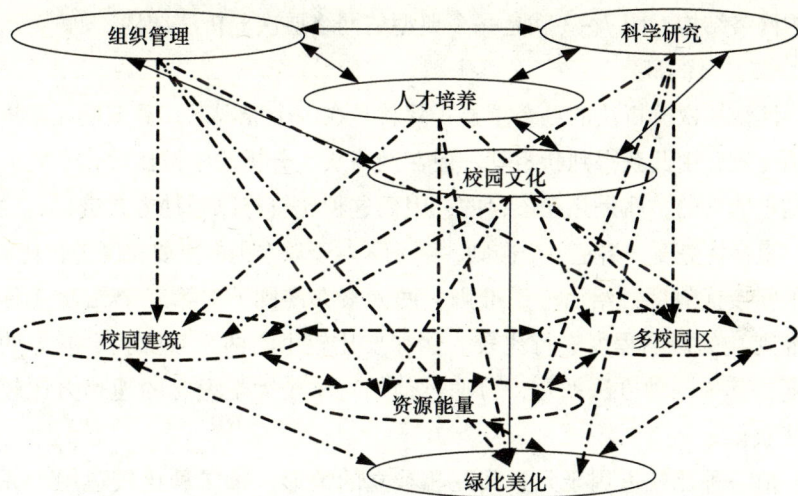

图 7 - 1 "基于绿色视角的大学建设评价"模型的二级指标关系图

二 网络层次分析法基本原理

网络层次分析法——ANP（The Analytic Network Process），是美国匹兹堡大学的托马斯·塞蒂（T. L. Saaty）教授于 1996 年提出来一种适应非独立的递阶层次结构的决策方法，它是在层次分析法基础上发展而形成的一种新的实用决策方法。实际上，托马斯·塞蒂教授在创立层次分析法方法时已经提到反馈系统的排序方法。[①] 虽然国内也有学者对诸如反馈系统的排序方法、反馈系统向量的求解提出"原点位移算法"，它可以代替过去计算极限排序矩阵的繁琐算法。如天津大学的许树柏教授、中国人民大学的王莲芬教授。但真正对网络层次分析法方法和概念形成一种完善的理论体系的还是托马斯·塞蒂的专著《网络层次分析法》。

（一）网络层次分析法（ANP）结构分析

网络层次分析法首先将系统元素划分为两大部分，第一部分称为控制

---

① 冯俊文：《决策分析的评价网络理论》，《系统工程理论方法应用》1999 年第 4 期，第 15—22 页。

因素层，包括问题目标及决策准则。所有的决策准则均被认为是彼此独立的，且只受目标元素支配。控制因素中可以没有决策准则，但至少有一个目标。控制层中每个准则的权重均可用传统层次分析法方法获得。第二部分为网络层，它是由所有受控制层支配的元素组组成的，其内部是互相影响的网络结构，图 7－2 就是一个典型的网络层次分析法结构。

（二）优势度

网络层次分析法的一个重要步骤就是在一个准则下，受支配元素进行两两比较，由此获得判断矩阵。但在网络层次分析法中被比较元素之间可能是不独立的，而是相互依存的，因而这种比较将以两种方式进行：

直接优势度：给定一个准则，两元素对于该准则的重要程度进行比较。

间接优势度：给出一个准则，两元素在准则下对第三个元素（称为次准则）的影响程度进行比较。例如要比较甲乙两个教师教学能力的优势度，其中一种方法就是，可通过他们对本校大学理念的理解力比较而间接获得。

前一种比较适用于元素间互相独立的情形，第二种比较适用于元素互相依存的情形。

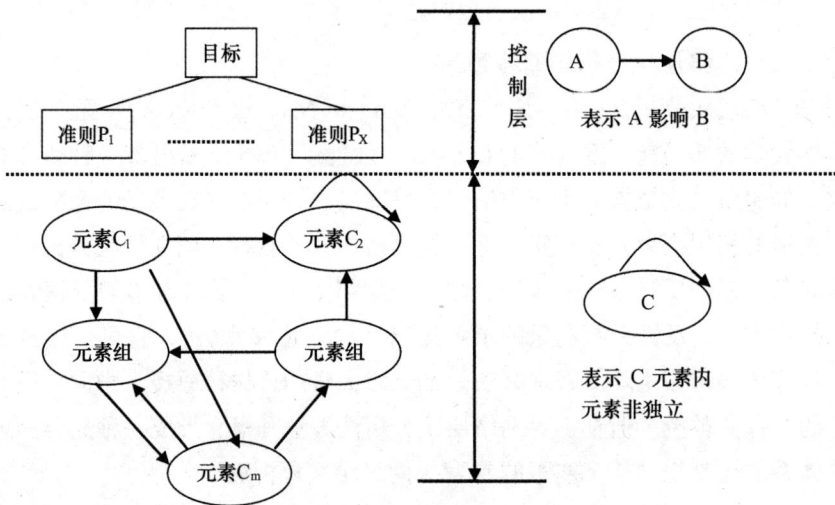

图 7－2　网络层次分析法网络结构

（三）使用网络层次分析法模型的基本步骤

第一步分析问题。将决策问题进行系统的分析、组合形成元素和元素集。主要分析判断元素层次是否内部独立，是否存在依存和反馈。可以召集相关人员讨论、专家访谈和调查等形式和方法进行。

第二步构造网络层次分析法的典型结构。首先是构造控制层次（Control Hierarchy），先界定决策目标，再界定决策准则，这是问题的核心，各个准则相对决策目标的权重用网络层次分析法得到。

第三步构造网络层次分析法超矩阵计算权重。赋权的核心工作：解超矩阵。解超矩阵是一个非常复杂的计算过程，手工计算工作量非常大，而且有一定的运算难度。我们在实际应用中，一般都使用计算机软件，如 Super Decision 进行运算。

（四）网络层次分析法结构的超矩阵与加权超矩阵

设 ANP 的控制层中有元素 $P_1, P_2, \cdots, P_n$，在控制层下，网络层有元素组 $C_1, C_2, \cdots, C_n$，其中 C_i 有元素 $e_{i1}, e_{i2}, \cdots, e_{in}$，其中 $i = 1, \cdots, N$。以控制层元素 $P_s(s = 1, \cdots, m)$ 为准则，以 C_j 中元素 $e_{jl}(l = 1, 2, \cdots, n_j)$ 为次准则，元素组 C_i 中元素按其对 e_{ji} 的影响力大小进行间接优势度比较，即构造矩阵：

e_{jl}	$e_{i1}, e_{i2}, \cdots, e_{in}$	归一化特征向量
e_{i1}		$w_{i1}^{(j1)}$
e_{i2}		$w_{i2}^{(j1)}$
$\vdots$		$\vdots$
e_{in}		$w_{in_i}^{(j1)}$

并由特征根得排序向量 $(w_{i1}^{(j1)}, w_{i2}^{(j1)}, \cdots, w_{in_i}^{(j1)})$。（记 w_{ij} 为 P_s 下）

$$w_{ij} = \begin{pmatrix} w_{i1}^{(j1)} & \cdots & w_{i1}^{(jn_j)} \\ \vdots & & \vdots \\ w_{in_i}^{(j1)} & \cdots & w_{in_1}^{(jn_j)} \end{pmatrix}$$

这里 w_{ij} 的列向量就是 C_i 中元素 $e_{i1}, e_{i2}, \cdots, e_{in_i}$ 对 C_j 中元素 $e_{j1}, e_{j2}, \cdots, e_{jn_j}$ 的影响程度排序向量。若 C_j 中元素不受 C_i 中元素影响，记 w_{ij} 为 P_s 下，则 $w_{ij} = 0$ 最终可获得 P_s 下超矩阵 W

$$
\begin{array}{cccc}
 & \overset{C_1}{e_1(1),\,e_1(2),\cdots,\,e_1(\eta_1)} & \overset{C_2}{e_2(1),\,e_2(2),\cdots,\,e_2(\eta_2)} & \cdots & \overset{C_m}{e_m(1),\,e_m(2),\cdots,\,e_m(n_m)}
\end{array}
$$

$$
\boldsymbol{w} =
\begin{matrix}
C_1 \\ \\ \\ \\ C_2 \\ \\ \\ \vdots \\ C_m
\end{matrix}
\begin{matrix}
e_1(1) \\ e_1(2) \\ \vdots \\ e_1(n_1) \\ e_2(1) \\ e_2(2) \\ \vdots \\ e_2(n_2) \\ \vdots \\ e_m(1) \\ e_m(2) \\ \vdots \\ e_m(n_m)
\end{matrix}
\left[
\begin{matrix}
w_{11} & w_{12} & w_{1m} \\
\\
\\
w_{21} & w_{22}\cdots & w_{2m} \\
\vdots & \vdots & \vdots \\
\\
w_{m1} & w_{m2} & w_{mm}
\end{matrix}
\right]
$$

这样的超矩阵共有 m 个，它们都是非负矩阵，超矩阵的子块 w_{ij} 是列归一化的，但是 W 却不是列归一化的。为此以 P_s 为准则，对 P_s 下各组元素对准则 $C_j(j = 1,\cdots,N)$ 的重要性进行比较。

P_s

C_j	$C_1\cdots,\ C_N$	归一化特征向量（排序向量）
C_1		a_{1j}
C_2		a_{2j}
$\vdots$	$j = 1,\ \cdots,\ N$	$\vdots$
C_N		a_{Nj}

与 C_j 无关的元素组对应排序向量为零，由此得加权矩阵

$$
A = \begin{pmatrix}
a_{11} & \cdots & a_{1N} \\
\vdots & & \vdots \\
a_{N1} & \cdots & a_{NN}
\end{pmatrix}
$$

对超矩阵 W 的元素加权，得 $\bar{w} = (\bar{w}_{ij})$，其中 $\bar{w}_{ij} = a_{ij}w_{ij}, i = 1,\cdots N, j = 1,\cdots N, \overline{W}$ 就为加权超矩阵，其列和为 1，称为列随机矩阵。

（五）极限相对排序向量

设加权超矩阵 W 的元素为 w_{ij}，则 w_{ij} 的大小反映了元素 i 对元素 j 的一步优势度。i 对 j 的优势度还可以用 $\sum_{i=1}^{n} w_{ik}w_{kj}$ 得到，称为二步优势

度，它就是 w^2 的元素，w^2 仍是可以归一化的。当 $w^{\infty} \stackrel{i=1}{=} \lim_{t \to \infty} w^t$ 存在时，w^{∞} 的第 j 列就是 P_s 下网络层中个元素对于元素 j 的极限相对排序向量。利用加权超矩阵计算出来的网络层的各指标的权重再根据控制层得出的权重计算综合权重，进行无量纲处理。

可以看出，网络层次分析法采用的是一种通用的模式来解决决策评价问题。它最大的优点是将元素间的相关性系数进行了计算，克服了目前决策方法中其他方法无法解决的因素间非独立的问题，使决策结果更加具有实效性。特别是在一些复杂系统中，由于因素间的相互影响，使用传统的决策分析方法很难达到实际的评价效果，从而使决策偏离目标或者导致决策失败。

三 权重的计算

（一）构造网络层次分析法模型

在这里，控制层里没有评价标准，网络层里有 8 个元素集。

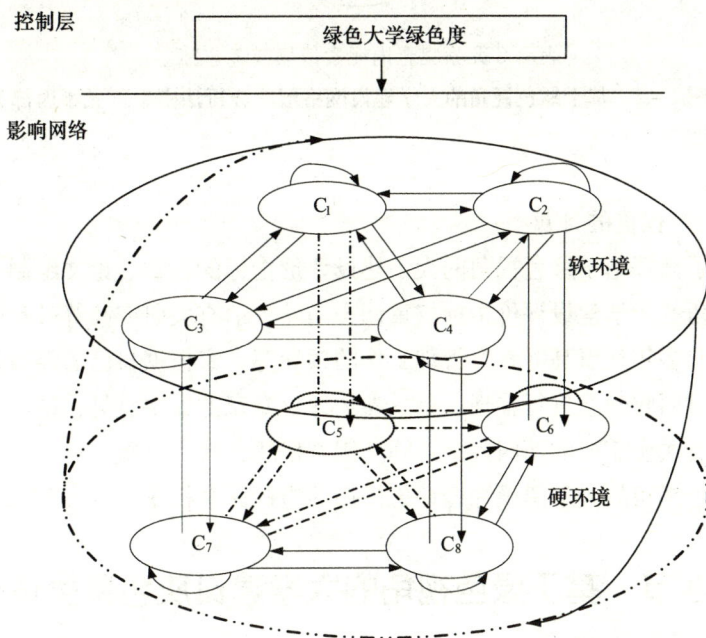

图 7-3 "基于绿色视角的大学建设评价"网络层次分析法模型

C_1：人才培养　C_2：组织管理　C_3：科学研究　C_4：校园文化

C_5：校园建筑　C_6：资源能量　C_7：绿化美化　C_8：多校园区

　　图 7 - 4 和图 7 - 5 是对图 7 - 3 内部各元素之间关系以及各元素内部关系的进一步说明。图 7 - 4 说明了在图 7 - 3 中元素与元素之间的关系；图 7 - 5 说明在图 7 - 3 中每个元素内部诸元素之间的关系。详见图 7 - 4 和图 7 - 5。

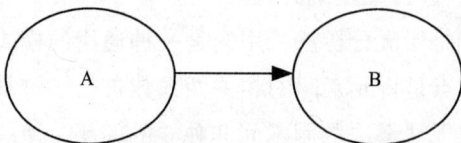

表示 A 影响 B，或者 B 受 A 影响

图 7 - 4　"基于绿色视角的大学建设评价网络层次分析法模型"元素关系示意图

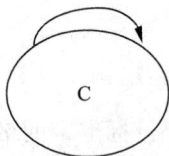

表示 C 元素集合内元素依赖或者非独立

图 7 - 5 "基于绿色视角的大学建设网络层次分析法模型"元素内部关系示意图

（二）权重的计算

　　为了计算基于绿色视角的大学建设评价指标的权重，论文编制了基于绿色视角的大学建设评价指标权重调查问卷，请有关研究高等教育的专家学者以及多年从事高等教育管理工作的领导等专家根据自己的经验及研究打分。对回收问卷进行整理，尊重参加评价专家的集中意见，得到了网络层次分析法所需要的两两判断矩阵。用方根法，得出权重向量。得到本文基于绿色视角的大学建设综合评价模型的指标体系权重，见表 7 - 2。

第四节　基于绿色视角的大学建设灰色聚类评价

　　聚类方法就是根据事物之间的相似性把事物聚集成不同类别的一种技术，它可以把大数集合中相似度较高的对象聚集在一起，而把相似度较低的对象区分开来。聚类方法正在蓬勃发展，广泛地应用在数据挖掘、统计分析、压缩技术和模式识别等不同领域。灰色聚类方法是聚类法中应用较广的一种，是根据灰色关联矩阵或灰色白化权函数将一些观测指标或观测对象划分为若干个可定义类别的方法。灰色聚类可以分为灰色关联聚类和灰色白化权函数聚类。灰色关联聚类主要用于同类因素的归并，以使复杂系统简化。灰色白化权函数聚类主要用于检查观测对象是否属于事先设定的不同类别，以便区别对待。相比而言，灰色白化权函数聚类复杂一些，评价也更为客观。因此，本研究采用灰色白化权函数进行绿色大学的评价。

一　确定评价指标的白化值

设有 n 个高校，m 个评价指标，s 个不同等级，将第 i（$i=1$，2，…，n）个高校关于 j（$j=1$，2，…，m）指标的观测值 x_{ij}（$i=1$，2，…，n；$j=1$，2，…，m）称为白化值。

表 7 – 2　　　　"基于绿色视角的大学建设"评价指标的权重

一级指标	二级指标	三级指标
校园软环境	人才培养 C_1	培养目标 e_{11}（0.233）
		师资力量 e_{12}（0.174）
		教学管理 e_{13}（0.243）
		课程改革 e_{14}（0.163）
		学科建设 e_{15}（0.187）
	组织管理 C_2	明确愿景与使命 e_{21}（0.235）
		高效运转 e_{22}（0.099）
		塑造形象 e_{23}（0.173）
		创建环境 e_{24}（0.104）
		团队协作 e_{25}（0.076）
		实施控制 e_{26}（0.083）
		提升能力 e_{27}（0.092）
		社会责任 e_{28}（0.138）
	科学研究 C_3	科研活动 e_{31}（0.336）
		科研手段 e_{32}（0.382）
		科研成果 e_{33}（0.282）

一级指标	二级指标	三级指标
校园软环境	校园文化 C_4	学术气氛 e_{41} （0.278）
		文化融合 e_{42} （0.297）
		实践活动 e_{43} （0.135）
		宣传教育 e_{44} （0.290）
校园硬环境	校园建筑 C_5	建筑融合度 e_{51} （0.235）
		布局合理度 e_{52} （0.338）
		人文理念度 e_{53} （0.427）
	校园资源能量 C_6	水资源管理 e_{61} （0.332）
		废弃物处理 e_{62} （0.219）
		电能的管理 e_{63} （0.238）
		设备设施的管理 e_{64} （0.211）
	校园绿化美化 C_7	生态园林景观 e_{71} （0.199）
		绿化美化工程 e_{72} （0.270）
		植物种类的搭配 e_{73} （0.218）
		空间与草坪的比率 e_{74} （0.313）
	多校园区的管理 C_8	运输交通 e_{81} （0.514）
		资源利用 e_{82} （0.486）

二　白化权函数的构造

绿色大学灰色聚类的目的是通过对高校各评价指标的综合评价，将高校绿色程度的综合状况确定在某一灰类范围里，这种隶属关系可以通过白化权函数来实现。绿色大学评价指标的白化权函数，一般采用分段函数表示，它是用来描述某项评价指标的灰数对某一阈值的权重程度函数。白化权函数值越大，评价指标属于某一灰类的概率就越大。如果用 f_{kh} 表示第 k 个指标对 h 类的白化函数，则 f_{kh} （x_{jk}）为高校 j 的第 k 个指标隶属于第 h 个类别的程度（白化函数值）。

一般来说，白化权函数 f_{kh} （x）有三种形式，如下图所示。图 7 - 4 表示差类模型，图 7 - 5 表示优类模型，图 7 - 6 可以表示良类、中类、次类模型。

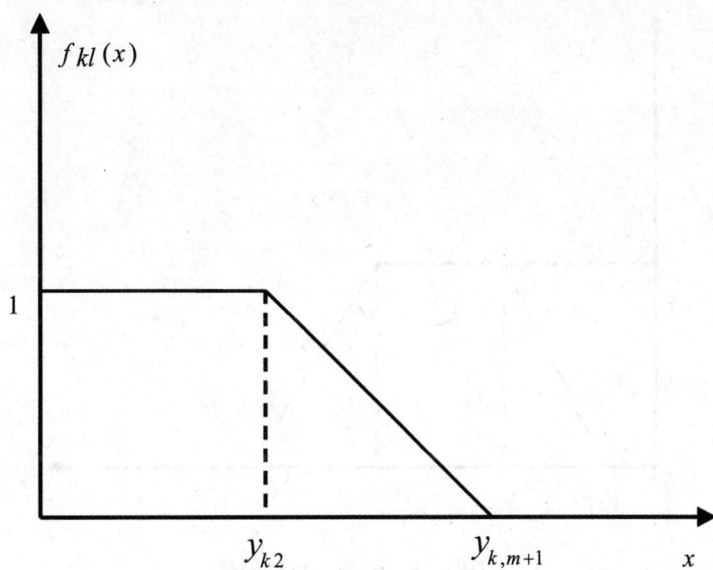

图 7-6 下限度白化权函数

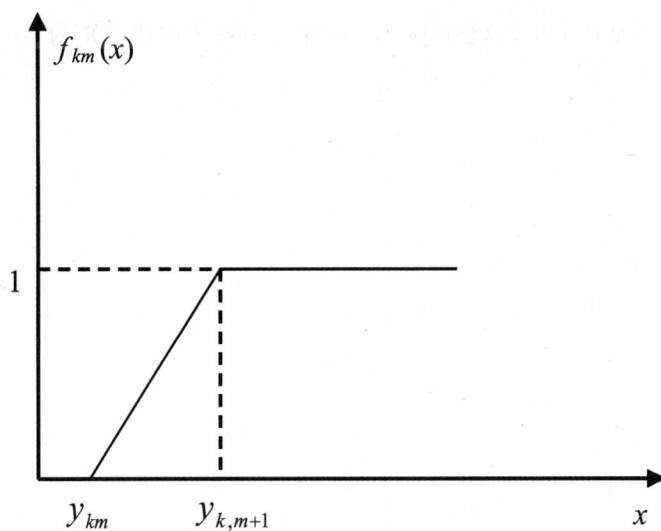

图 7-7 上限度白化权函数

$f_{kh}(x)$

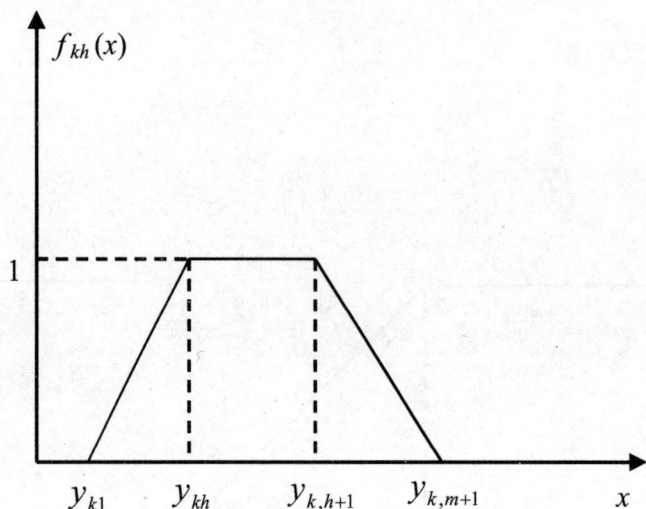

$$y_{k1} \qquad y_{kh} \qquad y_{k,h+1} \qquad y_{k,m+1} \qquad x$$

图 7-8　典型白化权函数

图 7-4 为下限测度白化权函数，图 7-5 则为上限测度白化权函数，图 7-6 是典型的白化权函数。各自的函数表达式分别为：

$$f_{k1}(x) = \begin{cases} 1 & y_{k1} \leqslant x \leqslant y_{k2} \\ \dfrac{y_{k,m+1} - x}{y_{k,m+1} - y_{k2}} & y_{k2} \leqslant x \leqslant y_{k,m+1} \end{cases} \tag{1}$$

$$f_{km}(x) = \begin{cases} \dfrac{x - y_{k1}}{y_{km} - y_{k1}} & y_{k1} \leqslant x \leqslant y_{km} \\ 1 & y_{km} \leqslant x \leqslant y_{k,m+1} \end{cases} \tag{2}$$

$$f_{kh}(x) = \begin{cases} \dfrac{x - y_{k1}}{y_{kh} - y_{k1}} & y_{k1} \leqslant x \leqslant y_{kh} \\ 1 & y_{kh} \leqslant x \leqslant y_{k,h+1} \\ \dfrac{y_{k,m+1} - x}{y_{k,m+1} - y_{k,h+1}} & y_{k,h+1} \leqslant x \leqslant y_{k,m+1} \end{cases} \tag{3}$$

图 7-4、图 7-5、图 7-6 中，横坐标表示绿色大学评价的指标值，纵坐标表示该指标对某一灰类的隶属度。其中白化权函数的转折点为评价指标的阈值，它代表了某一灰类的本质，是该灰类的核心值。所以某项指标属于某一灰类时，其指标灰数的白化值越接近阈值，所取灰类的权重越接近 1。每一级别的白化函数不只是与相邻的上、下两个类

别存在着关系，而且与每一个类别的标准值有关。

三　白化权函数的起点、终点和阈值的确定

利用灰色聚类法进行绿色大学评价，需确定白化权函数的特征值，即白化权函数的起点、终点和阈值。结合国内标准和相关专家的意见，分出绿色大学评价的 5 级标准。表 7 - 3 给出了各指标的分级标准，各指标数值在 0—5 内变化。同时，根据公式（4）—（6），确定各级别的阈值，如表 7 - 4 所示。

$$\lambda_j^k = \frac{y_{kh} + y_{k,h+1}}{2} \tag{4}$$

$$\lambda_j^k = y_{k1} \tag{5}$$

$$\lambda_j^k = y_{k,m+1} \tag{6}$$

表 7 - 3　　　　　　　　　聚类指标分级标准

二级指标	人才培养	组织管理	科学研究	校园文化	校园建筑	资源能量	绿化美化	多校园区
深绿	4.2—5	3.8—5	3.5—5	4—5	3.4—5	3.7—5	3.6—5	3.5—5
中绿	3.2—4.2	3—3.8	2.9—3.5	3—4	2.5—3.4	2.8—3.7	2.9—3.6	2.7—3.5
浅绿	2.5—3.2	2.5—3	2—2.9	2.1—3	1.9—2.5	2—2.8	2.1—2.9	1.8—2.7
准绿	1.6—2.5	1.5—2.5	1.4—2	1—2.1	1.2—1.9	1.3—2	1.1—2.1	0.9—1.8
非绿	0—1.6	0—1.5	0—1.4	0—1	0—1.2	0—1.3	0—1.1	0—0.9

表 7 - 4　　　　　　　　　白化权函数的阈值

二级指标	人才培养	组织管理	科学研究	校园文化	校园建筑	资源能量	绿化美化	多校园区
深绿	4.2	3.8	3.5	4	3.4	3.7	3.6	3.5
中绿	3.7	3.4	3.2	3.5	2.95	3.25	3.25	3.1
浅绿	2.85	2.757	2.45	2.55	2.2	2.4	2.5	2.25
准绿	2.05	2	1.7	1.55	1.55	1.65	1.6	1.35
非绿	1.6	1.5	1.4	1	1.2	1.3	1.1	0.9

四　灰色聚类权的计算

设 λ_j^k 为 j 指标 k 灰类的阈值，则称 η_j^k 为 j 指标 k 灰类的权，其计算

公式为：

$$\eta_j^k = \frac{\lambda_j^k}{\sum_{j=1}^m \lambda_j^k} \tag{7}$$

五　灰色聚类系数的计算

设 x_{ij} 为高校 i 关于指标 j 的白化值，f_{kj} 为 j 指标 k 子类的白化权函数，η_j^k 为 j 指标 k 灰类的权，则称 σ_i^k 为高校 i 属于 k 灰类的灰色聚类系数，其表达式为：

$$\sigma_i^k = \sum_{j=1}^m f_{kj}(x_{ij})\eta_j^k \tag{8}$$

称 $\sigma_i = (\sigma_i^1, \sigma_i^2, \cdots, \sigma_i^s) = (\sum_{j=1}^m f_{1j}(x_{ij})\eta_j^1, \sum_{j=1}^m f_{2j}(x_{ij})\eta_j^2, \cdots, \sum_{j=1}^m f_{sj}(x_{ij})\eta_j^s)$ 为高校 i 的灰色聚类系数向量。

六　灰色聚类结果的确定

根据灰色聚类系数的值 σ_j^k 和聚类系数最大化归类原则，可以取 $\sigma_{i_i}^* = \max(\sigma_i^1, \sigma_i^2, \cdots, \sigma_i^s)$，从而判断出该聚类对象属于哪个灰类。即对于每一个评价对象选择其最大值对应的灰类，则该评价对象就属于该灰类。当有多个评价对象属于一个灰类时，可以进一步根据综合聚类系数的大小确定同属于一个灰类的各对象的排序位次，由此可对评价对象进行综合评价。

第五节　实例分析

一　问卷设计及调查

（一）问卷的编制和数据获取程序

1. 问卷编制

由于本文研究的角度和出发点的独特性，导致数据的获取有一定的难度。又由于本研究的定性化倾向，因此，研究的数据获取采用了人文社科类研究所常采用的方式——调查问卷的方式。问卷调查是一种以书面形式通过设计好的测量项目和问题向研究对象收集资料的方式。在本研究中，对于问卷量表的编制主要采用 Likert 五级顺序量表。

整个问卷的编制建立在相关确定研究变量的基础上，通过借鉴国内外有关绿色大学的相关量表的基础上，并咨询了相关专家编制了问卷草稿，并进行了问卷的前测。在此过程中，针对前测所反馈的建议对问卷内容作了调整，并对语句进行了精心的修改，使其更适宜实际数据的获取。并在此基础上进行了问卷的二次测试，直到问卷的正式定稿。

本书选取了 10 所大学进行了问卷的调查。其中既是"211"又是"985"工程的学校有两所，是国家重点大学，在大学排行榜中位居全国前五名；"211"工程，部分"985"工程的学校两所，其中一所行业特色大学，一所综合性大学；省属大学六所：省属综合性大学三所，特色大学三所，其中师范类一所，理工类一所，行业类一所。我们分别命名为 A，B，C，D，E，F，G，H，I，J 校。其中 A 属于国家重点大学，"211"工程，"985"工程重点在建学校；B 是省属多学科大学，属于师范类大学；C 属于省属综合性大学；D 属于国家级重点大学，"211"工程，"985"工程重点在建学校；E 为省属重点综合性大学；F 为省属煤炭类多学科大学；G 为省属理工类多学科大学；H 属于国家重点大学，在国内外享有很高的声誉，是学子向往的最高学府之一；I 校是全国七所国家工信部直属高校之一，也是工科类高校中的佼佼者；J 为省属综合性大学。

2. 数据获取程序

资料和数据的收集与获取有相当一部分是通过信函的方式进行的，有一部是通过电子邮件的形式，其余的部分是通过面对面的方式进行的。

在调查问卷的发放过程中，为了保证问卷的有效回收率，采用了特殊的方式。在不能保证特殊方式的情况下，尽量地向本人说明本研究的意义，并保证问卷填写的过程中始终跟踪在场，以确认问卷填写的质量。

问卷回收后，适时加以编码分类，建立数据库，并对无效问卷进行剔除。

（二）问卷的基本面分析

1. 问卷回收率

根据本研究量表内容，本文将调查问卷分为了三个层次——管理层问卷；教师层问卷及学生层问卷。管理层次的问卷主要的调查对象又分为三个层次，一层是学校的高层管理人员，一般是校级领导；二层是学校的中层管理人员；三层是学校的一般管理人员。教师层问卷由两个层次的调查主题构成，一部分是学校的一般教师，另外一部分是在学校教务处工作的人员，特别是既在学校教务处工作同时又承担一般教师工作的老师。学生问卷是在校的正规大学生，我们调查的主要对象是大三及大四的学生。管理层调查人数每个学校为15名；教师层为20名；学生层为50名。在调查的过程中，采取了特殊的方式，保证了问卷的有效回收率。特别是学生层问卷的回收。共发放问卷850份，回收850份，有效问卷715份。经过三个多月的调查及回收，三个层次问卷的有效回收率达到80%以上。见表7-5。

表7-5　　　　　　　　　　　　　问卷回收情况

	问卷样本数	所占比例
实际寄送问卷	850	100%
回收问卷	850	100%
有效问卷	715	84%
无效问卷	135	16%

2. 样本基本特征分析

表7-6 管理层：

表7-6　　　　　　　　　　　　　样本基本特征描述

样本基本特征	选项	样本数	百分比
1. 性别	男	130	87%
	女	20	13%
2. 职位层级	一般	40	26%
	中层	100	67%
	校级	10	7%
3. 本单位工作时间	5年以上	100	67%
	2—5年	30	20%
	1—2年	20	13%

表 7 - 7 教师层:

表 7 - 7 **样本基本特征描述**

样本基本特征	选项	样本数	百分比
1. 性别	男	150	75%
	女	50	25%
2. 教师信息	一般教师	130	65%
	教务工作人员	40	20%
	是教师又是教务人员	30	15%
3. 本单位工作时间	5 年以上	160	80%
	2—5 年	30	15%
	1—2 年	10	5%

表 7 - 8 学生层:

表 7 - 8 **样本基本特征描述**

样本基本特征	选项	样本数	百分比
1. 性别	男	215	59%
	女	150	41%
2. 年级	大一	54	14%
	大二	73	20%
	大三	86	24%
	大四	152	42%
3. 专业归属	理工类	197	54%
	文科类	168	46%

（三）数据的收集

1. 数据的取值

在问卷的设计中，每个问题设计了五个答案。根据问题设计的不同，针对正向题部分，将每一题所得的分数予以加总，而反向题则予以反向计分，也就是说，有些问题的回答是取值越大越好，有些是取值越小越好，这在问卷转换为数据的过程中，要根据问题设计的不同取不同的数值。

2. 平均值法

由于问卷是由三个层次构成的，因此在问卷转换为数据的过程中，还有一个三层次问卷所占权重的问题，本书所采用的是平均值法。也就是将三个层次的问卷所涉及的三级指标的数值相加然后除3得到最后的10所高校的问卷得分值。

二 二级指标的计算

$$a_i = \sum_{j=1}^{k} a_{ij} d_j \qquad (9)$$

其中 a_i 表示二级指标

a_{ij} 表示三级指标

d_j 表示该三级指标对二级指标的权重

根据计算公式（9）得到二级指标分数表。见表7-9。

表7-9 二级指标得分

二级指标	人才培养	组织管理	科学研究	校园文化	校园建筑	资源能量	绿化美化	多校园区
A校	3.03	3.05	3.59	3.28	2.53	4.00	3.81	2.46
B校	2.97	2.87	2.47	2.55	2.43	2.14	2.03	2.15
C校	1.98	1.67	1.53	1.42	1.35	1.57	1.67	1.43
D校	3.21	3.15	2.98	3.26	3.31	3.31	3.58	3.75
E校	2.53	2.41	2.52	2.17	2.03	2.07	2.02	2.11
F校	0.91	1.12	0.87	0.93	0.99	0.78	0.97	0.96
G校	1.57	1.37	1.79	1.54	1.78	2.10	1.55	1.97
H校	4.47	4.25	4.56	4.32	4.13	4.15	4.10	4.03
I校	4.15	4.31	4.45	4.37	4.15	4.43	4.56	3.89
J校	2.56	2.95	2.99	2.90	3.15	2.78	2.31	2.10

三 灰色聚类评价

（一）确定聚类白化值矩阵

$$D = \begin{bmatrix} 3.03 & 3.05 & 3.59 & 3.28 & 2.53 & 4.00 & 3.81 & 2.46 \\ 2.97 & 2.87 & 2.47 & 2.55 & 2.43 & 2.14 & 2.03 & 2.15 \\ 1.98 & 1.67 & 1.53 & 1.42 & 1.35 & 1.57 & 1.67 & 1.43 \\ 3.21 & 3.15 & 2.98 & 3.26 & 3.31 & 3.31 & 3.58 & 3.75 \\ 2.53 & 2.41 & 2.52 & 2.17 & 2.03 & 2.07 & 2.02 & 2.11 \\ 0.91 & 1.12 & 0.87 & 0.93 & 0.99 & 0.78 & 0.97 & 0.96 \\ 1.57 & 1.37 & 1.79 & 1.54 & 1.78 & 2.10 & 1.55 & 1.97 \\ 4.47 & 4.25 & 4.56 & 4.32 & 4.13 & 4.15 & 4.10 & 4.03 \\ 4.15 & 4.31 & 4.45 & 4.37 & 4.15 & 4.43 & 4.56 & 3.89 \\ 2.56 & 2.95 & 2.99 & 2.90 & 3.15 & 2.78 & 2.31 & 2.10 \end{bmatrix}$$

（二）建立白化权函数

综合各方面意见，本研究中各指标分级标准如表7－10所示。

表7－10　　　　　　聚类指标分级标准

二级指标	人才培养	组织管理	科学研究	校园文化	校园建筑	资源能量	绿化美化	多校园区
深绿	4.2—5	3.8—5	3.5—5	4—5	3.4—5	3.7—5	3.6—5	3.5—5
中绿	3.2—4.2	3—3.8	2.9—3.5	3—4	2.5—3.4	2.8—3.7	2.9—3.6	2.7—3.5
浅绿	2.5—3.2	2.5—3	2—2.9	2.1—3	1.9—2.5	2—2.8	2.1—2.9	1.8—2.7
准绿	1.6—2.5	1.5—2.5	1.4—2	1—2.1	1.2—1.9	1.3—2	1.1—2.1	0.9—1.8
非绿	0—1.6	0—1.5	0—1.4	0—1	0—1.2	0—1.3	0—1.1	0—0.9

如果用 $f_{kh}(x)$ 表示第 k 个指标对 h 类别的白化函数，则 $f_{1h}(x)$ 的表达式如下：

$$f_{11}(x) = \begin{cases} \dfrac{x}{4.2} & 0 \leqslant x \leqslant 4.2 \\ 1 & 4.2 \leqslant x \leqslant 5 \end{cases}$$

$$f_{12}(x) = \begin{cases} \dfrac{x}{3.2} & 0 \leqslant x \leqslant 3.2 \\ 1 & 3.2 \leqslant x \leqslant 4.2 \\ \dfrac{5-x}{0.8} & 4.2 \leqslant x \leqslant 5 \end{cases}$$

$$f_{13}(x) = \begin{cases} \dfrac{x}{2.5} & 0 \leqslant x \leqslant 2.5 \\ 1 & 2.5 \leqslant x \leqslant 3.2 \\ \dfrac{5-x}{1.8} & 3.2 \leqslant x \leqslant 5 \end{cases}$$

$$f_{14}(x) = \begin{cases} \dfrac{x}{1.6} & 0 \leqslant x \leqslant 1.6 \\ 1 & 1.6 \leqslant x \leqslant 2.5 \\ \dfrac{5-x}{2.5} & 2.5 \leqslant x \leqslant 5 \end{cases}$$

$$f_{15}(x) = \begin{cases} 1 & 0 \leqslant x \leqslant 1.6 \\ \dfrac{5-x}{3.4} & 1.6 \leqslant x \leqslant 5 \end{cases}$$

其他各指标对 h 类别的白化函数根据式（1）、式（2）、式（3）同样得到。

（三）求灰色聚类权

根据聚类指标分级标准以及式（4）、式（5）、式（6），可以确定白化函数的阈值，如表 7 – 11 所示。

表 7 – 11　　　　　　　　　　白化权函数的阈值

二级指标	人才培养	组织管理	科学研究	校园文化	校园建筑	资源能量	绿化美化	多校园区
深绿	4.2	3.8	3.5	4	3.4	3.7	3.6	3.5
中绿	3.7	3.4	3.2	3.5	2.95	3.25	3.25	3.1
浅绿	2.85	2.757	2.45	2.55	2.2	2.4	2.5	2.25
准绿	2.05	2	1.7	1.55	1.55	1.65	1.6	1.35
非绿	1.6	1.5	1.4	1	1.2	1.3	1.1	0.9

根据式（7）计算各指标的灰色聚类权，结果如表 7 – 12 所示。

表 7 – 12　　　　　　　　　　各指标的灰色聚类权

二级指标	人才培养	组织管理	科学研究	校园文化	校园建筑	资源能量	绿化美化	多校园区
深绿	0.141	0.128	0.118	0.135	0.114	0.125	0.121	0.118
中绿	0.140	0.129	0.121	0.133	0.112	0.123	0.123	0.118
浅绿	0.143	0.138	0.123	0.128	0.110	0.120	0.125	0.113
准绿	0.152	0.149	0.126	0.115	0.115	0.123	0.119	0.100
非绿	0.160	0.150	0.140	0.100	0.120	0.130	0.110	0.090

（四）计算灰色聚类系数，确定聚类结果

使用式（8）计算各指标的灰色聚类系数，并根据最大隶属度原则确定灰色聚类结果，如表 7 – 13 所示。

表 7 – 13　　　　　　　　灰色聚类系数及结果

二级指标	属于深绿的聚类系数	属于中绿的聚类系数	属于浅绿的聚类系数	属于准绿的聚类系数	属于非绿的聚类系数	灰色聚类结果
A 校	0.8804	0.9270	0.8172	0.6242	0.4766	中绿
B 校	0.6602	0.8524	0.9958	0.8744	0.6744	浅绿
C 校	0.4249	0.5480	0.7476	0.9990	0.9173	准绿
D 校	0.8939	0.9793	0.8120	0.6022	0.4658	中绿
E 校	0.6013	0.7754	0.9903	0.9552	0.7387	浅绿
F 校	0.2536	0.3272	0.4462	0.7566	0.9987	非绿
G 校	0.4603	0.5944	0.8144	0.9738	0.8887	准绿
H 校	1.000	0.5960	0.3490	0.2567	0.1952	深绿
I 校	0.9983	0.5817	0.3369	0.2485	0.1904	深绿
J 校	0.7320	0.9123	0.9661	0.7989	0.6093	浅绿

四　评价结果分析

根据聚类结果，其中"211"，"985"国家重点大学两所属于一类；国家"211"工程，部分"985"高校两所属于二类；省属重点大学三所属于三类，其中两所是省属综合性大学，一所是师范类大学；两所省属大学属于四类；一所省属特色大学属于五类。下面我们将做一简要分析。如图 7 – 7 所示。

一类大学：属于一类的 H 校和 I 校，在软环境方面，人才培养具备绿色化的教育理念，具备人性化的培养机制，师资力量雄厚，某些学科建设在国内处于领先地位，采用了先进的教学管理方式。组织管理高效而合理，积极参与社会的公益活动。在科研技术方面，积极采纳新的绿色科研技术，科研活动成果丰富，为国家的科研发展做出很大的贡献。有多项节能及洁净生产技术获得重大发明和科研技术奖项。在硬环境方面，无论校园的建筑和绿化设计都向绿色化方向发展。校园智能化发展迅速，绿化美化面积合理。有多项技术发明为校园的低碳化发展提供支撑。为减少传统能源的污染，校园内多处使用了新型的洁净能源。

二类大学：属于二类的 A 校和 D 校，在软环境方面，基本上具备

基于绿色视角的大学评价(实例分析)

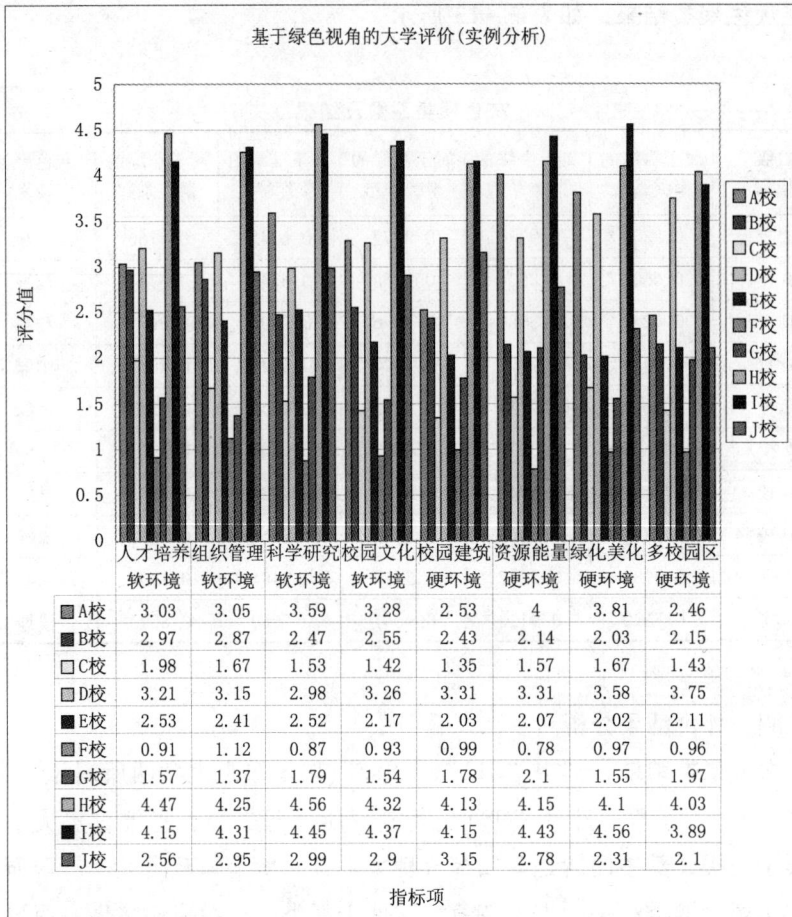

指标项	人才培养 软环境	组织管理 软环境	科学研究 软环境	校园文化 软环境	校园建筑 硬环境	资源能量 硬环境	绿化美化 硬环境	多校园区 硬环境
A校	3.03	3.05	3.59	3.28	2.53	4	3.81	2.46
B校	2.97	2.87	2.47	2.55	2.43	2.14	2.03	2.15
C校	1.98	1.67	1.53	1.42	1.35	1.57	1.67	1.43
D校	3.21	3.15	2.98	3.26	3.31	3.31	3.58	3.75
E校	2.53	2.41	2.52	2.17	2.03	2.07	2.02	2.11
F校	0.91	1.12	0.87	0.93	0.99	0.78	0.97	0.96
G校	1.57	1.37	1.79	1.54	1.78	2.1	1.55	1.97
H校	4.47	4.25	4.56	4.32	4.13	4.15	4.1	4.03
I校	4.15	4.31	4.45	4.37	4.15	4.43	4.56	3.89
J校	2.56	2.95	2.99	2.9	3.15	2.78	2.31	2.1

图 7 - 9　"基于绿色视角的大学建设评价"实例分析图

绿色教育理念，在人才培养方面，培养机制比较灵活，师资力量相对雄厚，学科建设在某些专业领域处于国内领先地位，课程整合性相对较高，教学管理相对较好。组织管理效率相对较高，人性化程度相对较好。科研技术有某些方面为国家的绿色发展做出贡献，学术氛围相对自由。在硬环境发展方面，倡导无纸化办公，在教学及办公节能方面做得较好。两校的绿化及美化面积较大，校园内植物种类搭配合理，四季花香，美化绿化效果较好。在校园建筑方面，A 校由于是理工类高校，校园建筑相对单调，和本校的人文历史文化传统的切合度不是很高，校园绿化面积较大，但是土地浪费情况有些严重。

　　三类大学：属于三类的 B、E、J 三所大学，在软环境的人才培养方面，虽然这三所大学都是省属重点大学，但师资力量相对于前两类要薄弱很多，教学管理都还处于传统化向现代过渡的阶段，课程整合的力量有限，特色学科建设的能力不高。组织管理结构相对僵化，柔性化和人性化方面不是很好。科研力量相对薄弱，学术气氛浓厚，氛围自由，但学术成果有限，尤其是在绿色发展方面。硬环境方面，校园绿色美化程度相对较好。能源节约利用方面，做到了积极的宣传教育。校园建设的人性化程度较好，与本校的历史文化传统切合度较高。

　　四类大学：C、G 属于四类大学。这两所大学基本上属于省级普通高校，在软环境及硬环境的建设方面都正在走向绿色发展的道路。相对于软环境，硬环境的绿色化发展更为突出一些。在校园的绿化美化方面做得相对较好。能积极地宣传号召节约能源。

　　五类大学：F 属于五类大学。该校是刚刚升级的省属本科大学，在无论是软环境还是硬环境方面都在积极地寻找绿色化发展的道路。

　　综上所述，通过基于绿色视角的大学建设评价，我们得出了当前的绿色大学建设层次不同，差别较大的结论。但在校园文化方面，这五类大学都存在功利化趋势严重，受大众文化冲击较大的情况。

本章小结

　　本章论述了"基于绿色视角的大学建设评价"的目的和意义，以绿色理论为指导思想，以整体—全面性、导向—激励性、差异—可操作性、动态—发展性、客观性、可接受性等为指导原则，将"基于绿色视角的大学建设评价"指标体系分为 8 个二级指标和 33 个三级指标，利用网络层次分析法计算出了指标权重。并选取了我国不同地域和不同层次的 10 所大学进行了实证研究。在二级指标的基础上，运用灰色聚类方法，将这 10 所大学分成了五个层次，其中深绿色的两所，中绿色的两所，浅绿色的三所，准绿色的两所，非绿色的一所。得出了目前我国绿色大学建设过程中，建设层次不同，差别较大的结论。

结　语

本书的基本观点和主要结论

第一，本文认为以现代性来透视当今全球性环境问题的产生及大学应肩负的历史使命是可行的。关于现代社会的弊端，已有无数哲人对此进行了深入的透视和分析。著名的后现代主义者福柯就对现代国家做了非常深刻的诊断。文章通过对现代性以来的机械论世界观，以及分析还原方法论泛化的分析，得出了在人与世界的关系上，现代性设置了人与世界之间的对立，把世界看作是与我们相分离的，是由一些计算所操纵的、由互不相关的部分组成。因此世界成为了孤立的世界，人类成为了孤立的人类，人类接人待物的方式也将是操纵与计算的。在这种思维方式下，当今的全球性人类问题的产生是不可避免的，也是现代性发展的必然结果。现代性条件下产生的现代大学，对全球性人类环境问题的产生负有不可推卸的责任。绿色文明的转向已经初露端倪，大学是绿色新文明转向的"动力机"，因此大学对全球性环境问题的缓解及消除肩负有重大的历史使命。

第二，通过对大学的现代性透视，笔者认为目前大学人才培养的"单向度"、行政制的科层化管理以及校园文化的功利化和大众化趋向是大学危机的根本表现。本文通过对现代大学的分析，得出了现代大学由于工具理性的过度膨胀，科学主义知识观的极度泛化，"经济"人的教育理念，以及过度分化的学科专业化，导致了人才培养的"单向度"发展。在此种方式下培养出来的人，形成对自然环境的极度掠夺，是现代以来高等教育发展的必然逻辑。科层制的组织结构模式导致大学管理方式的官僚化和僵硬化，致使大学的组织管理形成了一种无形的官僚权力压制模式，导致大学学术系统的窒息，学术气氛的压抑，限制了大学的自由发展。功利化的大学校园文化系统导致了大学校园精神的极度萎靡，丧失了大学本该具备的精神引领性和超前性，失去了大学对社会发展的人文关怀性，导致了大学创新精神的遗失。现代工业大众文化的极度"繁荣"对大学校园文化形成了强大的冲击，校园文化的庸俗化和低端发展趋势，有导致大学庸俗化发展的危险。这些潜在问题的存在是目前大学发展最主要的危机。

第三，大学的"绿色"发展是大学自身可持续发展的唯一出路，同时也是大学作为社会发展"动力机"的必然路径。工业化社会以来，最为经典的外在表象是灰色建筑。工业化城市的发展，一律的灰色钢筋混凝土结构，放眼望过去，一片灰色。因此很多人形象地将现代工业化时代称为"灰色文明"时代，笔者认为这种称谓非常的形象。历史发展的种种迹象已经表明，"灰色文明"已经或者即将完成它的历史使命，新的绿色信息文明已经初露端倪。这种文明是在复杂性科学的支撑下，在建设性后现代文化的带动下，以一种整体有机的世界观看待世界，它的最大特征是世界的关系性、整体性、和谐共生性、协同进化性。是对古代西方有机论世界观的合理继承，同时也是对中国古老"天人合一"思想的扬弃。因此，新的"绿色整体有机世界观"能为人类目前的全球性危机提供恰切的解决路径。在这种思想指导下的大学必然能克服现代以来所产生的种种危机。在这种教育模式下培养出来的人才，能够驻足于人类的现实之境，努力构建一个人类生存的新境界。

第四，"理念"变革才是绿色大学真正摆脱现代灰色进入绿色道路的关键。大学环境有软环境和硬环境两个部分组成。"绿色"理念是大学软环境构建的灵魂，而软环境是绿色大学建设过程中的核心，硬环境是支撑。没有好的软环境，大学发展就是没有灵魂的躯壳；同样没有硬环境的支撑，大学软环境的发展就是纸上谈兵。透过"绿色整体有机论"的分析，笔者认为要想从根本上缓解目前我国环境问题的危机，大学的教育是关键。虽然目前大学的绿色建设为大学的可持续发展开阔了视野和空间，但是，大学要真正摆脱现代灰色发展走入绿色发展的阳光大道，只有通过大学理念的真正绿色变革才能实现。

第五，以"绿色整体有机论"作为大学建设的理论指导，吸取了当今绿色大学建设的有益成分，从软环境和硬环境建设两个方面着手，给出了解决现代大学危机的可能路径。

软环境方面，以知识的地域性、情景性和发展性为特征的"绿色整合知识观"为出发点，提出了"绿色人"的教育理念。师生以"我—你"关系为主导，从而超越了"经济人"教育理念下的"我—它"关系；知识获取的过程是一种双向建构的过程，是在绿色整合知识观基础上的知识生长过程；以过程为中心的教学，而不是知识的灌输和预定。在这种教学方式下的课程，必然以一种整体的视阈看待课程，超越了现代以来的专业过度细分的缺陷，以一种整合的方式改革课程。组织管理方面，组织结构是一个组织管理效率实现的关键，也是一个组织人性化管理实现程度的体现。绿色视角下的大学组织结构应是整体有机的，协同进化的，超越了现代大学组织管理模式的机械性、非协同的缺陷。针对功利性文化的侵蚀和大众文化的冲击，绿色理论指导下的大学校园文化是现代与传统、西方与东方、物质与精神、科学与人文等文化的融合，这样才能以整体的视阈培养绿色文明发展所需要的绿色人。

硬环境方面，从大学的理念与大学外在物质环境之间的内在关系着手，分析了大学的软环境建设与大学硬环境建设之间密切的内在关系。从物质分类不同的角度，把硬环境划分为校园建筑、资源能量、绿化美化、多校园区的交通和资源利用等四个方面。绿色建筑首先要节材、节能和节水，要与校园所在的自然环境相切合，同时要与当地的社区环境融合。目前大学普遍存在校园资源能量的浪费情况，要利用新的洁净能源，减少校园环境污染。当前校园的绿化美化存在盲目扩大面积，土地浪费严重的情况，今后要向科学合理的绿化美化方向发展，立体绿化，植物种类合理搭配，营造良好的绿化美化校园。随着新一轮高校合并浪潮的到来，高效的多校园区交通运输及合理的多校园区资源利用成为我国目前大学发展的核心问题之一。

第六，通过"基于绿色视角的大学建设"评价，得出了我国目前绿色大学建设过程中，建设层次不同，差别较大的结论。以绿色理论为指导，选取了我国不同地域和不同层次的 10 所大学进行了实证研究。运用网络层次分析法计算出指标的权重。在二级指标的基础上，运用灰色聚类方法，将这 10 所大学分成了五个层次，其中属于深绿色的两所，中绿色的两所，浅绿色的三所，准绿色的两所，非绿色的一所。

本书可能的新意

第一，理论分析框架的新意。本书在古代西方有机论，古代中国"天人合一"思想的基础上，以复杂性科学为奠基，吸收了"建设性后现代理论"的有益成分，试图提出一个新的理论——绿色整体有机论。它具有整体有机性、和谐共生性、协同进化型、生成性等特征，是对西方现代以来的机械性世界观的超越，是具有中国特色的理论。

本书首次提出了"人的小生境"概念。同时，对"绿色"概念的内涵及外延的扩充也进行了有益的尝试。对高等教育知识观提出了新的见解，并提出了"绿色人"的教育理念。

第二，方法运用的新意。本书建立了"基于绿色视角的大学建设"评价体系，采用了"网络层次分析法"和"灰色聚类法"对基于绿色视角的大学建设状况进行了评价，方法的采用上有一定的新意。

本书的不足之处和展望

环境问题和生态问题是目前人类社会最主要的问题，因为它已经危机到人类的生存。人类的这只诺亚方舟是否还能航行下去，就看这些问题的解决是否得当。当今全球性人类问题的出现，其实是"人"的问题。研究高等教育对环境问题所应肩负的责任和使命具有重要的意义，本文选取"绿色"作为研究的切入点和研究的中心。回顾整个研究过程，以下几个问题有待于进一步研究和改善。

第一，概念的界定需要进一步的清晰化。本书首先涉及的是环境、生态、绿色这三个概念之间到底是个什么样关系的问题，虽然本书力图把这三个概念之间的关系阐述清晰，但是，作者深感力不从心，它们之间的关系还有待于进一步深化。"绿色"本身这个概念无论是内涵还是外延都需要进一步深化研究。关于人的小生境的概念还有待于理论方面的进一步说明和清晰化。"绿色人"教育理念的提出，只是起到了一个开宗明义的作用，具体的理论阐述还需要进一步研究。

　　第二，理论研究需要进一步深化。本书试图提出"绿色整体有机论"作为绿色大学建设的理论指导，鉴于本书作者目前的学力和知识限度，因此，理论的深度和支撑力还有待于在以后的研究生涯中进一步深化和拓展。

参考文献

专著类：

1. ［英］阿尔弗雷德·诺斯·怀特海：《过程与实在》，杨富斌译，中国城市出版社 2003 年版。

2. ［法］阿尔贝特·史怀泽：《敬畏生命》，陈泽环译，上海社会科学院出版社 1995 年版。

3. ［美］奥尔多·利奥波德：《沙乡年鉴》，吉林人民出版社 1997 年版。

4. 《爱因斯坦文集》第 3 卷，商务印书馆 1979 年版。

5. ［法］埃德加·莫兰：《复杂思想：自觉的科学》，陈一状译，北京大学出版社 2001 年版。

6. ［日］岸根卓朗：《我的教育论》，何鉴译，南京大学出版社 1999 年版。

7. ［美］贝塔朗菲：《一般系统论：基础、发展和应用》，林康义、魏宏森等译，清华大学出版社 1987 年版。

8. ［英］伯林：《反潮流：观念史论文集》，冯克利译，译林出版社 2002 年版。

9. ［美］彼得·M.J.赫斯：《"上帝的两本书"：基督教西方世界中的启示、神学与自然科学》，载江丕盛、格蒙·本纳德《桥：科学与宗教》，中国社会科学出版社 2002 年版。

10. ［美］保罗·库尔兹编：《21 世纪的人道主义》，肖峰译，东方出版社 1998 年版。

11. ［德］策勒尔：《古希腊哲学史纲》，翁绍军译，山东人民出版社 1996 年版。

12. 陈昌曙：《哲学视野中的可持续发展》，中国社会科学出版社 2000 年版。

13. 陈宣良：《理性主义》，四川人民出版社 1988 年版。

14. 陈嘉明：《现代性与后现代性十五讲》，北京大学出版社 2006 年版。

15. ［英］戴维·伯姆著，［英］李·尼克编：《论对话》，教育科学出版社 2004 年版。

16. ［美］大卫·格里芬：《后现代科学》，马季方译，中央编译出版社 2004 年版。

17. ［美］道格拉斯·凯尔纳、［美］斯蒂文·贝斯特：《后现代理论——批判性的质疑》，张志斌译，中央编译出版社 1999 年版。

18. 冯俊：《后现代主义哲学讲演录》，商务印书馆 2003 年版。

19. ［奥］冯·贝塔朗菲：《人的系统观》，张志伟译，华夏出版社 1989 年版。

20. ［法］福柯、杜小真选编：《人死了吗?》，《福柯集》上海远东出版社 2003 年版。

21. 范国睿：《多元与融合：多维视野中的学校发展》，教育科学出版社 2002 年版。

22. 高平叔：《蔡元培文集》（第 3 卷），中华书局 1984 年版。

23. 郭艳华：《走向绿色文明：文明的变革与创新》，中国社会科学出版社 2004 年版。

24. 高清海：《人就是"人"》，辽宁人民出版社 2001 年版。

25. ［德］冈特·绍伊博尔德：《海德格尔分析新时代的科技》，宋祖良译，中国社会科学出版社 1993 年版。

26. 郝德永：《课程与文化：一个后现代的检视》，教育科学出版社 2002 年版。

27. 黄福涛：《外国高等教育史》，上海教育出版社 2003 年版。

28. 黄颂杰编：《弗洛姆著作精选——人性·社会·拯救》，上海人民出版社 1989 年版。

29. ［德］哈肯·H. 高：《协同学》，科学出版社 1989 年版。

30. 贺国庆、王保星、朱文富等：《外国高等教育史》，人民教育出版社 2006 年版。

31. ［德］霍克海默、［德］阿多诺：《启蒙辩证法》，上海人民出版社 2006 年版。

32. 金耀基：《大学之理念》，生活·读书·新知三联书店2001年版。

33. 卡洛琳·麦茜特：《自然之死》，吉林人民出版社1999年版。

34. ［英］柯林伍德：《自然的观念》，吴国盛等译，华夏出版社1999年版。

35. 刘劲杨：《哲学视野中的复杂性》，湖南科学技术出版社2008年版。

36. 李小兵：《我在，我思——世纪之交的文化与哲学》，东方出版社1996年版。

37. 鲁枢元：《猞猁言说——关于文学、精神、生态的思考》，社会科学文献出版社2001年版。

38. ［英］罗素：《论教育》，靳建国译，东方出版社1990年版。

39. ［奥］路德维希·冯·贝塔朗菲：《生命问题——现代生物学思想评价》，吴晓江译，商务印书馆1999年版。

40. 林宪生：《环境教育的概念内容和方法》，王子彦：《环境教育——21世纪大学的责任》，辽宁教育出版社2001年版。

41. 苗东升：《系统科学原理》，中国人民大学出版社1990年版。

42. ［德］马丁·布伯：《我与你》，陈维纲译，生活·读书·新知三联书店1986年版。

43. ［英］迈克尔·欧克肖特：《政治中的理性主义》，张汝伦译，上海译文出版社2003年版。

44. 《马克思恩格斯全集》（卷1），人民出版社1995年版。

45. ［美］J. G. 梅基奥尔：《福科》，韩阳红译，昆仑出版社1999年版。

46. 孟庆祥等译注：《庄子译注》，黑龙江人民出版社2002年版。

47. ［法］莫兰：《方法：天然之天性》，吴泓缈、冯学俊译，北京大学出版社2002年版。

48. 庞海勺著：《通识教育——困境与希望》，北京理工大学出版社2009年版。

49. ［比］普列高津：《从混沌到有序——人与自然的新对话》，上海译文出版社1987年版。

50. 潘懋元主编：《现代高等教育思想的演变》，广东高等教育出版社2008年版。

51. 全增嘏：《西方哲学史》（上册），上海人民出版社1993年版。

52. 钱俊生、余谋昌主编:《生态哲学》,中央党校出版社 2004 年版。

53. 沈福煦:《建筑设计手法》,同济大学出版社 1999 年版。

54. [英] 斯宾塞:《斯宾塞教育论著选》,人民教育出版社 1997 年版。

55. 苏联:《简明哲学词典》,生活·读书·新知三联书店 1973 年版。

56. [美] 史蒂芬·科尔:《科学的制造:在自然界与社会之间》,林建成、王毅译,上海人民出版社 2001 年版。

57. 陶东风:《文化研究:西方与中国》,北京师范大学出版社 2002 年版。

58. 唐代兴:《生态理性哲学导论》,北京大学出版社 2005 年版。

59. [英] 汤因比、[日] 池田大作:《展望21 世纪——汤因比与池田大作对话录》,荀春生等译,国际文化出版公司 1985 年版。

60. 童天湘、林夏水:《新自然观》,中共中央党校出版社 1998 年版。

61. 吴国盛:《追思自然:从自然辩证法到自然哲学》,辽海出版社 1998 年版。

62. 吴国盛:《科学的历程》,湖南科学技术出版社 1997 年版。

63. 王治河:《扑朔迷离的游戏——后现代哲学思潮研究》,社会科学文献出版社 1993 年版。

64. 王润生:《西方功利主义伦理学》,中国社会科学出版社 1986 年版。

65. 王民主:《绿色大学与可持续发展教育》,地质出版社 2006 年版。

66. 王民:《北京师范大学创建"绿色大学"的建设理念与基本内容研究》,《海峡两岸环境教育研讨会论文集》,台中师范学院出版社 2002 年版。

67. 万力维:《控制与分等——大学学科制度的权力逻辑》,南京师范大学出版社 2005 年版。

68. 许平、朱晓罕:《一场改变了一切的虚假革命》,上海人民出版社 2004 年版。

69. 许文郁:《大众文化批评》,首都师范大学出版社 2002 年版。

70. [奥] 薛定谔:《生命是什么》,转引自刘劲杨《哲学视野中的复杂性》,湖南科学技术出版社 2008 年版。

71. 谢龙编:《中西哲学与文化比较新论——北京大学名教授演讲录》,人民出版社 1995 年版。

72.《新旧约全书和合本》，中国基督教协会 1989 年版。

73. [德] 雅斯贝尔斯：《什么是教育》，邹进译，生活·读书·新知三联书店 1991 年版。

74. 杨杏芳：《大学教学制度改革的文化反思》，南京师范大学出版社 2006 年版。

75. 余谋昌：《开展绿色教育建设绿色大学》，叶平、武高辉：《中国绿色大学研究进展》，吉林人民出版社 2001 年版。

76. 余谋昌：《生态哲学》，陕西人民教育出版社 2000 年版。

77. 叶平：《“绿色大学”——大学“绿色文明”的荣誉和形象》，王子彦：《环境教育——21 世纪大学的资任》，辽宁教育出版社 2001 年版。

78. 叶平：《绿色大学的概念及其定位》，叶平、武高辉：《中国绿色大学研究进展》，吉林人民出版社 2001 年版。

79. [美] 约翰·托夫勒：《第三次浪潮》，生活·读书·新知三联书店 1984 年版。

80. [美] 约翰·费斯克：《理解大众文化》，王晓珏、宋伟杰译，中央编译出版 2001 年版。

81. [美] 亚伯拉罕·弗莱克斯纳：《现代大学论——英美德大学研究》，徐辉、陈晓菲译，浙江教育出版社 2001 年版。

82. [英] 雅可布·布洛诺夫斯基：《人之上升》，四川人民出版社 1988 年版。

83. 赵汀阳：《论可能生活》，生活·读书·新知三联书店 1994 年版。

84. 赵维俊等：《大学进行环境教育的理念与思考》，王子彦、B. Raninger：《环境教育——21 世纪大学的责任》，辽宁教育出版社 2001 年版。

85. 赵敦华：《西方哲学简史》，北京大学出版社 2001 年版。

86. 中国社会科学院语言研究所词典编辑室：《新华字典》，商务印书馆 2001 年版。

87. 曾建平：《自然之思：西方生态伦理思想探究》，中国社会科学出版社 2004 年版。

88.《中国教育年鉴》（1949—1981），中国大百科全书出版社 1982 年版。

89. 中国社会科学院情报研究所编译：《科学学译文集》，科学出版社 1981 年版。

期刊类：

90. 曹志药、白利鹏：《学术自由：构建创新型学术环境的核心向度》，《云南农业大学学报》（哲社版）2009 年第 6 期。

91. 陈洋：《论中国高校生态可持续校园模式》，西安建筑科技大学 2004 届博士论文。

92. 陈嘉明：《"理性化"或是"人性化"——中国现代性问题的一点思考》，《文史哲》2009 年第 4 期。

93. 陈红兵：《复杂性科学对近现代科学范式的转型》，《山东理工大学学报》（社会科学版）2008 年第 5 期。

94. 陈红兵：《试论中国传统科学范式与复杂性科学的相应》，《学术论坛》2006 年第 7 期。

95. 陈豪珣：《试论董仲舒天人合一思想》，《齐齐哈尔大学学报》（哲学社会科学版）2004 年第 6 期。

96. 陈文荣、张秋根：《绿色大学评价指标体系研究》，《浙江师范大学学报》（社会科学版）2003 年第 124 期。

97. 程爱民：《论梭罗自然观中的"天人合一"思想》，《外国文学研究》2009 年第 2 期。

98. 冯俊文：《决策分析的评价网络理论》，《系统工程理论方法应用》1999 年第 4 期。

99. 冯刚：《中国当代大学校园规划设计分析——兼论组团式大学校园规划》，天津大学建筑学院 2005 届博士论文。

100. ［英］A. 格雷格：《人口问题的医学方面》，《科学》1955 年第 121 期。

101. 郭元林：《论复杂性科学的诞生》，《自然辩证法通讯》2005 年第 3 期。

102. 郝海燕：《论儒家"天人合一"的含义》，《高校理论战线》2010 年第 8 期。

103. 洪黎民：《共生概念发展的历史、现状及展望》，《中国微生态学杂志》1996 年第 4 期。

104. 胡静、王民：《绿色大学及其建设的意义》，《高等教育研究》2004 年第 2 期。

105. 胡涛：《人的生态位——调控者》，《应用生态学报》1990 年第 4 期。

106. 黄宏伟：《整合概念及其哲学意蕴》，《学术月刊》1995 年第 9 期。

107. 黄欣荣：《复杂性科学研究方法论纲》，《科学技术与辩证法》2006 年第 1 期。

108. 黄宏伟：《整合概念及其哲学意蕴》，《学术月刊》1995 年第 9 期。

109. 金吾伦、郭元林：《国外复杂性科学的研究进展》，《国外社会科学》2003 年第 6 期。

110. 金元浦：《定义大众文化》，《中国社会科学》2000 年第 6 期。

111. 李曼丽：《中国大学通识教育理念及制度的构建反思：1995—2005》，《北京大学教育评论》2006 年第 3 期。

112. 李莘：《中国古代的天人合一观念与现代环境意识》，《东南学术》1999 年第 6 期。

113. 李振纲：《解读"天人合一"哲学的四重内涵》，《中山大学学报》（社会科学版）2006 年第 5 期。

114. 刘小强：《学科建设：元视角的考察》，厦门大学高等教育科研所 2008 届博士论文。

115. 林蕙青：《高等学校学科专业结构调整研究》，厦门大学高等教育科研所 2006 届博士论文。

116. 理凌村等：《复杂世界和复杂性科学》，《科技情报开发与经济》2004 年第 10 期。

117. 罗泽娇：《浅议绿色大学的创建》，《环境教育》2004 年第 9 期。

118. 蒙培元：《张载天人合一说的生态意义》，《人文杂志》2002 年第 5 期。

119. 米靖：《马丁·布伯对话教学思想探析》，《外国教育研究》2003 年第 2 期。

120. 苗东升：《复杂性科学与后现代主义》，《民主与科学》2003 年第 3 期。

121. 苗东升：《科学的转型：从简单性科学到复杂性科学》，《河北学刊》2004 年第 6 期。

122. 苗东升：《复杂性科学的社会文化背景》，《中国人民大学学报》2004 年第 2 期。

123. 毛亚庆、吴合文：《论我国大学竞争的知识逻辑》，《高等教育研究》2007 年第 12 期。

124. 聂耀东、彭新武：《复杂性思维·中国传统哲学·深层生态学》，《思想理论教育导刊》2005 年第 4 期。

125. 潘懋元：《可持续发展的高等教育观》，《潘懋元论高等教育》，福建教育出版社 2000 年版。

126. 彭新武：《现代西方自然观的"有机论转向"》，《学术月刊》2008 年第 40 期。

127. 彭新武：《复杂性科学：一场思维方式的变革》，《河北学刊》2003 年第 3 期。

128. 彭新武、司晓莲：《复杂性科学与后现代主义》，《社会科学》2003 年第 4 期。

129. 彭实：《实验室废物处理须建立有效机制》，http：//www. cas. cn/xw/zjsd/201001/t20100129_ 2737874. Shtml。

130. 齐磊磊：《论"系统科学"与"复杂性科学"之异同》，《系统科学学报》2008 年第 4 期。

131. 《清华大学建设节约型校园 多项措施并举 节约效果可观》，http：//www. 100jn. com/TradeNew/200735/1297. html。

132. 《什么是环境问题》，http：//www. examw. com/hj/jingyan/66637/。

133. 《世界十大环境问题》，http：//www. yqzx. net/green/huanbzs2. htm。

134. 宋晟：《大学校园建筑及环境的适应性设计研究》，湖南大学建筑系 2005 届硕士论文。

135. 宋学锋：《复杂性、复杂系统与复杂性科学》，《中国科学基金》2003 年第 5 期。

136. 宋学欣：《"为学"与"为道"：教育的终极关怀辨》，《基础教育》2009 年第 6 期。

137. 孙勇才：《天人合一：人与自然和谐的文化意涵》，《东南大学学报》（哲学社会科学版）2008 年第 2 期。

138. 田薇：《试论基督教和科学的关系——从霍伊卡〈宗教与现代科学的兴起〉谈起》，《学术月刊》2001 年第 2 期。

139. 滕亚薇、王东菊：《再看洪堡原则——学术自由内涵新探》，《科教文汇》（上旬）2009 年第 4 期。

140. 王树声：《"天人合一"思想与中国古代人居环境建设》，《西北大学学报》（自然科学版）2009 年第 5 期。

141. 王大中：《创建"绿色大学"实现可持续发展》，《清华大学教育研究》1998 年第 4 期。

142. 王子彦：《大学环境教育课内容及其相关问题》，《环境教育》2001 年第 5 期。

143. 王正、黄秋明：《整合论——基于网络的信息技术关照下的学科教学理念改革》，《改革与战略》2005 年第 9 期。

144. 王莲芬：《网络层次分析法（ANP）的理论与算法》，《系统工程理论与实践》2001 年第 3 期。

145. 王莲芬：《层次分析法中排序权数的计算方法》，《系统工程理论与实践》1987 年第 2 期。

146. 王志康：《复杂性科学理论对辩证唯物主义十个方面的丰富和发展》，《河北学刊》2004 年第 6 期。

147. 吴彤：《复杂性、科学与后现代思潮》，《内蒙古大学学报》（人文社会科学版）2003 年第 35 期。

148. 夏静、凌国顺：《"知识为本"课程体系的危机与理念重塑》，《扬州大学学报》（高教研究版）2000 年第 4 期。

149. 许建领：《高校课程综合化的渊源及其实质》，《深圳大学学报》（人文社会科学版）1999 年第 2 期。

150. 叶平：《环境伦理学走向实践的重要基地—创建绿色大学—兼汇报哈工大绿色大学建设》，哈尔滨工业大学环境与社会研究中心。

151. 杨华峰：《面向循环经济的绿色大学评价指标体系研究》，《中国高教研究》2005 年第 7 期。

152. 杨通进：《人类中心论与环境伦理学》，《中国人民大学学报》1998 年第 6 期。

153. 赵闯：《绿色政治的诉求与构设：人类与自然和谐共生的可持续性社会》，吉林大学 2007 届博士论文。

154. 赵成：《当代自然观的生态化转向及其意义》，《科学技术与辩证法》2006 年第 6 期

155. 赵蒙成：《复杂性思维与"高深知识"》，《现代大学教育》2005 年5 期。

156. 赵文力：《从工具理性的宰制看儒家伦理思想的现代意义》，《道德与文明》2008 年第 4 期。

157. 张远增：《绿色大学评价》，《教育发展研究》2000 年第 5 期。

158. 张文举：《〈圣经〉和基督教的自然观——近代科学产生和发展的宗教根源》，《兰州交通大学学报》第 27 期。

159. 张岱年：《中国古典哲学中的主体观念》，《理论月刊》1988 年第 2 期。

160. 张旭平：《建构与解构：主体在现代、后现代哲学中的命运》，《安徽大学学报》2003 年第 11 期。

161. 张彭松：《"现代性"道德之隐忧及其哲学反思》，《天津社会科学》2009 年第 4 期。

162. 张红霞：《建构主义对科学教育理论的贡献与局限》，《教育研究》2003 年第 7 期。

163. 张应强：《大学教师的社会角色及责任与使命》，《清华大学教育研究》2009 年第 30 期。

164. 张世英：《中国古代的"天人合一"思想》，《求是》2007 年第 7 期。

165. 周川：《关于课程综合化问题的再探讨》，《教育评论》1993 年第 1 期。

166. ［爱］詹姆斯·乔伊斯：《文艺复兴运动文学的普遍意义》，《外国文学报道》1985 年第 6 期。

167. 曾建平：《西方机械论自然观兴衰之省查》，《湖北大学学报》（哲学社会科学版）第 2 期。

168. 曾繁仁：《中国古代"天人合一"思想与当代生态文化建设》，《文史哲》2006 年第 4 期。

169. 曾小五：《人与环境——如何重新解读中国哲学的"天人合一"理

念》,《武汉大学学报》(人文科学版) 2007 年第 1 期。

170. 邹吉忠:《反思现代性:后现代主义与复杂性理论》,《江海学刊》2004 年第 6 期。

外文类:

171. "Agenda21-Chapter36(1992)", Reporter of the United Nations Conference on Environment and Development – Chapter 36: Promoting Education, Public Awareness and Training (UNESCO, 1992), http://www. unep. org/Documents. Multilingual/Default. asp? DocumentID = 52&ArticleID = 86.

172. Bertalanffy. Ludwig von, General system theory Foundations development, applications New York George Braziller, 1968.

173. "Copernicus Charter (1994)", the University Charter for Sustainable Development Geneva, May 1994, http://www. unesco. org/iau/sd/rtf/sd_ bcopernicus. rtf.

174. Cortese A. D. , Education for Sustainability: The University as a Model of Sustainability, Boston. Second Nature, 1999.

175. Committee of Directors of Polytechnics, Greening Polytechnics, London: Committee of Directors of Polytechnics, 1990.

176. Daniel Bell. , The Coming of Post-Industrial Society: A Venture in Social Forecasting; Basic Books; Reissue Edition; May 1999: 14.

177. Eagan D. J. and Orr D. W. (eds.), The Campus and Environment Responsibility, San Francisco: Jossey-Bass Publisher, 1992.

178. Erich Fromm, The Some Society, New York, 1955.

179. Forum for the Future, 1998, "The Higher Education 21 Project", http://www. he21. org. uk.

180. "Halifax Declaration (1991)", http://www. unesco. org/iau/sd/rtf/sd_ dhalifax. rtf.

181. Hueting R. , New Scarcity and Economic Growth (2nd edition), Amsterdam: North-Holland, 1980.

182. "Kyoto Declaration (1993)", Ninth International Association of Uni-

versities Round Table-International Association of Universities 1993, http://www. iisd. org/educate/declarat/kyoto. htm.

183. Lori Bongiorno, Top 10 greenest universities, http://green. yahoo. com/blog/greenpicks/252/top - 10 - greenest-universities. html.

184. "Natural Resources and Environment", University of Michigan, http://www. snre. umich. edu/greendana/.

185. Orr. D. W. , Earth in mind. Island Press, 1994.

186. Orr. D. W. , The Problem of Education. The Campus and Environment Responsibility, Jossey - Bass Publishers. Sanfrancisco, 1992: 31.

187. Robert M Maciver, Academic Freedom in Our Time. New York: Columbia University Press, 1955.

188. Ricardo T. Fernandez, From Ivory Tower to Green Tower. In Patricia J. Thompson (ed.), Environmental Education for the 21th Century - International and Interdisciplinary Perspectives, New York: Peter Lang Publishing, 1997.

189. R. Warren Flint etc, Interdisciplinary education in sustainability: links in secondary and high education International Journal of Sustainability in Higher Education, 2000, Vol. 1, No. 2.

190. Robert M Maciver, Academic Freedom in Our Time, New York: Columbia University Press, 1955.

191. "Swansea Declaration (1992)", Association of Commonwealth Universities' 15th Quinquennial Conference (UNESCO, 1992), http://www. unesco. org/iau/sd/rtf/sd_ dswansea. rtf.

192. "Stockholm Declaration (1972)", the Stockholm Conference on the Human Environment. 16June, 1972, http://www. unep. org/Documents. Multilingual/Default. asp? DocumentID =97&ArticleID =1503.

193. "Tbilisi Declaration (1977)", United Nations Educations, Scientific, and Cultural Organization (UNESCO) in Cooperation with the UN. Environment Programme (UNEP) and was convened in Tbilisi, Georgia (USSR) from October 14 - 26, 1977, http://www. gdrc. org/uem/ee/tbilisi. html.

194. "Talloires Declaration (1990)", Tufts University European Center, Talloires France October 4 – 7, 1990, http: //www. ulsf. org/pdf/TD. pdf.

195. Tony A. and D. Blair, Greening the Universities, In John H. and S. Sterling (ed.), Education for Sustainability. 18 – 39, London: Earthscan, 1996.

196. The George Washington University, http: //www. gwu. edu/.

197. Tarah S. A. Wright, "Definitions and frameworks for environmental sustainability in higher education", International Journal Sustainability in Higher Education, 2002, Vol. 3, No. 3, pp. 203 – 220.

198. "Thessaloniki Declaration (1997)", Thessaloniki, Greece, 8 – 12 December, http: //portal. unesco. org/education/en/ev. php – URL_ ID = 23929&URL_ DO = DO_ TOPIC&URL_ SECTION = 201. html.

199. University of South Carolina, http: //www. sc. edu/.

后　记

　　绿色是人类新世纪的梦想。为了湛蓝的天空，碧绿的小草，清澈的溪水，孩子们可爱的脸庞，我们生活在其中的每一个人都有责任为我们生活的地球家园，尽到一份爱护和养护的责任。本书写作的出发点就是在地球环境日益恶劣，地球资源日益减少，雾霾日益严重的情况下，从教育的角度，认知环境问题产生的深层次原因，反思环境问题产生的教育责任，以期引起人们的反思和共鸣。

　　本书是在我博士论文的基础上修改而成。在本书即将出版之际，我由衷地感谢许多人，感谢他们的帮助和支持。没有他们的热心帮助和支持，就没有本书的面世。

　　首先，我要感谢我的恩师——张万红老师。导师不仅在学业上给予了我很大的帮助，使我取得了巨大的进步，而且在做人方面更是我的表率。导师为人非常温和，但在学术方面要求极高。在我的学业方面，无论是从论文的选题还是论文的写作上都给予了极大的教导和帮助。每两周一次的沙龙，导师的教导总是给我很大的启发。在做人方面，他那宽容、仁慈的人格力量，使我的品行和修养都得到了极大的提高。感谢我的师母王慧娟老师，感谢她对我导师工作的支持，也感谢她对我日常生活的关怀。

　　感谢罗承选教授、邹放鸣教授、丁三青教授、周敏教授在我论文开题过程中给予的珍贵指导。感谢北师大黄宇老师在论文收集资料过程中给予的帮助。感谢高教研究所周红老师和张阳老师在问题探讨过程中给予的启发和帮助。感谢管理学院吴秀芹老师提供的热情服务。

　　感谢我的同学彭勃博士、刘伟博士、苗春霞博士、张清华博士、巩亮博士、刘宝萍博士在每两周一次的沙龙中给予我的启发和帮助。特别感谢陈振斌博士在我第七章灰色聚类评价中给予的巨大帮助。感谢我的同届同学李贤功博士在网络层次分析法中给予的帮助，闫俊凤博士在调查问卷过程中给予的帮助。

感谢郑志辉博士、任增元博士在调查问卷过程中给予的无私帮助。感谢北师大侯蕊同学在前期资料收集过程中给予的帮助。

这本书能够出版，要感谢中国社会科学出版社的郭鹏老师及其他为此书的出版而付出辛苦劳动的老师们。还有那些在背后默默给予我支持的人们，在此一并谢过！

感谢我的家人，没有他们的支持，就没有我今天的收获。特别感谢我的儿子，是他的懂事和听话，我才能有这种学习的奢望，也才能让我的心安静下来，勇敢地克服困难，才能有勇气走到今天。

博士阶段的研究只是一个起点，研究是无止境的，我会在这个无止境的世界中继续探索前行。由于本人才疏学浅，书中难免存在不妥与疏漏之处，敬请专家、学者及广大读者批评指正！

侯爱荣
2014 年 5 月 5 日